التغيّرات في الشرق الأوسط وشمال إفريقيا

انتفاضة ميدان التحرير

أدوات تعليميّة تفاعليّة لصفوف المستوى المتقدّم للّغة العربيّة

الكاتب: عبد القادر بَرّحمون

UPRISING IN TAHRIR SQUARE

an interactive toolkit
for advanced Arabic classrooms

Abdelkader Berrahmoun

SHEFFIELD UK   BRISTOL CT

Published by Equinox Publishing Ltd.

UK: Office 415, The Workstation, 15 Paternoster Row, Sheffield, South Yorkshire
      S1 2BX
USA: ISD, 70 Enterprise Drive, Bristol, CT 06010

www.equinoxpub.com

First published 2019

British Library Cataloguing-in-Publication Data

A catalogue record for this book is available from the British Library.

ISBN-13 9781781797822 (hardback)
         9781781797839 (paperback)
         9781781797846 (ePDF)

Library of Congress Cataloging-in-Publication Data

Names: Berrahmoun, Abdelkader.
Title: Uprising in Tahrir Square : an interactive toolkit for advanced Arabic
   classrooms / Abdelkader Berrahmoun.
Description: Sheffield ; Bristol, CT : Equinox Publishing Ltd, 2019. |
   Includes bibliographical references and index.
Identifiers: LCCN 2018026017 (print) | LCCN 2019004364 (ebook) | ISBN
   9781781797846 (ePDF) | ISBN 9781781797822 (hb) | ISBN 9781781797839 (pb)
Subjects: LCSH: Arabic language—Textbooks for foreign speakers—English. |
   Egypt—History—Protests, 2011–2013—Terminology. | Arabic
   language—Composition and exercises.
Classification: LCC PJ6307 (ebook) | LCC PJ6307 .B43 2019 (print) | DDC
   492.7/82421—dc23
LC record available at https://lccn.loc.gov/2018026017

Typeset by S.J.I. Services, New Delhi, India

Contents

Dedication

To the most beloved people in my life: my parents. Thank you for giving me the gifts of education and knowledge, and for all your sacrifices that made me the person I am today.

To any human being fighting for freedom, peace, justice and human rights.

Acknowledgements

I would like to thank my wife Ellen for her insight, input and countless hours of editing and discussing ideas and ways to improve this book. I also thank Ghizlaine Bougherara for her help during the first stages of writing this book.

Special thanks go to my former students at Smith College who inspired me to develop the concept of history-based journals into a teaching approach. My gratitude goes to Chelsea Villareal, Dianne Laguerta, Miriam Timberg, and Kyle Pilutti for their commitment to write the student stories, and for their patience during the writing and editing stages. My friend and colleague Ahmed Atef Ahmed has generously offered his time in discussing Egypt's history and proofreading the Egyptian Colloquial Arabic vocabulary. Finally, I wish to thank Evelyn Helminen, Assistant Director for Digital Initiatives at the Middlebury Institute of International Studies in Monterey, California, for her help in formatting my work, and all parties who gave me permission to use their works in this book.

About the Author

Abdelkader Berrahmoun is a native of Oran, Algeria. He began his career as a language professor in Boston, Massachusetts, where he taught Arabic and French at Boston University, the University of Massachusetts-Boston, Smith College, Amherst College, Mount Holyoke College and a number of other educational institutions. He currently serves as Assistant Professor of Professional Practice at the Middlebury Institute of International Studies in Monterey, California, teaching content-based courses in Arabic and French.

Mr. Berrahmoun's classes thoughtfully and dynamically engage students in research, writing and discussion of history, religion, literature, media, cultural traditions and current affairs in the Arab world. Students demonstrate and share their individual and collaborative learning through projects such as video podcasts, digital storytelling, Arabic TED Talks, blogs, and radio shows.

Mr. Berrahmoun's professional interests include the pedagogy of language acquisition, integration of technology and cultural studies into the language curriculum, conflict and peace in the MENA (Middle East-North Africa) region; the history of colonialism and its aftermath in North Africa; socio-political and economic roots of popular uprisings in the Arab world; and political Islam. Mr. Berrahmoun is currently writing a book about Algerian women who struggled for independence during the period of French colonization.

Author's Note

Uprising in Tahrir Square: An Interactive Toolkit for Advanced Arabic Classrooms is designed as a content-based resource for advanced Arabic learners.

This volume immerses language students in the monumental events that unfolded in Cairo, Egypt during the mass youth uprisings of January 2011. Before toppling President Hosni Mubarak's 30 year rule in February 2011, the Egyptian youth movement had captivated the world and transmitted its message of anger, hope, and change to a global audience. The world watched as more than a million protestors gathered to press for reform, democracy and regime change.

Uprising in Tahrir Square places students of Arabic at the epicenter of these real life events through a simulated journal project and writing exchange. Arabic students invent personas and speak through the voices of their diverse characters who collectively experience the events of Cairo's Tahrir Square. Writing in first-person narrative, students' journal entries bear witness to the early days of the nascent uprising, through its surprisingly rapid conclusion with Mubarak's resignation and the uncertainty of what Egypt's future might bring. Not only do the invented characters grapple with the uprising's tragedies and triumphs through their own perspectives, but they may also interact with a cast of invented 'neighbors', using tools such as blogs.

The structure of *Uprising in Tahrir Square* supports learning on multiple levels. Students deepen their understanding of the cultural, political, and social contexts for Egypt's historic uprising, while improving essential Arabic skills. The book's structured activities and array of resources promote listening and reading comprehension, vocabulary development, understanding, and usage of key grammatical concepts, critical thinking, interpretation, research, peer collaboration, creative writing, and oral language fluency. Egyptian colloquial vocabulary is introduced as a cultural and linguistic resource for more authentic writing.

Uprising in Tahrir Square is designed as a flexible and interactive resource, adaptable to the parameters of the advanced Arabic class or program. I hope it will become a springboard for further discussion and study of this compelling time in history.

This initial volume is conceived as the first in a series of resource books. Subsequent volumes will address other settings in which the 'Arab Spring' protest movements continue to redefine the political landscape of the modern Arab world.

Notes to Teachers

Uprising in Tahrir Square offers Arabic students a socially relevant, creative approach that promotes cultural understanding and language competencies. The book was inspired by the 2011 youth uprisings in Tunisia and Egypt. What began as a series of Advanced Arabic writing assignments in response to these historic events crystallized into the present teaching resource.

Smith College students in Northampton Massachusetts piloted this work, in sequenced journal entries written through the eyes of invented characters. Writing prompts provided direction and historical context for each journal entry. The response to this assignment was overwhelmingly enthusiastic. The author has now expanded upon the original concept and added correlated resources, activities and a website (https://www.equinoxpub.com/home/uprising-tahrir/). The result is a comprehensive content-based instructional tool for the advanced Arabic classroom.

Content-Based Language Instruction (CBLI) is a holistic approach that merges language learning and content learning in a second/foreign language education (Brinton, Snow, & Wesche, 2003; Crandall & Kaufman, 2003; Kaufman & Crandall, 2005; Stryker & Leeaver, 1997; Lightbown, 2014). In *Uprising in Tahrir Square,* the compelling historical events provide rich authentic content for the study of Arabic.

All material in this volume is written in Arabic except for the ***Grammar Tips*** sections and the Arabic-English glossary. The grammatical concepts are explained in English to facilitate comprehension. It is expected that all student work in response to writing prompts will be in Arabic.

How to Use This Book in Your Classroom

Before proceeding to the units of the book, each student should invent a character who will narrate a personal view of the unfolding events in Cairo. Characters should reflect the diversity of contemporary Egyptian society, potentially including non-Egyptians who speak Arabic (e.g. expats, exchange students, etc.). Aim for your class to represent a spectrum of ages, occupations, religious and political views, economic levels, and social classes. It is suggested that students first research modern day Egyptian culture through films, documentaries, or other current sources (see *List of Web and Video Resources*). Students may also use the '***Create***

Your Character' worksheet and the list of common Egyptian names to aid in this process.

As the fictional Tahrir Square neighborhood comes to life, rich opportunities may arise to develop relationships and story lines among characters. Use of class-wide blogs or other sharing platforms can encourage peer interaction such as collaborative writing and exchange of personal dictionaries. Refer to the **List of Web and Video Resources** for more info on setting up blogs.

Each unit of **Uprising in Tahrir Square** features the following elements:

A **Unit Preview** highlighting a specific period of the 2011 Egyptian uprising and its aftermath. A short historical summary provides background for students' writing. Students can carry out further research of the period covered in each unit. A list of websites in Arabic and English is provided at the end of the book as a research reference.

Key Questions frame the big ideas and provocative issues that are central to each unit. They help students understand the overarching context for the readings and exercises that follow.

Additional critical thinking questions (**What do you think and why? Justify your answer**) ask the invented characters to dig deeper, make predictions and back up their opinions about the central issues of the unit.

Optionally, teachers may employ the questions as inquiries for research and debate or class discussion. Characters' views on these questions should be incorporated into journal entries.

Vocabulary Pages offer useful words aligned with each unit's theme. Additionally, an English-Arabic **vocabulary master list** is provided at the end of the book.

Unit Scenarios describe hypothetical situations occurring against the backdrop of unfolding events in Tahrir Square. The scenarios offer writing prompts for journal entries, while posing questions, choices, and dilemmas. Students should respond to these scenarios through the voices and perspectives of their characters.

Reading Activities include three components: (1) pre-reading activities (e.g. interpret a political cartoon, analyze a protest sign, etc.) that introduce the unit topic, (2) text passages from authentic sources that deliver in-depth content, and (3) follow-up questions that assess student comprehension of the text.

Listening Activities offer students exposure to authentic aural sources. Each unit in **Uprising in Tahrir Square** includes pre-listening activities related to audio (YouTube) clips. These clips can be accessed online through the links provided in each unit and found on the book's accompanying website*. Comprehension questions and post-listening activities follow.

Student Writing Samples feature the creative work of four Advanced Arabic students whose invented characters respond to the unit scenarios.

Corresponding **Personal Dictionary** entries introduce the words that each of these student authors researched and found helpful in their writing process. The Personal Dictionaries include ***Egyptian Colloquial Arabic*** entries used by the student authors, when applicable. Comprehension questions follow each journal selection. These questions can be used for individual response or small group discussion.

Exercises are designed to: build word usage skills, expand vocabulary, increase comprehension, develop reading and writing fluency, and provide creative entry points for working with the unit material.

Among the exercises included are:

- Word webs – graphic organizers using unit vocabulary words as central topics from which to brainstorm related ideas
- Vocabulary usage (fill-in-the blank, sentence construction)
- Matching of Arabic words with their opposites
- Speaking activities using popular slogans, photos, and cartoons

Act it Out! dramatic prompts – for creative interpretation of unit content. See "*Extended Activities*" below for a suggestion on using the *Act It Out!* material.

Extended Activities provide options for further research, creative application, and deeper comprehension of the unit content. Depending upon your course focus and available time, any of these options can become required projects, extra credit activities, or themes for independent study. Add your own extended activities to add to the following list:

- **Create video podcasts.** Podcasts use a video camera and editing software to produce media files, which are then delivered to subscribers by downloading. Students may collaborate to script, stage, perform, edit, produce and share their podcasts online. Video podcast themes might include stories from the provided writing samples or journal entries, dramatization of the **Act it Out!* scenarios, or skits based on other unit-related content. Refer to ***Appendix A*** for video podcast guidelines.

** Please note: In the event that YouTube clips are removed, the author will endeavor to post replacements.*

- **Stage a simulated radio show in class.** Students might, for example, simulate a live broadcast from Tahrir Square, featuring news reports, interviews, etc. Mock interviews may use characters from the provided writing samples, or from students' own journal entries. Refer to *Appendix B* for radio show guidelines.
- **Research, translate, or interpret music, slogans, or poems** that represent aspects of the uprising in Tahrir Square.
- **Create political cartoons** that address issues of the Egyptian uprising, using humor or satire.
- **Design digital storytelling projects**: short, narrated presentations that combine audiovisual elements (photographs, video, animation, sound, music, text, and voice), using free software. Students can produce digital stories through individual or collaborative work. The completed stories can be uploaded to the Web and viewed by a worldwide audience. Digital storytelling can serve as a creative research tool, highlighting any of the topics within *Uprising in Tahrir Square.* Refer to *Appendix C* for further info on Digital Storytelling.

Creative Writing Resources and Activities

Grammar tips offer brief, practical applications of the most useful rules that will help your students write correctly. For more comprehensive instruction in Arabic grammar, consult your preferred textbook.

Colloquial resources introduce words and phrases in informal Egyptian speech. These culturally authentic expressions can help your students craft their journal entries. Colloquial expressions are particularly useful when writing dialogue. By incorporating colloquial speech, students will better be able to portray the everyday language of native Egyptian speakers.

Write your own story! In this section, your students will write their own journal entries speaking in first person, and expressing the unique viewpoints and perspectives of their invented characters. Journal writing is the culminating activity in each unit. Each journal entry responds to the unit's event timeline and writing scenarios. Students are required to draw upon and creatively synthesize the information they have gained while working with the various unit elements. This approach scaffolds the learning experience and builds a comprehensive understanding of subject matter, vocabulary, grammar, and word usage.

We suggest that your students begin writing journal entries of about 300–400 words; then gradually expand to approximately 600 or more words. During the writing process, students should use the *Personal Dictionary* pages to note any new vocabulary words that they have researched and incorporated in their writing.

Writing rubrics (see *Useful Information: Writing Rubrics*) help students assess their skill levels in writing fluency and content, grammar, spelling, editing and vocabulary. The rubrics also provide a consistent standard by which professors and students may discuss work in progress and highlight areas needing revision.

Unit 12, Postscript and Guided Reflection

About Unit 12 The content of *Uprising in Tahrir Square* primarily covers the historical period from January 25th through February 11, 2011, when Hosni Mubarak resigned following massive protests.

At the conclusion of Unit 11, students will reflect on the future of Egypt and make predictions about the next phase of the country's evolution (see Character Reflections, page 333).

Unit 12 has been added (After The Fall of Mubarak's Regime) for those wishing to test their predictions and investigate the further outcomes of the regime change. In this section, you will find an additional timeline of events covering the period from Mubarak's 2011 expulsion until 2018. Further resources and activities are provided.

Postscript Egypt's story continues to evolve; its path unfolds even as this book goes to print. Future readers of *Uprising in Tahrir Square* are invited to continue their interactive learning experience. The final materials include:

- A blank timeline that may be updated according to the student's current period of study
- A Student Writing Sample that addresses the future of Egypt
- Final Character Reflections and writing prompts that ask students to analyze the outcomes of the uprising and reflect upon Egypt's future

The ***Guided Reflection*** offers your students a space to thoughtfully assess their learning process and growth during the course of working with *Uprising in Tahrir Square*. The reflection asks students to consider how the book has impacted their knowledge of the political, social, and cultural aspects of the Egyptian uprising and the broader Arab Spring movement. Students are also asked to discuss their growth as writers and students of Arabic. Finally, students are asked to complete a brief evaluation of the book and offer suggestions for improvement.

Notes to Students

Welcome to *Uprising in Tahrir Square.* This book is designed for advanced Arabic learners.

In the following twelve units, you will be immersed in the unfolding of Egypt's historic 2011 youth uprising. Using a variety of instructional resources and writing exercises, you will:

- use the Arabic language in the context of recent events
- sharpen your Arabic writing skills and increase your cultural understanding
- create a believable character who is witnessing or participating in Egypt's historic 2011 youth uprising and subsequent events
- write a series of journal entries, speaking through the 'voice' of your invented character

How do I use this book?

Uprising in Tahrir Square contains twelve units and a postscript. The first eleven units address the events of January 25 – February 11, 2011: a monumental period in Egypt's history that culminated in the toppling of Hosni Mubarak's 30-year regime.

At the conclusion of Unit 11, you will be asked to reflect on the future of Egypt and make predictions about the next phase of the country's evolution (see Character Reflections, page 333).

Unit Twelve – 'After the Fall of Mubarak's Regime' – is an supplementary unit that invites you to test your predictions and investigate the outcomes of the regime change. In this section, you'll find an additional timeline of events covering the period from Mubarak's 2011 expulsion until 2018. Feel free to work with the additional Unit 12 activities and resources.

The *Postscript* of *Uprising in Tahrir Square* opens the door to optional further study and interpretation. You'll find a blank timeline, a final writing sample about Egypt's future, and a reflective writing opportunity for your invented character.

See Unit 12 and the Postscript for further activity instructions.

Here are the recommended steps to guide you through Units One – Eleven:

Step One: Develop an identity for a character who is in some way experiencing Egypt's 2011 youth uprising in Tahrir Square. This character will be interpreting events as they occur.

To get started, you may use the provided character identity suggestions, the list of common Egyptian names, and the *Create Your Character!* worksheet on pages xxii–xxiii. *The character does not have to be Egyptian! However, they should be able to speak and write in Arabic.

Step Two: Research and become familiar with the historical, political and social timeline of each unit. Use the list of *Web and Video Resources* provided on page 335.

Step Three: Study the vocabulary lists at the beginning of each unit. Mastering these vocabulary words will help you understand the reading passages, and can increase your writing fluency.

Select the vocabulary exercises that are most appropriate for your level.

Step Four: Each unit features a short reading passage from authentic sources (reports, literary excerpts, blogs, etc.). These passages provide you with in-depth information about specific events in the timeline. Read the text passages and listen to the Web-based audio clips provided in each unit* and found on the accompanying website: https://www. equinoxpub.com/home/uprising-tahrir/. Complete the written exercises to improve your comprehension of the material in Arabic.

Step Five: Now you're ready to enjoy the *Journal Entry* pages found in each unit. These are works written by students like yourself. Each journal entry presents a character's point of view, in response to a written scenario. Read these journal entries to get involved in the lives of other characters. Then answer the *comprehension questions* following each entry. The student authors have included a *Personal Dictionary* of useful words; this word list may include Egyptian Colloquial expressions, when applicable.

Step Six: Get creative! Try performing one or more of the suggested theatrical scenarios in *Act It Out!*. You may team up with classmates to develop and present these as role plays or skits. Your professor may even ask you to film your skit and post it online as a video podcast.

Step Seven: Get ready for writing by reviewing the *Grammar Tips* and the *Colloquial Resources.* These offer brief, practical applications of

---

** Please note: In the event that YouTube clips are removed, the author will endeavor to identify replacements.*

the most useful grammatical rules and extra colloquial expressions relevant to your work with *Uprising in Tahrir Square*. **Grammar Tips** are intended as a helpful reference during your journal writing process. For more extensive help with grammar, consult a classroom Arabic textbook.

Step Eight: Now it's your turn to write your own story! ***Blank journal pages*** are your place to write in the voice of *your* character. How does your character think, speak, and express him/herself? Let your character's personality and views emerge in these pages while telling the story of ongoing events in Cairo.

A few tips:

- As you write, incorporate unit vocabulary words in your sentences.
- Remember to use the unit preview, historical background, images, thematic scenarios and guiding questions to inform your writing process.
- You may choose to write initial drafts in a separate notebook, then enter a final edited version on the provided pages. Don't forget to enter new vocabulary words that you found useful on the ***Personal Dictionary*** page.

Guided Reflection

The ***Guided Reflection*** offers you a space to thoughtfully assess your learning process while working with *Uprising in Tahrir Square*. You'll be asked to consider how the book has impacted your knowledge of the political, social, and cultural aspects of the Egyptian uprising and the broader Arab Spring movement. How has the book impacted your growth as a writer and student of Arabic? Finally, you will be asked to complete a brief evaluation of the book and offer suggestions for improvement.

Create Your Character!

ابني شخصيتك

في هذا الكتاب، عليك أن تبتكر وتبني شخصية من اختيارك تعيش في القاهرة أثناء أحداث وانتفاضة الشباب في 25 يناير، 2011. يجب أن تكون شخصيتك واقعية، يمكن تصديقها، وتعكس بعض خصائص المجتمع المصري.

طوال كتاباتك، تَذَكَّرْ أن تكتب كَأَنَّكَ أنت الشخصية. مثال: "اسمي ______________ . أنا أملك مقهى في ميدان التحرير".

اختيار هوية شخصيتك: اخْتَرْ واحدة من القائمة، أو اخترعها بنفسك!

فنان	مُدَوّن	سائق
طالب جامعي	مسيحي قبطي	طبيب/ممرض
جدّ أو جدّة	جاسوس	ربة بيت
إمام	إسلاميّ	حلّاق
صحافي	دكتور/ممرض	مغترب
سياسي	تاجر/تاجرة	امرأة حامل
موسيقار	شاب لا مبالٍ	روائي/كاتب/مسرحي
يتيم	لاجئ فلسطينيّ/سودانيّ	عامل
جندي في الجيش المصريّ	شرطيّ	زعيم حركة الشباب

قائمة أسماء مصرية نموذجية

أسماء الإناث	أسماء الذكور
نوال	نجيب
فوزية	حسام
هند	أشرف
شيرين	خالد
حنان	جمال
سعاد	عصام
نادية	صلاح
سناء	أحمد

سميرة		عادل	
مريم		مايكل	
ليلى		سمير	
عبير		محمود	
زينب		جورج	
ياسمين		عبد المنعم	
أمينة		خليل	
هالة		طارق	

اسمي____________________ وأنا____________________(ذكر أو أنثى)

عمري____________________ سنة. أعيش مع____________________ و ديانتي____________________ .

أنا لا أعمل/أعمل____________________. عائلتي هي أصلا من____________________ .

سكنت في القاهرة منذ____________________ وأحب قضاء وقتي في____________________ .

لدي شخصية____________________. أصدقائي يقولون علي أني____________________ و____________________ .

الأمور التي تهمني هي____________________. أنشطتي اليومية هي____________________

____

أهدافي في الحياة هي____________________. أنا لا أهتم/أهتم بالسياسة. أعبر أن

آرائي السياسية عن طريق____________________. انتمائي السياسي هو لحزب/حركة

____________________. أتابع الأخبار بالاستماع إلى الموسيقى و____________________

إن أمكنني تغيير أي شيء في حياتي فسيكون____________________

أسباب مشاكل مصر تأتي من____________________

الطريق الوحيد الذي عن طريقه تتغير الأمور هو____________________

شعوري عندما أرى الناس يحتجون في الشوارع هو____________________

أريد أن يكون لدي دور في تغيير الأوضاع في مصر____________________

إذا استطعت الخروج من القاهرة ومصر، فوجهتي تكون____________________

قدوتي هو/هي____________________ لأنّ____________________ .

أريد أن يتذكرني الناس على أنني____________________

____

____

Useful Information

ميدان التحرير

Tahrir Square

يُعتبر ميدان التحرير بالقاهرة بمثابة قلب "ثورة 25 يناير". فمنذ البداية، أدرك كل من المعارضين للحكومة وقوات الأمن الأهمية الاستراتيجية لإحكام السيطرة على الميدان. وبالرغم من الجهود المضنية التي بذلتها الحكومة والتي كان من بينها نشر قوات الشرطة بكثافة ونشر قوات الجيش وشن هجمات ضد المحتجين على أيدي "بلطجية" من أنصار "الحزب الوطني الديمقراطي"، فقد فشلت الحكومة في استعادة السيطرة على الميدان.

Writing Rubrics

Use the following rubrics to determine whether you are meeting the requirements of each journal entry. Tick the number beside the description that best fits your work.

Comprehension, Synthesis of Research and Writing Fluency

___ 4 I used the source information I found in a meaningful way to create an original story. My story clearly addresses the topic with accuracy, cohesion, supporting detail, and evidence of comprehension.

___ 3 My story reflects some topic understanding, detail, and accuracy – but merely repeats rather than synthesizes the information.

___ 2 My story could be more cohesive and fluent in its writing style, and only reflects superficial understanding of the topic.

___ 1 I had trouble writing this story, and feel that I need to improve my ability to research, comprehend, and synthesize information in Arabic.

Grammar and Spelling

___ 4 My story has undergone rigorous checking and revision for correct Arabic grammar and accurate spelling, and demonstrates my best effort.

___ 3 I have checked my story fairly carefully, but am not sure that it is completely correct in terms of accurate grammar and/or spelling.

___ 2 I don't feel that I've given my story sufficient revision, and am still pretty unsure about some of the grammar and/or spelling.

___ 1 I don't understand how to apply some grammatical concepts needed to write this story and/or have not checked the spelling.

Vocabulary

___ 4 I feel that I have successfully expanded my Arabic vocabulary while writing this story. I have correctly applied words learned in the chapter and master lists, inferred the meaning of unfamiliar words in my research, and incorporated those words into my writing.

___ 3 My story demonstrates my understanding and application of many vocabulary words learned in the chapter.

___ 2 I have included some of the vocabulary from the chapter or master vocabulary lists in my story.

___ 1 My story rarely incorporates chapter vocabulary.

خلفية تاريخية
Historical Background

25 يناير، 2011: "يوم الثورة":

دعت مجموعة من النشطاء الشباب إلى «يوم الغضب» بالتزامن مع يوم الشرطة في مصر وهو إجازة قومية. وفي القاهرة، زحف الآلاف إلى ميدان التحرير، وبعد فترة من الهدوء استخدمت قوات الأمن المركزي الغازات المسيلة للدموع وخراطيم المياه لتفريق المتظاهرين. كما نشبت مظاهرات في الإسكندرية والسويس وعديد من المدن الأخرى، ولقي ثلاثة أشخاص على الأقل مصرعهم في السويس وألقي القبض على ما لا يقل عن 500 متظاهر في أرجاء البلاد.

الأسئلة الرئيسية: ما هي العوامل التي أدَّت إلى الانتفاضة الشعبية في مصر؟ لماذا الوقت مناسب لحركة جماهيرية؟ ما هي مقومات التغيير الاجتماعي والسلطة السياسية التي باتت في كفة الميزان؟

سيناريو الوحدة الأولى   **Unit 1 Scenario**

الثورة تنطلق

إنّه يوم 25 يناير، 2011. أصبح ميدان التحرير في القاهرة مركز تجمع للانتفاضة الشعبية. صف مشاركتك في الاحتجاجات الشعبية الناشئة في جميع أنحاء مصر.

أ. هل تشارك مباشرة في الاحتجاجات؟ إذا كان الأمر كذلك، صف دورك والإجراءات التي تتخذها. كيف هو المزاج في الشوارع؟ ماذا تلاحظ؟ ما هو شعورك؟ صف أي احتكاك بينك وبين قوات الأمن.

أو

ب. إذا كنت لا تشارك مباشرة في الاحتجاجات، صف ردّ فعلك على هذه الانباء. كيف سمعت عن الأحداث الجارية في ميدان التحرير؟ ماذا فعلت عندما علمت بها؟ صف مواقفك تجاه الاحتجاجات (على سبيل المثال: متعاطف أو معارض لها).

تذكروا! الرجاء الكتابة في صيغة الشخصية التي اخترتموها.

ما رأيك ولماذا؟ برّر إجابتك!

- هل تعتقد أنّ المصريين يمكنهم إحداث تغييرات ناجحة ضد نظام مبارك؟
- هل تعتقد أنّ المتظاهرين مُتَّحدِين في دوافعهم وفي الأساليب والنتائج المَرجُوَة؟
- قارن بين الانتفاضتين التونسية والمصرية. كيف هما متشابهتان؟ مختلفتان؟

بعض كلمات العامية المصرية في الرسالة:

مِش بيتطّبق غِير على = لا يُطبّق إلا على	بيتهان = يُهان	هَنِفْضَل = سنبقى	لِحَدّ اِمْتى = إلى متى
زِهِقْنا = مللنا	لأ = لا	مَفيش = ليس هناك	نْفوق = نستيقظ

ما هو مضمون هذه الرسالة؟ ناقشوا مع زميل أو زميلين.

من صفحة «كلنا خالد سعيد» على الفيسبوك.

رسالة إلى شعب مصر: ليكن 25 يناير هو شعلة التغيير في مصر

January 14, 2011 at 11:18 pm

لحد امتى هنفضل عايشين في ذل وهوان وقمع وخوف بسبب قانون الطوارئ؟

لحد إمتى هنشوف المصري بيتهان مش بس في بلده لا وكمان بره بلده؟

لحد إمتى هنفضل ساكتين وراضيين بالأوضاع الاقتصادية المزرية؟

لحد إمتى الشباب هيفضل مش عارف يشتري شقة ولا يتجوز؟

لحد إمتى هيكون فيه أكتر من ٢ مليون عاطل على القهاوي؟

لحد امتى هيفضل فيه دكتاتورية في الحكم وحزب مسيطر على كل البلد؟

لحد امتى هيفضل القانون مش بيتطبق غير على الضعيف؟

لحد إمتى هنفضل ساكتين وراضيين ومتهانين؟

لحد امتى هنرضى إن العالم كله بيقول على المصريين جبناء وبيخافوا؟

لحد امتى هيفضلوا يضحكوا علينا ويقولوا خليك في أكل عيشك؟

الإجابة: لحد ما كلنا نتحرك ونفوق مع بعض لأن مفيش حكومة تقدر تقف ضد مطالب الشعب لو احنا وقفنا كلنا مع بعض.

يوم 25 يناير كلنا هننزل من بيوتنا عشان نطالب بحقوقنا

يوم 25 يناير مش هنبقى ساكتين .. لأ هنصرخ وهنقول للظلم لأ

يوم 25 يناير هو بداية شعلة المطالبة بالتغيير الفعلي في مصر

خلاص زهقنا .. ومش هينفع تسيب بلدنا تضيع أكتر من كده...

قوموا يا مصريين واكتبوا التاريخ

بحث قصير:

قوموا ببحث قصير عن ميدان التحرير ومكانته في تاريخ الثورات المصرية. لماذا يُعتبر ميدان التحرير مُهمًا واستراتيجيا؟

ما رأيكم؟ أجيبوا عن الأسئلة التالية:

ماذا يفعل الناس في الصورة؟ لماذا؟

الموضوع: هذه الصورة تحكي قصة عن _______________________________ .

في رأيكم، ماذا سيحدث؟

مفردات مفيدة:

to revolt	ثار/يثُور/ثورة
corruption	الفساد
one-party system	نظام الحزب الواحد
social justice	العدالة الاجتماعية
poverty	الفقر
to exclude	أقصى/يقصي/إقصاء
discontent	الاستياء
social class	الطبقة الاجتماعية
fair	عادِل
violence	العُنف
march	مسيرة
erupt	إندلع يندلِع إندلاع
impact	تأثير
call	دعوة
people	الشّعب
role(s)	دور ج. أدوار
event(s)	ج. أحداث حَدَث
peaceful	سِلميّ/ة
unemployment	البطالة
ten of thousands	عشرات الآلاف
protests	إحتجاجات
opportunity	فُرصة
to spread	إنتِشار/ينتشِر/إنتَشَر
civilian	مدنيّ
to participate	مُشاركة/إشتِراك/إشترك
activist(s)	ناشِط ج. نُشطاء
to demand	طالب بـ/يُطالب بـ/مطالبة بـ

تمرين 1:

اقرأوا النص التالي ثم أجيبوا عن الأسئلة.

الخميس 27 يناير/كانون الثاني

المسيرات والاحتجاجات في مصر هي النتيجة الطبيعية لأكثر من ثلاثين سنة من الاضطهاد والحِرْمان. وساعدت ثورة الاتصالات وخاصة شبكات التواصل الاجتماعي، من جهة، وإحساس المصريين والشعوب العربية عامّةً بِانْعِدامِ العدالة الاجتماعية والاستياء من النظام السياسي من جهة أخرى.

كانت النتيجة الطبيعية هي خروج الآلاف من الشباب إلى الشوارع دون خلفية سياسية ولا انتماء لأي حزب سياسي أو عُمّالي للمطالبة بالتغيير وبحقوقهم الإنسانية والمدنيّة من ضمان لعمل وسكن وانتخابات حرة ومشاركة في الحياة السياسية.

لقد انتشرت في مصر ثقافة المشاركة السياسية والاجتماعية الفعّالة عن طريق مظاهرات واحتجاجات سلميّة وغير عنيفة وهي أفضل الطرق لتحقيق التغيير. طبعا يحاول النظام والسلطات تصوير الشباب واتهامهم بالعنف او التخريب واعتقالهم فَحَذارٍ من هذه الخطة.

ما أتمناه هو ألّا تتحول هذه الاحتجاجات إلى وسيلة في يد هذا النظام للقضاء على أحلام الشباب وهذا الشعب في العيش بكرامة وحرية، وأن يفهموا أن هذا الوطن ملك للشعب وليس لقلّة قليلة من رجال الأعمال والمفسدين.

أجيبوا عن هذه الأسئلة:

1. من هؤلاء الشباب الذين خرجوا إلى الشوارع ولماذا خرجوا؟

2. لماذا الاحتجاجات غير العنيفة هي أفضل الطُرُق لتحقيق التغيير؟

3. ماذا يتمنّى المُدَوِّن المصريّ من النِظام؟

تمرين 2:

ترجموا هذا المقال من الإنجليزية إلى العربية.

Since 1998 well more than 2 million workers have participated in some 3,500 strikes, sit-ins and other forms of protest. There have been major strikes in nearly every sector of the Egyptian economy, including one in December 2006 and another in September 2007 at the mammoth Misr Spinning and Weaving Company in Mahalla al-Kubra and a five-month struggle at the newly privatized Tanta Linen Company in 2009. The April 6 Youth Movement takes its name from a call for a general strike on that date in 2008; it did not occur because of severe repression…

Many observers wondered if or when workers might raise "political" demands, failing to understand that in an autocracy, organizing large numbers of people outside state strictures is in itself a political act.

At the appropriate moment, workers did not hesitate to fuse economic and political demands. On February 9, Cairo transport workers went on strike and announced that they would be forming an independent union. According to Hossam el-Hamalawy, a well-informed blogger and labor journalist, their statement also called for abolishing the emergency law in force for decades, removing the ruling National Democratic Party (NDP) from state institutions, dissolving Parliament (fraudulently elected in 2010), drafting a new Constitution, forming a national unity government, prosecuting corrupt officials and establishing a basic national minimum wage of 1,200 Egyptian pounds a month (about $215).

The workers' movement has been sustained in the face of fierce opposition from ETUF leaders, many of whom are also officials in the NDP. Egyptian law requires that all trade unions affiliate with the ETUF. Nonetheless, two independent unions were established in the course of the past decade's labor struggles—real estate tax authority workers in 2008 and healthcare technicians in 2010. One of the less noted aspects of the popular uprising was a press release on January 30 in which these two independent unions and representatives of workers from a dozen factory towns declared their intention to form a new union federation independent of the ETUF. This was the first attempt to establish a new institution based on the popular upsurge—a revolutionary act, since, of course, it is illegal. By the day of Mubarak's resignation there were banners in Tahrir Square proclaiming, The Independent Trade Union Federation Demands an End to the Regime.

Article by Joel Beinin is the Donald J. McLachlan Professor of History and a professor of Middle East history at Stanford University.

©The Nation February 17, 2011

تمرين 3:

أكملوا الجمل الآتية باستخدام الكلمات التالية:

ثورة	نظام الحزب الواحد	العدالة الاجتماعية	مسيرة
الشعب	سِلميّ	انتشر	المشاركة

1. _______________ في الانتخابات ضروريّ في النِّظام الديمقراطي.
2. يشترك الشباب في _______________ عُمالِية.
3. لا يوجد تعدُّدية حزبية في __________________.
4. يُطالِب الناس بِتغيير سِياسيّ _______________.
5. _________ الأمل في أوساط الجماهير بعد انتخاب أوباما.
6. قام الجزائريون بـ ___________ عظيمة ضد فرنسا.
7. _________________ من مبادئ الدستور.
8. _________ حُرّ في التعبير عن آرائه.

تمرين 4:

اختاروا الكلمة الصحيحة واملأوا الفراغات:

1. في سفري الأخير إلى مدينتي، لاحظت _________ الكثير في الأحياء الشعبية.

   أ. الفقر   ب. العدالة   ت. الأحداث

2. الكثير من المقاهي في البلدان العربية مليئة بالشباب وذلك بسبب _______ وانعدام فرص العمل.

   أ. البطالة   ب. العنف   ت. الفساد

3. أصاب هذه المرأة _________ من مديرها ووظيفتها فقررت البحث عن عمل آخر.

   أ. مطالبة   ب. تأثير   ت. استياء

4. تلقيت اليوم _________ لحضور حفلة عيد الميلاد في بيت صديقي أحمد.

   أ. مسيرة   ب. دعوة   ت. مشاركة

5. أدّت الأزمة الاقتصادية وانتشار الفساد في البلد إلى ظهور ______________ الغنية وفقدان الثقة في الحكومة.

   أ. الإقصاء   ب. الشعب   ت. الطبقة الاجتماعية

6. ________ الشعب الجزائري ضد الاستعمار الفرنسي سنة 1954 ونال حريته بعد سنوات من الحرب الشاملة.

   أ. اندلع   ب. أقصى   ت. ثار

7. خرج الشعب في مسيرات __________ يطالب فيها بالعيش الكريم والعدالة الاجتماعية.

أ. عادل   ب. مدنيّ   ت. سِلميّة

8. فهم هذا الرئيس أهمية __________ النساء في التنمية الاقتصادية للوطن.

أ. نُشطاء   ب. دور   ت. فرصة

تمرين 5:

التعليمات:

كوّنوا مجموعات ثنائية وتناوبوا على طرح الأسئلة التالية والإجابة عنها. يجب على الطالب المجيب استخدام مفردات الوحدة الأولى وقائمة المفردات الرئيسية.

1. هل هناك صراع بين الطبقات الاجتماعية في بلدك؟ أعط أمثلة وأسباب هذا الصراع وكيفية حَلّه؟

2. ماذا تعرف عن المسيرات السلمية ضد الحرب في فيتنام في الستينات؟ كيف يمكننا أن نقارن بين تلك المسيرات السلمية والمسيرات الشعبية التي حدثت بعد انطلاق الثورة في مصر؟

3. كيف تأثّر البطالة على الاقتصاد في بلدك؟ هل لديك أصدقاء أو أقرباء عاطلون عن العمل؟

4. يُمثّل الفساد ظاهرة خطيرة في البلدان السائرة في طريق النمو. أعط أمثلة عن قضايا الفساد في بلدك. ما هي نتائج تلك القضايا؟

5. هل اشتركت في جِدال مع أصدقائك حول قضية اجتماعية أو سياسية أو اقتصادية أو ثقافية؟ أعطنا تفاصيل ذلك الجِدال.

6. ما هو تأثير الأزمة الاقتصادية الأمريكية على اقتصاديات بلدان الشرق الأوسط؟

7. كيف يُساهم غياب العدالة الاجتماعية في مجتمع ما في اندلاع اضطرابات مدنية؟ في رأيك، ما هي أسباب غياب العدالة الاجتماعية؟

تمرين 6:

ضعوا دائرة حول الكلمة الغريبة:

الغِنى	الاحتياج	المجاعة	1. الفقر
قطع الأمل	التفاؤل	التشاؤم	2. الاستياء
نَزيه	مُنصِف	ظالِم	3. عادِل
سريع	بطيء	حَركيّ	4. ناشط
التخريب	الفساد	عدم الشفافية	5. الإصلاح
التَعصُّب	الغضب	السّلام	6. العنف
المسيرات	الهُدوء	المُظاهرات	7. الاحتجاجات

تمرين 7:

تأمَّلُوا في الموضوع المحوري ثم خَمِّنُوا وتفكَّروا في الكلمات التي لها صلة بذلك الموضوع. أُكتبوا بعد ذلك فقرة مُتضمِّنة كلماتكم الجديدة. لقد وضعنا كلمتيْن لهما صلة بالموضوع المحوري.

مثال:

....

....

....

....

....

....

....

....

....

....

....

....

....

....

....

....

....

....

نشاط قراءة:

ما قبل القراءة:

بعد قراءة العنوانيْن، خمّنوا في محتوى النصّيْن التاليَيْن في الصف.

اقرأوا النصّيْن التاليَيْن ثم أجيبوا عن أسئلة الفهم لكل واحد منهما:

دوافع الاحتجاجات*

من الأسباب الرئيسة لانطلاق شرارة الانتفاضة ارتفاع معدلات الفقر وعدم المساواة والبطالة وتفشّي الفساد ووحشية الشرطة ونقص الحقوق المدنية والسياسية. وعلى الرغم من نمو الاقتصاد بخطى ثابتة منذ ثمانينات القرن العشرين، فإن مصر كانت تفتقر إلى التوزيع العادل للثروات. ففي عام 2009، كان حوالي 32 مليون نسمة، من مجموع المصريين البالغ عددهم نحو 80 مليون نسمة، يعيشون على خط الفقر أو أدنى منه علماً بأن خط الفقر محدد دولياً باثنين دولار يومياً، حيث يعتمد غالبيتهم على ما تقدمه الدولة من دعم للخبز والزيت. وكان من شأن برامج الخصخصة الحكومية أن فقد مئات الآلاف من العمال السابقين في الشركات المملوكة للدولة المزايا التي يحصلون عليها.

وكانت معدلات البطالة في تزايد مستمر حيث أن أعداد الشباب الداخلين إلى سوق العمل ومنهم خريجي الجامعات يفوق بشكل كبير عدد الوظائف التي يتم توليدها. أما الزيادات السريعة في أسعار السلع الغذائية، وبخاصة في عام 2008، فأثرت بشدة على المصريين وبخاصة الفقراء منهم، وذلك مع الوضع في الاعتبار أن نسبة كبيرة من دخولهم تُخصص للطعام. ومع النقص الحاد في الإسكان منخفض التكاليف اضطر مواطنون إلى العيش في العشوائيات المترامية والتي لا تخلو الحياة في بعضها من المخاطر. وفي عام 2008، أشارت الأرقام الرسمية إلى أن نحو 12.2 مليون نسمة يعيشون في العشوائيات في أرجاء مصر، ونصفهم في القاهرة الكبرى.

وبالإضافة إلى هذا الفقر، كانت هناك مظاهر واضحة لتضخُّم الثروات وبخاصة بين صفوف النُّخبة الحاكمة حيث استفادت أقلية من سياسة السوق المفتوح. وكانت الرِشا وأشكال أخرى من الفساد هي القاسم المشترك الأعظم للمعاملات من أدناها إلى أقصاها، وخصوصاً عند التعامل مع الجهات الحكومية. وفي الوقت الذي قلصت فيه الحكومة الدعم عن السلع الأساسية لسد ديون مصر البالغة حوالي 32 مليار دولار أمريكي، أي ما يعادل 41.5 بالمئة من إجمالي الناتج المحلي المصري، كان أفراد عائلة الرئيس السابق مبارك والمقربون منه يحولون عشرات المليارات من الدولارات إلى حسابات مصرفية خاصة في أرجاء العالم، كما جمع كبار رجال الأعمال في «الحزب الوطني الديمقراطي» الحاكم، ومنهم عديد من الوزراء، مليارات الدولارات في صفقات تشوبها ادعاءات بالفساد أو من خلال ممارسات احتكارية في القطاعات التي يتولون المسؤولية عنها. وحصلت مصر على 3.1 درجة على مؤشر الفساد لعام 2010 الذي تعده منظمة الشفافية الدولية حيث يعني الحصول على 10 درجات غياب الفساد، ومن ضمن 178 دولة شملها التقرير جاءت مصر في المركز98.

*وثيقة منظمة العفو الدولية مايو/أيار 2011 ص 6 «بتصرف»

© Amnesty International

أسئلة عن الكلمات التي تحتها خط في النص:

في الفقرة الأولى، خمِّنوا معنى «تفتقر» و «الخصخصة».

في الفقرة الثانية، خمِّنوا معنى «تزايد» و «العشوائيات».

في الفقرة الثالثة، ما معنى "تضخم"، "النُّخبة"، «احتكارية».

الآن، أجيبوا عن الأسئلة الآتية:

1. ما هي الأسباب الرئيسية للانتفاضة في مصر؟
2. كيف ساهم التوزيع غير العادل للثروات والخصخصة في انطلاق الانتفاضة؟
3. لماذا تُعَدُّ البطالة من الأسباب التي أدَّت إلى انفجار شعبي؟
4. كيف أثَّر ارتفاع أسعار السِّلع الغِذائية على الطبقة الفقيرة؟
5. لماذا يعيش الناس في "العشوائيات»؟
6. لماذا كان حسني مبارك وعائلته يُحَوِّلون أموالهم إلى البنوك الخارجية؟

رأي مخالف:

تأثيرات خارجية*

تعريف بالكاتب طارق رمضان:

من مواليد جنيف بسويسرا عام 1962. حاصل على إجازة في الفلسفة والأدب الفرنسي، وعلى دكتوراه في الدراسات العربية والإسلامية من جامعة جنيف. هو حاليا بروفيسور الدراسات الإسلامية المعاصرة في جامعة أوكسفورد البريطانية، كما يترأس شبكة المسلمين الأوروبيين، وهي خلية تفكير تتخذ من بروكسل مقرا لها.

في مؤلف «الإسلام والصحوة العربية»، يسلِّط الدكتور طارق رمضان الضوء على شرارات الانتفاضات العربية التي انطلقت من تونس ثم مصر قبل أن تندلع في بلدان أخرى، وعلى تأثير القوى الأجنبية واستراتيجياتها المُتغيِّرة.

وأوضح أن عددا من النُشطاء والمُدوِّنين في مصر وتونس وبلدان أخرى في شمال إفريقيا، تلقوا منذ عام 2004 تدريبات على القيام بتحركات غير عنيفة، ودعما ماليا من وزارة الخارجية الأمريكية، مضيفا: «عندما قررت مصر وقف العمل بشبكة الإنترنت في شهر يناير الماضي، زودت شركة «غوغل» (أكبر محرك بحثي في العالم) المدونين في مصر بتفاصيل عبر الأقمار الاصطناعية، ولكنها رفضت القيام بنفس الشيء في سوريا».

ويعتقد المفكر السويسري أن الولايات المتحدة وأوروبا اضطرتا إلى إعادة النظر في استراتيجياتهما أمام أنظمة ديكتاتورية شائخة تتجه أكثر فأكثر نحو الشرق، ونحو بلدان ذات تأثير متزايد مثل الصين، والهند، وإفريقيا الجنوبية، وروسيا، وتركيا.

ويضيف الدكتور طارق رمضان: "لا يجب أن نكون ساذجين أو نسقط في (عقلية) التآمر. أنا أعارض تماما هذا التقييم المثالي لحركة نشأت من لا شيء أو لشبان قرروا الانتفاض ببساطة".

*سايمون برادلي -جنيف- "بتصرف" swissinfo.ch

(ترجمته من الإنجليزية وعالجته إصلاح بخات)

أجيبوا عن الأسئلة الآتية:

1. ما موضوع كتاب الدكتور رمضان؟
2. ماذا يقول عن النُشطاء والمُدوِّنين؟
3. لماذا ساعدت "غوغل" المُدَوِّنِد المصريين ولم تسانِد السوريين؟
4. بعض المفكرين يقولون إنّ هذه الانتفاضات تدخل ضِمن مُخطَّط غربي بِتواطؤ من الحكام العرب للتحكم في ثروات الشعوب العربية. ما رأيك؟
5. لماذا اضطَّرت أمريكا إلى أن تُراجِع حِساباتها واستراتيجياتها، في رأي الكاتب؟

أسئلة للمناقشة:

1. ما رأيك في النصّيْن الذيْن قرأتهما؟ ما الفرق بينهما؟ أيّ رأي يبدو مُقنِعاً؟

2. اربط ما قرأته بواقع البلد الذي تعيش فيه؟ هل من أوجه شبه واختلاف؟

3. كوّنوا مجموعات ثنائية وقوموا بِمناظرة دِفاعاً عن رأييْن مُتضادّيْن حول انتفاضة مصر وقَدِّموا حُجَجَكُم وبراهينكم.

عبارات مفيدة للمناظرة:

أنا غير مُقتنِع بهذا الرأي لأنّ	أهمّ شيء هو أنّ
أنا أُعارض هذا الرأي لأنّ	أنا أرى أنّ
ما أَعْنيه هو أنّ	أنا متأكد من أنّ
من فضلك لا تُقاطعني	لا أُوافق على هذا الرأي لأنّ
أَوَدّ أنْ أُضيف شيئا	في الواقع،
	هذا ليس صحيحا بالضّرورة لأنّ

نشاط استماع:

ما قبل الاستماع:

"إرادة الحياة" قصيدة ألَّفَها الشاعر التونسي أبو القاسم الشابي في سنة 1933، تعتبر هذه القصيدة من أشهر القصائد العربية في العصر الحديث وهي متداوَلة بين ألسن الناس. هاهنا بيتان منها:

فَلا بُدَّ أَنْ يَسْتَجِيبَ القَدَر	إِذا الشَّعْبُ يَوْماً أَرَادَ الْحَيَـاةَ
وَلا بُدَّ لِلَّيْلِ أَنْ يَنْكَسِـر	وَلا بُدَّ لِلقَيْدِ أَنْ يَنْجَلِـي

ما معنى هذيْن البيتيْن ولماذا تَرَدَّدا على أفواه الناس أثناء الاحتجاجات؟

مفردات مفيدة من الفيديو:

insult	إهانة
dignity	الكرامة
to starve	جوّع
spontaneity	عفْوِية

استخدم الكلمة المناسبة من المفردات الجديدة للكليب:

كانت رَدَّة فعلها ـــــــــــــــــــ في مواجهة الخطر واتّصلت بالشرطة.

انتهاك ـــــــــــــــــــ الإنسانية و ـــــــــــــــــــ الناس في شرفهم سبّبا انضمامها لحركة حقوق الإنسان.

هذا النظام الفاسد قد ـــــــــــــــــــ شعبه لمدة طويلة.

والآن، اِستمعوا إلى الكليب من الدقيقة 0:00 إلى 3:50 ثم أجيبوا عن الأسئلة التالية. تجدون الفيديو على هذا الرابط الالكتروني:

مصر أيام الغضب: عبد الباري عطوان يُعلِّق على ثورة مصر، قناة الحوار.

https://www.youtube.com/watch?v=e2XcUrLhqOI

أسئلة الفهم:

1. لماذا انتفض الشعب المصري؟ هل ثار فقط لأجل الخبز والزيت؟

2. ما هي خصائص الثورة المصرية؟

أ.

ب.

3. لماذا العفْوِية هي ضمان لنجاح الثورة؟

ما بعد الاستماع:

مواضيع للمناقشة:

1. كوّنوا مجموعات ثنائية وتخيّلوا أنّ أحدكم هو الدكتور عبد الباري عطوان والآخر هو المقَدِّم للبرنامج التلفزيوني. استعملوا المفردات الجديدة للوحدة الأولى ومفردات الكليب الجديدة ومفرداتكم الخاصة في حواركم.

2. حَضِّروا فيديو بودكاست video podcast حول اليوم الأول للثورة في القاهرة. سَتَجِدون التعليمات في آخر الكتاب وعلى الرابط الإلكتروني للكتاب.

نماذج الطلاب الكتابية

Student Writing Samples

في هذا الكتاب سنستخدم ثلاثة نماذج كتابية لطالبات في المستوى المتقدِّم واللاتي اخترْنَ ثلاث شخصيات وكتبْنَ قصصهنّ لكل وحدة.

تعريف بالشخصية الأولى: ليلى، قبطية (1)

اسمي ليلى. أسكن في مدينة القاهرة مع أسرتي. أنا كبرى أخواتي الثلاثة ولكن عندي أخ كبير اسمه حسام. أسماء أخواتي زينب وحنان وهبة. والديَّ مصريان ولكنهما تركا مصر في عام 1985 وسكنا وعملا في أمريكا إلى عام 2003 وأتمنى أن أرجع إلى أمريكا لأنني ولدت فيها.

أهلي من الأقباط وأعيش في خوف في ظل نظام حسني مبارك. منذ 2001، أُعتُقِل عمي وكانت أمي في السجن لمدة أسبوعين. أدعم الاحتجاجات ضد مبارك لأنها تمثِّل أمل مصر الجديد. أهمّ ما أريده هو حرية الأديان وعدم التمييز والاضطهاد ضد الاقباط.

المزيد عني: تخرّجت من الجامعة الأمريكية بالقاهرة العام الماضي وتخصّصت في الأدب الروسي. أحب القراءة وكاتبي المفضل هو دوستويفسكي. بعد أن تخرّجت، لم أجد وظيفة ولذلك أساعد والدتي في أعمال البيت كل يوم. بعد الظهر، أذهب إلى المقهى أمام شقتي. في المقهى أقرأ الصحف أو كتبي وأستمع إلى الأخبار الدولية. أنا خجولة جدا ولا أتكلم مع الناس الذين لا أعرفهم. أحيانا، بعض الأصدقاء من الجامعة يأتون لزيارتي في المقهى.

عادة أذهب إلى الكنيسة مع عائلتي أيضا ولكن لا نذهب الى كنيستنا منذ الثورة. يريد والدي أن نبقي في بيتنا لسلامتنا. أحيانا أريد أن أذهب إلى أمريكا لأنّ الناس يمكنهم أن يفعلوا ما يريدون فيها. في المستقبل أريد أنْ أدرس في كلية أمريكية وأنْ أزور أصدقاء طفولتي. عمري ثلاثة وعشرون سنة.

تعريف بالشخصية الثانية: نادية، صحفية (2)

اسمي نادية. أنا امرأة وعمري 30 سنة. أسكن مع زوجي وبنتي الصغيرة. ديني الإسلام. أنا صحافية في قناة 05. أسرتي من القاهرة ولذلك كنت أسكن في القاهرة منذ ولدت. عندما لا أعمل، أحب القراءة، الكتابة واللعب مع ابنتي. عندي شخصية فُضولية وهذا ربما هو سبب قيامي بهذه الوظيفة، ولكن كثيرا ما أسألُ عن أشياء أخبرني عنها الناس أو أُحَلِّلَ الأحداث في عالمنا. بعض الكلمات لوصفي: ذكية، صبورة، شخص يحب المخاطِر. يَهُمُّني عائلتي وعملي والأخبار والسياسة. أذهب عادة إلى العمل في الصباح (بعد إيصال ابنتي إلى المدرسة) وأبحث عن القصص في المجتمع وأيضا في العالم. عندما أكتشف القصة، أذهب إلى المكان لأبلغ عن الأخبار.

أهدافي في الحياة: أولا أريد أنْ أستمرّ في التعلُّم عن نفسي والعالم والأشخاص الذين أحبهم. ثانيا، أريد أن أُعَلِّمَ العامّة التسامح. ثالثا، أريد أن أقضي وقتا أكبر مع أسرتي.

أشارك في السياسة كل الوقت. أضطر إلى المشاركة ولكن أحب السياسة. أُعرِبُ عن آرائي السياسية عن طريق التصويت في الانتخابات. في السياسة، أدعم الديموقراطية وكل الناس الذين يريدونها. مثلا في مصر، دعمت المتظاهرين الذين احتجّوا ضد الدكتاتور مبارك. أعلم

عن الأخبار عن طريق قراءة الجرائد ومشاهدة التلفزيون. يمكنني أن أغيّر حياتي وسأعمل وأسافر أقل لقضاء وقت أكبر مع أسرتي. أظنّ أنّ المشاكل في مصر وُجِدَت لأن الحكومة مركزية جدا وما كان للمصريين أصوات في الحياة والسياسة. عندما أشاهد الناس يحتجّون ضد حكومة مبارك، أشعر بالسعادة لأنّ الناس يستخدمون أصواتهم للحصول على حريتهم.

أريد ان ألعب دورا كبيرا في مصر المُتغيّرة وأظنّ أنّ دوري سيكون كبيرا. أنا صحافية وأوصِل الأخبار إلى عدد كبير من الناس. هم يعرفونني. أتمنى أنّي سأستطيع أن أقاسم الأخبار معهم.

تعريف بالشخصية الثالثة: عاصم، طالب جامعي (3)

اسمي عاصم. أنا طالب جامعيّ في مصر. أسكن في القاهرة مع أمي وأبي وإخواني. عمري واحد وعشرون سنة. عائلتي مسلمة. أنا متخصّص في إدارة الأعمال. عائلتي من أصل سيركاسي لكنّها هاجرت في عام 1980 بعد الغزو الروسي. سكنت في القاهرة كل حياتي. أحب الرياضة والقراءة والكتابة. أحب أيضا لعب الشطرنج مع أصدقائي وأدخن معهم في المقهى.

أهتم بعائلتي وأصدقائي ودراستي، وأيضا بحرية المصريين وبنجاح مصر. هدف حياتي هو بدء شركة جديدة في مصر. ولكن السياسة هي مُهمّة جدا بالنسبة لي.

كل صباح، أفطر مع أمي وأبي ثمّ أذهب إلى الجامعة وأدرس حتّى الساعة الثالثة ظهرا. بعد هذا، نذهب أنا وأصدقائي إلى المقهى حيث ندخن ونلعب الشطرنج ثمّ أعود إلى البيت وآكل العشاء مع عائلتي ونشاهد كرة القدم أو الأخبار في التلفاز. أَقْتَني الأخبار عن السياسة المصرية من التلفاز أو الجريدة كل يوم. أعتقد أنه من المُهمّ أن أشارك في السياسة في وطني. أظنّ أنّ المشاكل في مصر سببها نظام مبارك لأنّه ديكتاتور ولا يعرف ما الأحسن للمصريين لأنه يفكّر فقط في نفسه.

هو يريد السلطة والمال وما عنده أيّ شرعية. لِحلّ المشاكل في مصر، يجب على المصريين السيطرة على الحكومة. عندما أرى الشباب يحتجّون، أشعر بالأمل وأريد أنْ أكون معهم في شوارع القاهرة لكن أعرف أنّي أحتاج البقاء خارج هذا الموضوع لأنّي لا أريد أنْ أُطرَدَ من الجامعة.

(1) Story written by Dianne Laguerta, Advanced Arabic student, South Hadley, MA

(2) Story written by Miriam Tinberg, Advanced Arabic student, Amherst, MA

(3) Story written by Chelsea Villareal, Advanced Arabic student, Northampton, MA, and Kyle Pilutti.

نموذج كتابيّ لأحد الطلاب

قاموس الطالب الشخصي:

Student Writing Sample

Personal Dictionary:

المعنى	الفصحى
غير ممكن	مُستحيل
حرّم	منع
condition	شَرْط
المعنى	**العامية المصرية**
it's pointless. Don't even bother!	مفيش فايْده
used to express doubt and skepticism about something (like saying "that'll be the day")	في المِشمِش!
that doesn't make sense	ده كلام أيّ كلام
be patient!	طوّل بالَك
ماذا هناك؟	فيه إيه؟
أو	ولاً
كعادتك	زيّ عادْتك
إلى أنْ تمرّ	حتّى تُعَدّي
الذي قالَهُ	أله اللّي
لماذا هذا اليوم؟	ليه النَهارده؟
لأنَّ	عَلَشان
هذا بالتحديد ما أُفكر فيه	بالظبط كِده!
غدا	بُكره
الآن	دِلوقْتي
آتية	جايّة
جداً	أُوي
تظنون أنّ	تِفتِكروا إنّ
أيضا	كمان
ذاهبين	رايحين

الشخصية: ليلى القبطية

اليوم، 25 يناير، 2011، أيقظني صوت تليفزيون عائلتي العالي في غرفة معيشتنا. فتحت باب غرفتي ورأيت أسرتي كلها وهي تشاهد الأخبار.

- فيه إيه؟ سألت

- الناس كلها نزلت الميدان. أجاب والدي

أظهر لنا التليفزيون صور آلاف الأشخاص في ميدان التحرير، وكانوا يحتشدون ويرفعون اللافتات. علمت عن الاحتجاجات منذ أمس لأنني دُعِيتُ إليها عن طريق الفيسبوك، ولكن لم أعتقد أنّ الكثير من الناس سيحضرون هذا التجمّع. قال بعض أصدقائي أنهم سيذهبون إلى ميدان التحرير اليوم.

أمي قلقة وتظنّ أنّه سيكون هناك جرحى، ووافقها أبي في رأيها:

- يا بنتي، ما تروحيش بالقرب من الميدان، وابقي هِنا في البيت ولأ في المقهى زيّ عادتِك حتّى تُعَدّي الفوضى على خِير.

أبي حذّرني كثيرا، واستمعنا أمس إلى قسيسنا في الكنيسة وهويتحدّث عن الاحتجاجات. القسيس شجّع أقباطنا على البقاء في بيوتهم وعلى ألّا نشارك فيها. أنا أختلف مع قسيسي، وأعرف أنه يفكر عن العنف الذي وقع ضد الأقباط منذ شهر.

بدأت أناقش ما قاله القسيس مع أبي:

- إيه رأيك في اللّي ألّه القسيس إمبارح؟ إنتو مِش فاهمين ليه الشعب في الميدان يا بابا؟

- بالعكس، أنا بَدْعَم الشعب بس ليه النَّهارده؟

- عَلَشان من المستحيل إن الشعب يعيش في الظروف دي... يعني فاكِر خالد سعيد؟ إحنا نحتاج نطالب بسياسة جديدة مثلِنا مثل اللّي عمَلوه التوانسة.

- بالظبط كِده! بس إحنا أقباط! إيه اللّي حَيِجْرَى لُنا النهارده وبُكرَه بعد الاحتجاجات دي؟

- أظن إنّنا لو تظاهرنا ضد مبارك، كل الدنيا حتِسمع أصواتنا. مبارك هو سبب معظم مشاكل الأقباط. هي مِش مشكلة دلوقتي لإنّه الناس نزلوا على ميدان التحرير ومن غير ما يفكّروا في الدِّين النهارده.

- طيّب! بس أنا أمْنَعِك من إنّك تِروحي هُناك! مفهوم؟!

- حاضِر يا بابا.

أريد أن أذهب إلى ميدان التحرير وأن أشترك في الاحتجاجات. من الضروري أن أترك لبيت بدون علم والدي...

طلبت من والدي:

- ممكن أنزل ع المقهى دلوقتي، يا بابا؟

- المقهى وبس، يا حبيبتي.

نزلت من البيت وذهبت إلى المقهى. هناك، رأيت بعضا من أصدقائي. سألوني:

- جاية معانا؟ احنا رايحين ع الميدان!

وافقتهم ولكن بشرط أن نترك المقهى من الباب الخلفي لأنّ والدي يستطيع أن يرى الباب من باك الشقة. تركنا المقهى وإلْتحقنا بالمسيرة بميدان التحرير. عندما وصلنا الميدان، كان دحما بالناس. كانوا يطالبون بالعدالة الاجتماعية وبرحيل مبارك، ويُرَدِّدون شعارات مثل «الشّعب يريد إسقاط النظام»، وبعض المحتجين كانوا يغنون أو يُصَلُّون.

للأسف، اندلع العنف حولنا، وبدأت الشرطة في مهاجمتنا. لذلك السبب، تركنا ميدان التحرير ومشينا فوق كوبري 6 أكتوبر إلى المقهى أمام شقتي. اشترينا قهوة وشايا، وبدأنا مناقشة راننا عن الاحتجاجات. قالت نادية، إحدى صديقاتي:

- الحمد لله! أخيرا أصواتنا حَتِتْسِّمِع. أظن إنّ دور الفيسبوك والتوتر كان ناجح أُوي.

فَرَدَّ صديقي عمر:

- يا سلام! أرجو إن المزيد من الناس حييجو بُكره. تِفتِكروا إنّ الثورة حتِستِمَر وإنّه مبارك حيرحل؟

أجاب طارق، صديق آخر:

- في المِشمِش! هو قوي أُوي، ما فيش فايدة!

قلت لطارق:

- ليه إنت متشائم؟

- الاحتجاجات مش حَتِنْهِي الفساد والبطالة اللّي بَرَّه. الأمور حتِبقى هيَّ هيَّ ومش حَتِتْغَيَّر، وممكن تسوء كمان.

- ده كلام أيِّ كلام. طَوِّل بالَك! الأمور مِش حَتِتْغَيَّر بين يوم وليلة! بس هي فرصة لينا يكون عندنا تأثير ونِنهي الإستياء ده.

خالفني طارق وأراد أن يقول شيئا ولكن أبي دخل المقهى وطلب مني العودة إلى البيت...

أسئلة الفهم:

1. لماذا كان الأب خائفا على ابنته ليلى؟

2. لماذا، في رأيك، يسمح الأب لليلى أن تذهب إلى المقهى وليس إلّا؟

3. صف لنا المشهد في الكنيسة عندما يخاطب القسيس الناس؟

4. لماذا يشجّع القسيس أتباعه على البقاء في بيوتهم؟

5. لماذا قالت ليلى: « أظنّ إنّا لو تظاهرنا ضد مبارك، كل الدنيا حتِسمع أصواتنا"؟ ماذا كانت تقصد؟

6. كيف كان الميدان عندما وصلت إليه ليلى وأصدقاءها؟

7. ما رأيك فيما قاله طارق: " الاحتجاجات مش حَتِنْهي الفساد والبطالة اللّي بَرَّه."؟

8. ما رأيك في شخصية ليلى؟

التمثيل المسرحي: ACT IT OUT!

اختر سيناريو من السيناريوهات المقترحة أدناه ومثِّل دورا من الأدوار مع زميل أو زميلين. على المجموعة أن تقوم بأداء التمثيلية للصف.

1. ليلى تُجادِل القسيس في الكنيسة وتُساند شبابا آخرين يريدون الاشتراك في الثورة.

2. الأب يمنع ليلى من الخروج. تفكّر ليلى في حَلّ.

3. عمر مجروح ومحمول على كتفَيّ طارق وهما يمشيان على كوبري 6 أكتوبر مُتَّجهين إلى المقهى.

نموذج كتابيّ لأحد الطلاب

Student Writing Sample

قاموس الطالب الشخصي:

Personal Dictionary:

المعنى	الفصحى
to prepare	إستعدّ
to increase	زاد
banners	لافِتات
to scream	صرخ
to deserve or to merit	إستحقّ

الشخصية: نادية، صحفية

بدأ يوم الثلاثاء، 25 يناير، بطريقة طبيعية. عندي أشياء كثيرة أفعلها بعد أن أغادر البيت. يجب أن أُحَضِّر غداء ابنتي، وأن أستعدّ للعمل. بعد ذلك، أنا وزوجي نقود ابنتنا إلى مدرستها، ثم يُوصلني زوجي إلى استوديو التليفزيون حيث أعمل.

في العمل، استعددت لبدء عرضنا عندما سمعت ضجة عالية في المكتب. بعض الناس الذين يعملون معي ركضوا واستخدموا تلفونهم وأحدهم شاهد التليفزيون. مباشرة فهمت سبب الضجيج والارتباك في المكتب. يوجد عشرات الآلاف من المصريين في ميدان التحرير. لم أستطِع أن أُصدّق ما كنت أشاهده. كصحافية، كانت وظيفتي أنْ أذهب إلى مكان الأحداث، وأنْ أُخبر المصريين والناس في كل العالم عمّا كان يحدث. لذلك، أنا وفريق الأخبار ذهبنا بسرعة إلى ميدان التحرير. في السيارة، كنت خائفة جدا، ولم أعرف إذا كان الناس هناك عنيفين أو إذا كان المكان آمنا للنساء. كنت أفكر: هل ستكون هذه المظاهرات مثلها مثلما حدث في تونس؟

كنت متحمّسة، وأحسست بمزيج من الارتباك والرعب. أعرف أنني أشهد حدثا تاريخيا.

بعد عشر دقائق من قيادة السيارة في طريق مزدحم كثيرا، وصلنا أخيرا إلى المشهد. كان أكبر وأقوى مما شاهدناه في التليفزيون، ووجدنا ما يزيد عن عشرين ألف شخص في الميدان. كان هناك النساء والرجال وأيضا بعض الأطفال. معظمهم عندهم ملصّقات أو لافتات تُنَدِّد بمبارك. كان المتظاهرون يغنّون ويصرخون. بدأت بإجراء مقابلات مع بعض المتظاهرين للتليفزيون، وكل الناس استطاعوا أن يشاهدوا الأخبار في بيوتهم. سألتهم عن سبب وجودهم هناك وعن شعورهم. كان المتظاهرون غاضبين بسبب عدد كبير من القضايا: كانوا ينادون باستقالة الرئيس مبارك لأنّهم كانوا يظنون أنّ هناك فقر وفساد في الحكومة، وهم ساخطون على حالة التهميش والبطالة وتقييد الحريات.

بعد هذه المقابلات، فكرت في الاحتجاجات ذلك اليوم. بالرّغم من أنّني ولدت في عام 1980، إلا أنّي أعرف التاريخ المصري جيدا. كان هناك احتجاجات في 1919 عندما كانت مصر مستعمرة بريطانية، وأراد الشعب الاستقلال الوطني. أعرف أيضا أنّ عام 1952 كان عام الانقلاب العسكري. لماذا الآن، في 2011، هناك ثورة كبيرة؟ مبارك في السلطة منذ مدة طويلة. لماذا الآن؟

أظنّ أنّ التكنولوجيا لعبت دورا كبيرا في جعل هذه الاحتجاجات حركة كبيرة. سمعنا عن الثورة التونسية عن طريق التليفزيون والأخبار والإنترنت. بسبب التكنولوجيا هذه، كان هناك وعي عن الحياة خارج مصر. نحن جزء من الإنسانية ونستحق نفس الحقوق التي عند الناس في الغرب.

بعد مشاهدة الاحتجاجات ذلك اليوم في ميدان التحرير، أعتقد أنّ الشعب المصري يمكنه أن يقوم بتغييرات في بلده. سيستَغرِق وقتًا، ولكنّنا شعب قوي ويُحرّكنا دافِع النضال. أعرف أنّ المتظاهرين عندهم دوافع وطُرُق مختلفة. كل الناس مختلفون، ولكننا كلنا مصريون، ولذلك أظنّ أنّ هذه الثورة ستكون ناجحة.

أسئلة الفهم:

1. ما هي الأشياء التي على نادية القيام بها في الصباح؟
2. ماذا حدث في الاستديو؟
3. لماذا أحسّت نادية بالارتباك والرُعب؟
4. ماذا فعلَت في ميدان التحرير؟
5. ما هي التساؤلات التي كانت نادية تطرَحُها على نفسها بعد المقابلات؟

التمثيل المسرحي:　　　　　ACT IT OUT!

اختر سيناريو من السيناريوهات المقترحة أدناه ومثِّل دورا من الأدوار مع زميل أو زميلين. على المجموعة أن تقوم بأداء التمثيلية للصف.

1. نادية مُضطرة إلى أن تذهب إلى ميدان التحرير لكنّ ابنتها مريضة.
2. سيارة نادية تتعطّل في الطريق.
3. الشرطة تأخذ كاميرا المُصوّر، ونادية تحتجّ.
4. محتجّون يَتّصلون بِنادية لكي تُوَثِّق ما يحدث في الميدان.

نموذج كتابيّ لأحد الطلاب

Student Writing Sample

قاموس الطالب الشخصي:

Personal Dictionary:

المعنى	الفصحى
to suffer	عانى يُعاني مُعاناة
injustice	ظُلم
surprise	مُفاجأة
to silence	إسكات
to grow	نُمُو
confident	واثِق
rare	نادِر
to expel	طرد
wealth	ثَروة
to refrain from	إمتِناع عن
resignation	إستِقالة

الشخصية: عاصم، طالب جامعي

اليوم هو يوم مُهِمّ في تاريخ مصر. شاهدت الاحتجاجات ضدّ نظام مبارك في التلفاز، ولكنّ أحداث اليوم هي ليست خبرا جديدا. لقد عانى الشعب المصري من فساد وظلم مبارك لفترة طويلة. إنّها ليست مفاجأة أن يبدأ الناس في التعبير عن أنفسهم. يُثبِت التاريخ أنّه عندما يَتِمّ إسكات آراء المواطنين في أيّ بلد، تندَلِع الفوضى بسبب قمع الحكومة. قد بدأت هذه المظاهرة اليوم في مصر، وسوف تَنمُو حركة المقاومة حتّى سقوط نظام مبارك. أنا واثق بأن الثورة سوف تنجح، ولكن لا أعرف ماذا سيحدث بعد سقوط النظام لأني أَعْتَقِد أنّ كلّ الأفراد عندهم أفكار مختلفة، وأنهم ليسوا مُتّحِدين في رؤيتهم لمستقبل مصر.

هناك انقسامات كثيرة بناءً على المعتقد الديني والطبقة الاجتماعية والأفضلية الشخصية، ولكن عتقد أنّ الجميع مُتّفِقون على أنّ عهد مبارك قد انتهى، وأتمنّى أنّ هذه الفكرة سوف تُوَحِّد الشعب حتّى يترك مبارك الحكومة. يمكننا بعد هذا أنْ نقرّر كيفية المُضِيّ قُدُماً. بالنسبة لي، أحسن نظام للحكم هو نظام التَعَدُّدية الحِزبية. إذا كان هناك العديد من الأحزاب، فسوف يُسمع كل صوت والنظام سيكون عادلا. آمل أنْ يُدرك المصريون أنّ نظام الحزب الواحد نادرا ما ينجح. آمل أنهم سيستغِلّون هذه الفرصة لبناء بنية تحتية سياسية تشجّع على مشاركة كل مواطنيها.

برغم دعمي للمحتجين وإرادتي في أنْ أشارك في المظاهرات معهم، يجب أن أكون موضوعيا. الكثير من زملائي الذين يُساندون الاحتجاجات قد يَتِمّ طردهم من الجامعة لأنّ المصدر المالي للجامعة يأتي من الحكومة، ولذلك فإنّ إدارة الجامعة لا تريد أن تكون مُرتبِطة بالمحتجين. أعرف أنّه سيكون من الصعب عليّ الامتناع عن المشاركة في الاحتجاجات،

ولكن في الحقيقة ليس عندي خيار آخر لأنه من اللازم أن أبقى في الجامعة من أجل عائلتي. أنا مُتأكّد أنّ المحتجّين سينجحون في إحداث تغيير في حكم مصر لأنّهم أقوياء، ولن تتوقف الاحتجاجات حتّى استقالة مبارك.

أسئلة الفهم:

1. لماذا لم تكن مفاجأة بالنسبة لعاصم أنْ يبدأ الناس في التغيير؟

2. لماذا يثق عاصم في نجاح الثورة؟

3. لماذا نظام التَّعَدُّدِيّة الحزبية هو أحسن نظام؟

4. لماذا يجب على عاصم أنْ يكون موضوعيا، بحسب قوله؟

5. هل سيشارك عاصم في الاحتجاجات؟ لِمَ / لِمَ لا؟

التمثيل المسرحي: ACT IT OUT!

اختر سيناريو من السيناريوهات المقترحة أدناه ومثِّل دورا من الأدوار مع زميل أو زميلين. على المجموعة أن تقوم بأداء التمثيلية للصف.

1. تقبِض الشرطة على أحد أصدقاء عاصم ويذكر اسمه تحت التعذيب.

2. أخو عاصم يقرّر أنْ يشارك في الاحتجاجات. هما في البيت.

Creative Writing Resources and Activities:

القواعد

في هذا الكتاب، اخترنا فقط بعض القواعد التي ارتأيناها مفيدة في كتابة قصصكم. الرجاء الرجوع إلى مصادر وكتب القواعد العربية لمزيد من التعمّق.

أدوات الربط:

although, in spite of the fact that	رغم/ برغم / بالرّغم من
although	ف/فقد … مع أنّ
because	بسبب
due to	نظراً لِ … ف/فقد
thanks to	بفضل
even	حتّى
in order to	كيْ، لكيْ
for the sake of	مِن أجل، لأجل + المصدر أو أنْ + المضارع المنصوب

تمرين 1:

أكملوا الجمل التالية:

1. برغم العدَد الهائِل من رجال الأمن فإنّ ـــــــــــــــــــــــــــــ .

2. مع أنّ والد مريم رفض أن تشارك في الاحتجاجات فلم ـــــــــــــــــــــــــــــ .

3. نظراً لِمعارضة هذا الشُرطي لنظام مبارك فقد ـــــــــــــــــــــــــــــ .

4. إنطلقت الثورة بِفضل ـــــــــــــــــــــــــــــ .

5. اِلتَحَقْتُ بالثورة كيْ ـــــــــــــــــــــــــــــ .

تمرين 2:

إربِطوا هذه الجمل مستعمِلين أدوات الربط لِتكوين فقرة قصيرة:

عدم السماح للناس بالتجمُّع والاحتِشاد في شوارع القاهرة.

لم يكن عدد المحتجين كبيرا في الأوّل وقامت وسائل الإعلام بالتعتيم على الحركة الشبابية.

طُبِّق الحِصار الإعلامي وأُظهِر للناس والعالم أنّ الحال في مصر هادئ.

ولكن نظَّم الشباب أنفسهم وإنطلق اليوم الأول للاحتجاجات.

خرج الشباب هاتِفين وحامِلين لافِتات وعلِم الناس سبب هذه المظاهرات.

....

....

....

....

....

الفعل المُعتل

There are two major verbs in Arabic (see chart below with examples):

Sound صحيح and weak مُعتل

صحيح فعل is a verb whose roots consist of three consonants. There are three subcategories of الفعل الصحيح:

• السالِم Sound/regular verb that does not contain a Hamza or an identical consonant

• المهموز is a verb that has hamza as one of its three roots' consonants

• المُضعَّف is a verb in which the second and the third consonants are identical

فعل مُعتل is a verb whose root contains واو or ياء:

• المثال (assimilated verb) is a verb whose first root consonant is واو or ياء

• الأجوَف (hollow verbs) is a verb whose second root consonant is واو or ياء

• الناقِص (defective verbs) is a verb whose third root consonant is واو or ياء

• اللَّفيف is a verb that contains two weak letters. There are two types of اللفيف:

▪ اللفيف المقرون contains two adjacent weak letters

▪ اللفيف المفروق contains two separated weak letters

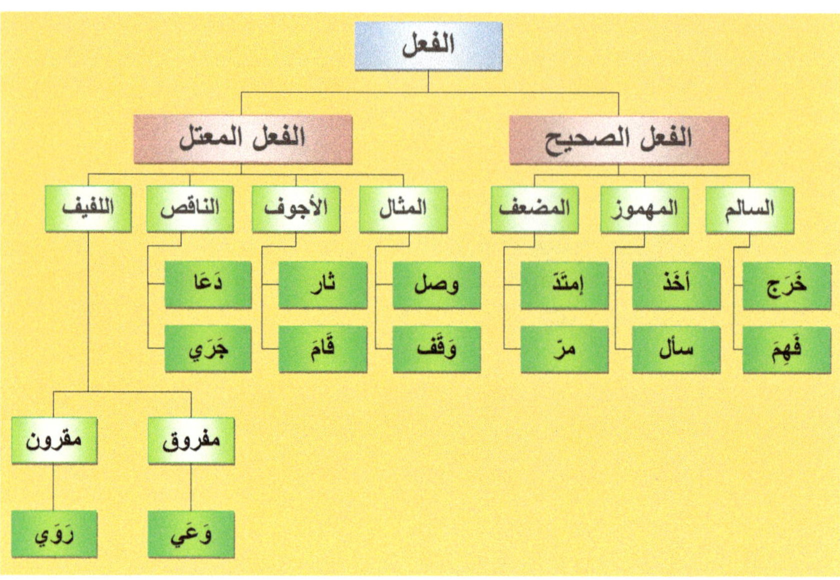

الفعل
الفعل المعتل
الفعل الصحيح
اللفيف
الناقص
الأجوف
المثال
المضعف
المهموز
السالم
دَعَا
ثار
وصل
إمتَدَ
أخَذَ
خَرَج
جَرَي
قَامَ
وَقَف
مرّ
سأل
فَهِمَ
مقرون
مفروق
رَوَي
وَعَي

An example of a weak verb (hollow verb) conjugation. See table below

الفعل: ثار

اسم الفاعل	الأمر	المضارع المجزوم	المضارع المنصوب	المضارع المرفوع	الماضي	الضمير
ثائِر		يَثُرْ	يَثورَ	يَثورُ	ثارَ	هو
		يَثورا	يَثورا	يَثوراِن	ثارا	هما
		يَثوروا	يَثوروا	يَثورونَ	ثاروا	هم
		تَثُرْ	تَثورَ	تَثورُ	ثارَت	هي
		تَثورا	تَثورا	تَثوراِن	ثارَتا	هما
		يَثُرْنَ	يَثُرْنَ	يَثُرْنَ	ثُرْنَ	هنّ
	ثُرْ	تَثُرْ	تَثورَ	تَثورُ	ثُرْتَ	أنتَ
	ثورا	تَثورا	تَثورا	تَثوراِن	ثُرْتُما	أنتما
	ثوروا	تَثوروا	تَثوروا	تَثورونَ	ثُرْتُم	أنتم
	ثوري	تَثوري	تَثوري	تَثورينَ	ثُرْتِ	أنتِ
	ثورا	تَثورا	تَثورا	تَثوراِن	ثُرْتُما	أنتما
	ثُرْنَ	تَثُرْنَ	تَثُرْنَ	تَثُرْنَ	ثُرْتُنَّ	أنتنّ
		أَثُرْ	أثورَ	أثورُ	ثُرْتُ	أنا
		نَثُرْ	نَثورَ	نَثورُ	ثُرْنا	نحن

تمرين 3:

حوّلوا القصة التالية إلى المضارع مُستخدِمين ضمير الغائب «هي»:

خرجتُ من البناية مُسرعاً ومررتُ بِدكّان العمّ أحمد فسألتُه عن حالِه ثم مشيتُ نَحوَ محطة الباص وبقيتُ لِمدّة ساعة مُنتظراً. بعد المَلَل من الإنتظار قرّرتُ أنْ أمشيَ ووصلتُ إلى الجامعة فرأيتُ الشباب في مجموعات صغيرة. لم أفهمْ سبب هذا التجمّع. رأيتُ زميلة لي مع أصدقاء آخرين يَتَناقَشون فيما بينهم فذهبتُ لأعرفَ ما الذي يحدُث. سألتُ هؤلاء فقالوا إنّهم سيقومون بِمسيرة احتِجاجية وسيثورون في وجه الظلم والدكتاتورية.

كلمات/عبارات أكثر من العامية المصرية   Colloquial Resources

إضافة إلى كلمات العامية التي تعلمتموها من النماذج الكتابية، ستجدون هنا كلمات وعبارات أكثر بالعامية المصرية يمكنكم أن تستخدموها في كتابة قصصكم. للفائدة، بعض المصريين وخاصة في القاهرة ينطقون هذه الأحرف كالتالي:

ظ = ز	g as in guard = ج	ق = أ	جْه = ش
مثال: بايْظة BayZa	مثال: مجرّد MuGarrad	مثال: اَلَاقِي Alaa'ii	مثال: وجه = وِش

كلمات مفيدة من العامية المصرية

خايِف = خائف "ي" في مكان الهمزة	إتْذلينا = ذُلِلْنا
البَهدلة = الإهانة وعدم الاحترام	وَلَّع في نَفْسُه = انتحر بإضرام النار في جسده
مَبْقِتْش قادِر أَستَحْمِل = لم أعد أستطيع أن أتحمل	يافطة = لافتة
بايْظة = فاسدة	عِيش = خبز
الِغلابة = الفقراء والضعفاء	أنا مِش مُجرَّد صفر على الشمال تِحدِّد مصيره حكومة أو أمن دولة أو داخلية
صِفر على الشمال used when feeling unimportant and useless. literally, a zero on the left.	ماكُنْتِش = ما كنتُ
اَلَاقِي = أجد	زيّ = مِثل
عَلَيا = عليّ	

من صفحة «كلنا خالد سعيد» على الفيسبوك.

رسالة إلى كل أعضاء الصفحة

On Monday, January 24, 2011 at 2:12 pm

أنا نازل لأنّ البلد دي بلدي وأنا مش مجرد صفر على الشمال تحدد مصيره حكومة أو أمن دولة أو داخلية .. أنا مواطن مصري .. عارفين مصر؟ مصر اللّي حارْبِت إسرائيل وهَزَمِتهُم في 1973.. مصر اللي اتْحِدِّت إنجلترا.. وطَرِدِت الفرنسيين .. مصر اللي مفيش أيّ مُحتلّ عِرِف يِنتِصِر عليها ويِمسَح هوية شعبها. أنا نازل لأنّي مِش معاكُم إنّ شعب مصر جبان.. شعب مصر مش جبان .. شعب مصر كلّ واحد فيه خايف إنّه لو اتحرَّك هيِتحرَّك لِوحدُه ومحدِّش هيِساعدُه.. لو مِحتاجين تضحيات والله أنا مستعد أضَّحي بكلّ ما أملِك عشان بلدي...

https://www.facebook.com/ElShaheeed/

http://ma3t.blogspot.com/

من صفحة المدونة الإلكترونية :Monasosh

الاثنين، يناير 24، 2011

شاركنا يوم 25 يناير

قعدت يومين باحاول الاقي حجج قوية ليه الواحد ينزل بكرة و ماكنتش عارفة اوي لما سألت نفسي انتي نازلة ليه، الاول اجابتي كان فيها حبة يأس. انا نازلة زي ما بانزل في حاجات كتيرة، بانزل عشان ابقى حاسة اني عملت اللي عليا و حاولت، فاعرف انام بالليل... اتمنى نعيش الثورة بس خايفة ما نلحقهاش. لكن اللي متأكدة منه ان كل واحد مننا لازم يعيش اللحظة دي، اللحظة اللي بيبقى ماشي فيها كتفه في كتف واحد او واحدة مايعرفهمش بس همهم واحد، بيهتفوا بصوت واحد و مصدقين ان البلد بلدنا وان خلاصها بايدينا.

Write your own story!!   **اكتب قصتك الآن!!**

....
....
....
....
....
....
....
....
....
....
....
....
....
....
....
....
....
....
....
....
....
....
....
....
....
....

قاموسك الشخصي:

المعنى	الفصحى

المعنى	العامية المصرية

الوحدة الثانية
قطع الانترنت

خلفية تاريخية   Historical Background

الجمعة 28 يناير/كانون الثاني:

بدأ المتظاهرون مسيراتهم في أعقاب صلاة الجمعة وواجهوا قوات الأمن التي استخدمت الغازات المسيلة للدموع وخراطيم المياه والعيارات المطاطية والذخيرة الحية. ولقي مئات المتظاهرين مصرعهم وأصيب الآلاف بجراح واعتُقل أكثر من ألف شخص. وقطعت السلطات خدمة الإنترنت والهاتف النقال، وأعلن حظر للتجول في القاهرة والإسكندرية والسويس.

الأسئلة الرئيسية: ما هي الأدوار التي تلعبها وسائل الإعلام / وسائل التواصل الاجتماعي، وشبكة الإنترنت في الانتفاضة المصرية؟ هل الرّقابة الحكومية على الاتصالات تساعد أو تُؤذي قدرة النظام في السيطرة على مواطِنيها؟

Unit 2 Scenario

سيناريو الوحدة الثانية

قطع الانترنت

اليوم هو يوم 28 يناير، 2011. قد عَلِمتَ لِلتَّو أنّ حكومة مبارك قد قَطعت كلّ اِتّصال إلكتروني لقمع الاضطرابات الاجتماعية المتزايدة.

أ. على الرغم من أنَّكَ لا تستخدم الإنترنت شخصيا، يمكنك الردّ على خبر قطع الإنترنت. أو

ب. كُنتَ في المنزل أو في مقهى للإنترنت تعمل، أو تلعب، أو تقرأ بريدك الإلكتروني، أو تتفحّص حسابات الفيسبوك أو تويتر، وفجأة قُطِع الإنترنت.

صِفْ ردّ فعلك الأول وردودك على قطع الانترنت. كيف يُؤثِّر عليك شخصيا؟ في رأيك، ما هو تأثير هذا القطع على أصدِقائك وجيرانك وأفراد أسرتك؟ ماذا ستفعل؟

ما رأيك ولماذا؟ برّر إجابتك!

• في رأيك، ما هي الرسالة التي يريد هذا القطع أن ينقُلها للشعب المصري؟ للمجتمع الدولي؟

• كيف يُظهِرُ قطع مبارك للإنترنت دَور وسائل الإعلام الإلكترونية والتواصل الاجتماعي في مصر؟

• بالنسبة لك، كيف سيؤثر هذا القطع على انتفاضة الشباب؟ ناقِش التأثير المُحتمَل لهذا القطع على تماسُك المُتظاهرين، وعزيمتهم، وشعورهم بالقوة، والأهداف الجماعية.

• في اعتقادِك، ما هو الدور الذي تلعبه وسائل التواصل الاجتماعي في تعبِئة الشباب المصري؟

مفردات مفيدة:

shutdown	قطع يقطع قطع
internet user	مُستخدم الإنترنت
government	الحكومة
communication	الإتّصالات
journalist	صحافيّ / ة
censorship	الرّقابة
youth movement	الحركة الشبابية
to disrupt	عطَّل يُعطِّل تعطيل
to denounce	إستنْكر يستنكِر اِستِنكار
Facebook	فيس بوك
Twitter	تويتر
civil rights	المَدَنية الحُقوق
national security	الأمن القومي
media	وسائل الإعلام
information	المعلومات
ministry of communications	وزارة الاتصالات
mobile phone	الهاتِف المحمول
short message service (sms) or text message	رسالة نصّية
news	الأخبار

تمرين 1:

أ. ترجموا النص التالي إلى الإنجليزية.

قُبض على وائِل غنيم، الموظف في غوغل، على أيدي رجال «مباحث أمن الدولة» مساء 28 يناير في وسط القاهرة. وكان أحد الناشِطين الذين ينشرون دَعَوات الاحتجاج على مواقِع التواصل الاجتماعي، كما شارك في الاحتجاجات في ميدان التحرير بدءاً من 25 يناير/كانون الثاني. وانخرَط وائِل غنيم في الأنشِطة على شبكة الإنترنت عقِبَ قتل الشرطة خالد سعيد في 2010 واستخدم مجموعة «كلنا خالد سعيد»، على موقِع «الفيسبوك»، لِنشر الدَعَوات إلى الاحتجاجات. وعقب القبض عليه في 28 يناير/كانون الثاني، أُعتُقِل طيلة 12 يوماً بِمَعزل عن العالم الخارجي... واستُجوِب حول دَوافِعِه مِن الدعوة إلى الاحتجاجات والمشاركة فيها، كما استجوب حول الجهة التي تُقَدّم الدعم المالي واللوجستي للمحتجين. وأفرِج عنه عقِب ضجّة إعلامية... وضُغوط مارَسَتها منظمات حقوق الإنسان وجِهت أخرى.

ب. من يكون وائِل غنيم؟ قوموا ببحث أوسع عن هذا الشخص ودوره في انطلاق الثورة.

تمرين 2:

طابقوا الأرقام مع الأحرف التي تعطي المعنى المعاكس للكلمة:

1. الرّقابة	أ. فرح بـ
2. عطّل	ب. الأمن المحلي
3. إستنكر	ت. التليفون الأرضي
4. الأمن القومي	ث. أصلح
5. الهاتِف المحمول	ج. الحرّية

تمرين 3:

أكملوا الجمل الآتية باستخدام الكلمات التالية:

مستخدمي الإنترنت	الحكومة	فيسبوك	حقوقهن المدنية
وسائل الإعلام	الحركة الشبابية	تويتر	رسالة نصية

1. تُسيِّر ـــــــــــــــ شُؤون البلاد.

2. لدى معظم الشباب حسابات على ـــــــــــــــ و ـــــــــــــــ.

3. بعثتُ ـــــــــــــــ إلى صديقتي.

4. مَهمّة ـــــــــــــــ هي نقل الأخبار والمعلومات بنزاهة إلى الناس.

5. انتشرت ـــــــــــــــ في العالم عامة وفي العالم العربي خاصة.

6. أغلبية ____________________ من الشباب.

7. ناضَلَت النساء الأمريكيات من أجل ________________ .

تمرين 4:

أكملوا الجمل الآتية باستخدام كلمة مناسبة من مفردات الوحدة الثانية:

1. لا يمكنني أن أتصل بالبيت لأنّ ....

2. بدأت أمريكا تنتج النفط لـ ....

3. ما زال الناس في بعض القرى المصرية يستمعون إلى ....

4. وزارة الاتصالات مَهَمتها ....

5. نحن نعيش في عصر التكنولوجيا حيث ....

6. يستنكر المجتمع الدولي ....

7. عطّلت الشركة ....

تمرين 5:

أجب عن الأسئلة التالية: ما هي قصة هذه الصورة؟ ناقش/ي: الشخصية/ات، الخلفية، وجهة النظر، والموضوع.

نشاط قراءة:

ما قبل القراءة:

1. ماذا يحدث في الكاريكاتور؟ لماذا؟

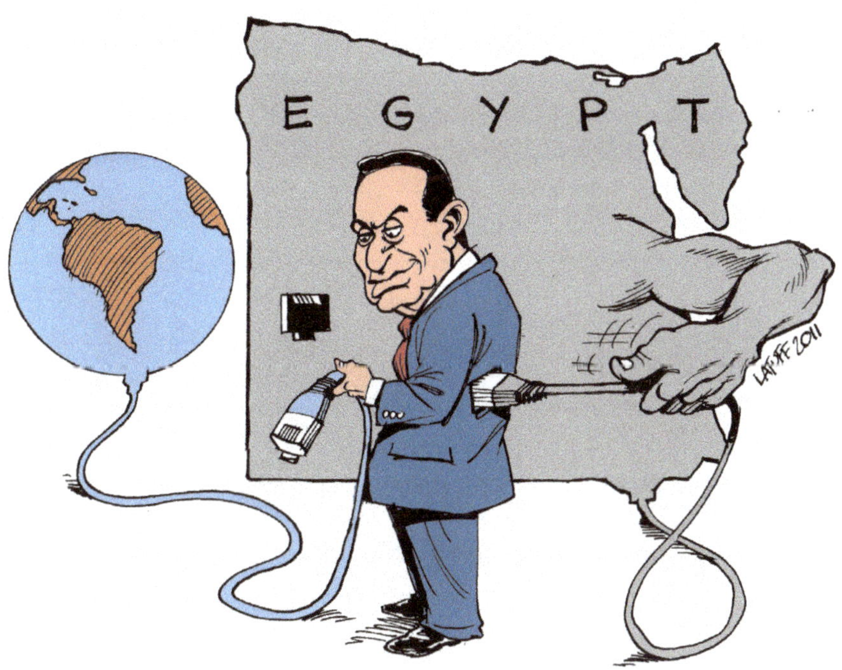

2. ما هي المفردات التي يمكن أن تجدوها في النص التالي؟ خمِّنوا قائمة منها:

اقرأوا النص التالي ثم أجيبوا عن أسئلة الفهم:

أعاقت الحملة الإعلامية للسلطات المصرية عمل الصحفيين المستقلين، وأعاقت سبل الوصول إلى المعلومات بل وحتى الاتصالات، ففي ليلة 27 يناير/كانون الثاني، طلبت السلطات من مقدمي خدمة الانترنت قطع الوصلات الدولية، وهو ما أثر بشكل جذري على إمكانية الدخول إلى شبكة الإنترنت.

ولم تعد خدمة الإنترنت إلا يوم 2 فبراير/شباط. وفي يوم 28 يناير/كانون الثاني، ذكرت شركات الهاتف النقال أنها تلقت أوامر بوقف الخدمة في مناطق معينة في البلاد، وأنها اضطُرت للخضوع إلى هذه الأوامر. وذكرت شركة «فودافون» أنها تمكنت من إعادة خدمات الاتصال الصوتي في اليوم التالي، ومع هذا فإن شركات الهاتف النقال استمرت في القول بأن السلطات المصرية كانت تستخدم شبكاتها لتبعث للمصريين رسائل نصية مؤيدة للحكومة. وفي يوم 30 يناير/كانون الثاني، ذكرت قناة «الجزيرة » أن السلطات المصرية ألغت ترخيص بث القناة، وأغلقت مكتبها بالقاهرة. وفي 4 فبراير/شباط، ذكرت الجزيرة أن مكتبها بالقاهرة تعرض للسرقة والنهب كما دُمرت المعدات الموجودة به. وتمكنت الجزيرة من استئناف البث في 9 فبراير/شباط.

وكان الصحفيون والمراسلون المستقلون الآخرون يُعزلون لمهاجمتهم، وشهد موفدو منظمة العفو الدولية في القاهرة على مصادرة قوات الأمن لكاميرات الفيديو من بعض الأشخاص. وفي 2 فبراير/شباط، صعدت السلطات من حملاتها ضد الصحفيين المستقلين. وهاجم مؤيدو الحكومة بعض المراسلين المحليين والدوليين ومنهم من يعمل في شبكات مثل «الجزيرة » و «العربية » و «هيئة الإذاعة البريطانية » و «سي إن إن» كما قُبض على بعضهم وصادرت قوات الأمن معداتهم.

وفي إحدى الحوادث بالقاهرة، تعرض الصحفي البلجيكي موريس سارفاتي للضرب على أيدي مؤيدين للحكومة قبل اعتقاله في ثكنة عسكرية، وذكر أنه اتُهم بالتجسس، وهُدد بإعادته مرة أخرى إلى جهاز مباحث أمن الدولة. وفي مواجهة هذا القمع غير المسبوق اضطر كثير من الصحفيين الأجانب إلى البقاء في فنادقهم، بينما تعرض الصحفي المصري أحمد محمود إلى طلق ناري يوم 29 يناير/كانون الثاني أودى بحياته بعد خمسة أيام متأثراً بجراحه.

أسئلة الفهم:

1. لماذا طلبت الحكومة المصرية من مُزَوِّدي خدمة الإنترنت قطع الوصلات الدولية؟
2. كيف أُستُخدِمت شبكات شركات الهاتف النقال من طرف نظام مبارك؟
3. لماذا تخاف السلطات المصرية من الصحافة وكيف تعاملت مع الصحفيين الأجانب؟

للمناقشة:

ما دور المواقع الاجتماعية في الثورة؟ كيف استطاع الشباب أن يتغلَّبوا على أزمة قطع وتعطيل الإنترنت؟

اقرأوا النص التاني ثم أجيبوا عن أسئلة الفهم:

بعض كلمات العامية المصرية في النص:

ما كانش في حد يعرف = ما كان أحد يعرف

إمّال فين الثورة؟ = أين هذه الثورة التي كنت تتحدث عنها؟

كانوا بيتَّرْيَقوا عليا = كانوا يسخَرون منّي

بيجي = يأتي

الجروب = group

عن الكتابة والثورة : حوار مع محمد صلاح العزب

التقى كريس ستون* مع الكاتب محمد صلاح العزب في القاهرة يوم ٣٠ مايو، ٢٠١١. لم نترجم المقابلة إلى العربية الفصحى بل حاولنا أن نحتفظ بلغة الحوار الطبيعية قدر الإمكان.

ك (كريس ستون) : طب نشاطاتك السياسية. نحن أصدقاء على الفيس بوك طبعا وانا لاحظت أنك كنت نشيط جدا في أيام الثورة. دور يمكن تشجيعي تحرضي.

م (محمد صلاح العزب): بالضبط هو أنا قبل الثورة نفسها بـ١٠ أيام تحديدا يوم أو تاني يوم بعد رحيل بن علي من تونس، أنا عملت جروب على الفيس بوك يوم ١٥ يناير. في الوقت ده كان الموضوع خطير لان ما كانش في حد يعرف أن في ثورة وأنها تنجح وكدا.

ك: كان اسم الجروب أيه؟

م: اسمو «الثورة المصرية ٢٥ يناير في كل ميدان في مصر» فالجروب دوت أنا عملتو في وقت كان ممكن فورا أتحبس كان ممكن فورا يتم اعتقالي لانو عملتو في ١٥ يناير وما فيش أي حد متوقع حاجة زي كدا. حتى أنا لما عملتو كان رد الفعل من حتى اصدقائي المقربين هو السخرية، أه هو فكرة انت حتعمل ثورة؟ هو طب الثورة الساعة كام؟ هي الثورة فين؟ طب في حاجة اسمها ثورة حد يتفق عليها يقول يلا نعمل ثورة؟ هما كانوا متخيلين ان حاجة بالشكل ده ما تنفعش. بس نفع. لحد يوم ٢٥ يناير الساعة ٢ كانوا بيتريقوا عليا لأن كنا متفقين نتحرك الساعة ٢. ٢ ظهرا. كان يوم تلات. فأنا كنت قاعد وقتها في جريدة «اليوم السابع» قي المهندسين وأنا كاتب على الفيس بوك ان احنا كلنا حننزل الساعة ٢ الظهر فأنا كان وقتها موبايلي فاصل شحن فأنا اضطريت أقعد لحد اتنين وتلت على أساس أشحنو شوية بحيث لو نزلنا مثلا حصلت اعتقالات ولا حاجة حأبقى محتاج موبايل. فاتنين وربع كل الناس كانت مجموعة حواليا وعاملين «امال فين الثورة؟» بس بعد شوية سمعنا هتافات عالية أمام جامع مصطفى محمود اللي هو انقلب بعد كدا لمؤيدين لحسني مبارك. فسمعنا هتاف بقى وكان في ألاف الناس ماشيين في الشارع فانزلنا كلنا مضمنين ليهم واتوجهنا للتحرير بعد كدا.

ك: طب على ذكر الفيس بوك وهذه الاشياء يعني في احساس انو الاعلام الغربي يركز اكثر من اللازم على هذه الوسائل. في رأيك هل كان حتحدث الثورة بدون الفيس بوك وما كان دور الفيس بوك مثلا وهذه «الجروبات» في رأيك؟

م: انا بالنسبالي شايف ان الفيس بوك مش المحرك بس الوسيلة، يعني احنا ازي بنجمع بعضنا يعني ممكن في أكثر من وسيلة ممكن عن طريق التلفونات ممكن عن طريق الإيميلات ممكن عن طريق الفيس بوك ممكن عن طريق تويتر ممكن عن طريق منشورات ممكن عن طريق الناس تقول لبعض يعني دي وسائل فكون وسيلة نجحت اكثر من وسيلة أو وسيلة تم استخدامها أكثر من وسيلة فأوكي هي نجحت وعملت ده بس هي تقديرنا ليها بيجي في إيطار فكرة ان هي وسيلة يعني الفيس بوك كدا مش كائن حي بيقول للناس تعمل كذا الفيس بوك كدا مكان للتواصل.

*أستاذ اللغة العربية بكلية هانتر بنيويورك

من موقع جدلية.كوم «بتصرف»

أسئلة الفهم:

1. كيف شارك الكاتب محمد في الثورة؟

2. ما رأي محمد في استخدام الفيس بوك؟

نشاط استماع:

ما قبل الاستماع:

اقرأوا النص القصير ثم أجيبوا عن الأسئلة:

مفردات جديدة من هذا النص:

transparency	الشفافية
to circulate	تداول
to legislate	تقنين

للقضاء على الفساد، تحتاج مصر إلى قانون حرية تناقل المعلومات

بقلم مارك صلاح مورغان وصحر عزيز

لكي تستطيع مصر أن تحصل على الديمقراطية المنشودة، يجب أن ينعم المواطنون بحق الحصول على المعلومات بالحرية التي تتيح لهم مساءلة الحكومة. في ظل حكم مبارك تمتعت الحكومة بسرية كاملة في تعاملاتها، الأمر الذي أدى بدوره إلى تفشي الفساد في المؤسسات الحكومية مما أدى إلى ضياع كثير من موارد الدولة. إن عدم الإفصاح عن المعلومات يتعارض مع أحد أهم مبادئ الديمقراطية والشفافية. لذلك يجب على مصر أن تفعّل قانون حرية تداول المعلومات الذي يضمن للمصريين القدرة على الوصول للمعلومات الخاصة بتعاقدات الحكومة وكيفية تصرفها في أموال الدولة.

التجربة المكسيكية مفيدة في هذا الشأن، فعلى الرغم من أن المكسيك تعاني من معدل تحصيل (القدرة على القراءة والكتابة) يبلغ 93%، ومعدل استخدام لشبكة الإنترنت يبلغ 40%، إلا أن السماح بالكشف عن المعلومات يتم عن طريق إستخدام مواقع الإنترنت بطريقة رخيصة وفعالة. وبالرغم من أن معدل التحصيل (القدرة على القراءة والكتابة) في مصر يبلغ 66%، ومعدل استخدام الإنترنت يصل إلى 62% إلا أن 60% من المصريين، ممن هم دون سن الثلاثين وأصغر، قادرون على استخدام الإنترنت بصورة تزايدت خلال الثورة من خلال فيس بوك وتويتر. لهذا السبب، فإن توفير المعلومات عن طريق الإنترنت قد يكون مؤثراً، لا سيما أن مصر تعمل على تصميم برامج تساعد على توسيع رقعة استخدام الإنترنت في جميع أنحاء الجمهورية.

إن المصريين يملكون الحق في معرفة معلومات عن حكوماتهم. وتقنين حرية تداول المعلومات لن يعمل فقط على زيادة مشاركة المصريين للحكومة بل سيؤدي إلى وضع مصر على المسار الحقيقي لدولة عادلة ومزدهرة.

أسئلة الفهم:

1. ما أهمية الحصول على المعلومات في نظام ديمقراطي؟
2. كيف يمكن التعلم من التجربة المكسيكية؟
3. كيف يمكننا تقنين حرية تداول المعلومات؟

الآن، استمعوا إلى الكليب من الدقيقة 2:50 إلى الدقيقة 8:29 وأجيبوا عن الأسئلة التالية.
تجدون الفيديو على هذا الرابط الالكتروني:

http://www.youtube.com/watch?v=I-rzAGDcr9s

أسئلة الفهم:

1. من هي مُنى ياسين؟
2. لماذا لم يكن يتوقّع شباب الإنترنت أنْ ينجحوا في حشد الجماهير في الأيام الأولى للثورة؟
3. لماذا تقول مُنى إنّ الإنترنت كان يُستخدم بشكل سطحيّ قبل الثورة؟
4. كيف كان دور الإنترنت محدودا في إشعال الثورة؟

ما بعد الاستماع:

مواضيع للمناقشة:

1. ما هو دور الإنترنت في حياتك الشخصية؟ ما هو تأثير عدم استخدامه لمدة أسابيع طويلة؟
2. تَخيَّل أنّ الإنترنت قد قُطع في بلدك وأنّك غاضب جدا. أُكتب رسالة إلى مُحرِّر صحيفة مدينتك.

Student Writing Sample

نموذج كتابيّ لأحد الطلاب

Personal Dictionary:

قاموس الطالب الشخصي:

المعنى	الفصحى
caution	حِرص
to avoid	تجنّب
to download	حَمَّل
national security	الأمن القومي
المعنى	**العامية المصرية**
إلى المقهى	عَ الْمقهى
جِئتُ	جِيت
هذا	ده / دا
تتذكَّر	فاكِر
your / of yours	بناعك
for your own sake	عشان خاطرك
I'm fed up	بحُطّ صوابعي في الشقّ

الشخصية: ليلى القبطية

- ماما، ممكن أنزل عَ الْمقهى؟ لازم ابعث إيميل لأصدقائي الأمريكان.

أحرِص على استخدام الإنترنت خارج بيتي بسبب احتِمال المراقبة من طرف الحكومة منذ بداية الثورة في مصر. أنا والناس عامة، ندرك أنّ الحكومة تتجسّس علينا، وأتجنّب تهديد التجسّس عن طريق الإنترنت في المقهى العام.

- روحي يا بنتي، بس أرجَعي عَ الْبيت قبل العشا.

ذهبت إلى المقهى، واستعملت الكمبيوتر في الزاوية. أول شيء أفعله هو قراءة البريد الإلكتروني والفيسبوك. أقرأ رسائلي وأتكلم مع أصدقائي في الفيسبوك. كنت أُحَمِّل صورا جديدة في ملفّي الشخصي أيضا. فجأة، عجزت عن التحميل ورأيت رسالة تقول: «تحميل خاطئ». لم أعرف ما أفعله. كيف التعامل مع هذه المشكلة؟ لاحظ صاحب المقهى أنّه لديَّ مشكلة:

- إيه المشكلة؟

قلت: ما اعْرَفش. ممكن الكمبيوتر فيه فيروس. الإنترنت ما بْيِشتغَلش، بس كان كويّس لمّا جِيت. في نفس الوقت، بدأت الأخبار في التليفزيون تتكلم عن الإنترنت. يبدو أن كل الناس لديهم مشكلة استعمال الإنترنت، وكان الزبائن غاضبون جدا من هذا القطع.

الحِكمة من قطع الإنترنت هو أنْ تعطل الحكومة الحركة الشبابية. نعرف أن وزارة الاتصالات تريد قطع التواصل بين أنصار الثورة.

- ده ظلم. قال أحد الزبائن، ويتّفق معه رجل يجلس قريبا مني:

- الحكومة بِتْكلم عن الأمن القومي بس المراقبة انتهاك لحقوقُنا المدنية. أتّفِق معه، ولكن شخص آخر يختلف معه:

- في الحقيقة، التظاهرات دي عَ الْفاضي...فاكِر تظاهرات السنة اللي فاتِت؟ تقريبا كل سنة فيه تظاهرات بس ما فيش تغيير.

قلت:

- الله! أظنّ إنّ حركة الشباب حَتِستمِر ومِش ممكن للحكومة إنَّها تِمنَعها...الحكومة تعطل الاتصالات بس مش الحركة. طوِّل بالَك!

فأجاب: ده كلام أيّ كلام! عشان خاطرِك، يا آنسة، لازم نفكِّر في الواقع. الكلام ده مش كويّس. يعني ما فيش مستقبل للثورة دي.

- بَحُط صوابعي في الشقّ مِنَّك ومن التشاؤم بتاعك. الاحتجاجات دي مش زَيّ اللَّي قبلِيها.

- بس من غير الإنترنت، إزّاي حَيِّتِّصِل الشباب بِبَعضيهُم؟ تساءلت فتاة مجهولة.

فقلت:

- المعلومات مش في الإنترنت بس. الناس حَتِسمع عن الثورة في الشوارع والبيوت وبِين الأصدقاء.

كان وقت رجوعي إلى البيت.

أسئلة الفهم:

1. تخيَّل/ي أنّك الآن في مقهى الإنترنت في القاهرة حيث ليلى موجودة. كيف تتصوّره؟
2. لماذا تذهب ليلى إلى المقهى العام؟
3. هل كان في كمبيوتر ليلى فيروس؟
4. ما سبب انقطاع الإنترنت، في رأي ليلى؟
5. ماذا يعني الرجل بقوله: « في الحقيقة، التظاهرات دي عَ الْفاضي.»؟ هل توافق ليلى على ما قاله الرجل؟
6. كيف تنتشر المعلومات بين الناس إذا لم يتمّ إطلاق الإنترنت؟

ACT IT OUT!

التمثيل المسرحي:

اختر سيناريو من السيناريوهات المقترحة أدناه ومثِّل دورا من الأدوار مع زميل أو زميلين. على المجموعة أن تقوم بأداء التمثيلية للصف.

1. تكتشف ليلى أنّ هناك رجل مخابرات في المقهى يتجسّس عليها.

2. قبل انقطاع الإنترنت، تصل ليلى رسالة من أختها أنها في الجامعة ولا تستطيع أن تعود إلى البيت لأنّ باص الجامعة لم يأتي طوال اليوم.

3. ليلى مع أخيها حُسام حين يصِلها جواب جامعة أمريكية بقبولها في برنامج الماجستير، وينقطع الإنترنت.

Student Writing Sample

نموذج كتابيّ لأحد الطلاب

Personal Dictionary:

قاموس الطالب الشخصي:

المعنى		الفصحى	
	التعب		العَناء
to dominate			سيطر
isolation			الإنعِزال
to rely on			إعتمد

الشخصية: نادية، صحفية

لعب الإنترنت دورا كبيرا في كل الثورات في الشرق الأوسط. بفضل الإنترنت، استطاع الشباب نقل الأخبار عن الأحداث في القاهرة وتونس وتعلموا عن بعضهم البعض وعمّا كانوا يقومون به. بالإضافة إلى ذلك، ساعد الإنترنت بقية العالم على معرقة ما كان يحدث في الشرق الأوسط.عندما قطعت الحكومة المصرية الإنترنت في 28 يناير، تغيّرت بعض الأشياء في الثورة والمظاهرات. أصبحت الاتصالات الآن بين المتظاهرين صعبة جدا. ما كان هناك الفيسبوك والتويتر.

سبّب لي هذا القطع العناء، وردّ فعلي الأول كان الصدمة: لم أعرف كيف كان للحكومة كل هذه السلطة لقطع الإنترنت. عكَست هذه النقطة حقيقة مختلفة: تسيطر الحكومة على حياتنا. في بلاد أخرى، حتّى ولو أنّ هناك صور أو معلومات على الإنترنت لا تُعجب الحكومة، فهي لا تمُسّ حرية الناس. هنا، الرئيس مبارك يضغط على الزرّ، وتقريبا كل الإنترنت في مصر قد قُطع.

أستخدم الإنترنت كل يوم وكل ساعة وكل دقيقة في وظيفتي. تتغيّر الأخبار بسرعة، ويجب أن أكون على إدراك ومعرفة بما يجري، ولكن بدون الانترنت، كيف أستطيع أن أبحث عن الأخبار في كل العالم وأيضا في مصر والقاهرة؟ بدون الإنترنت شعرت بالوحدة وبالانعزال عن البلد والوطن. خلال هذا القطع، أدركت أنني أعتمد كثيرا على الإنترنت، وعلى التكنولوجيا أيضا. المتظاهرون يستخدمونه خلال الثورات. كنت قلِقة أن يعطل هذا القطع الحركة الشبابية والأنشطة في مصر، وربما سيؤثر هذا القطع، في المدى القصير، سلبا على الثورة، ولكن الناس استمروا في الاحتجاجات. هم استخدموا الهاتف المحمول والرسالة القصيرة لإرسال المعلومات. حاولت الحكومة أن توقف الثورة ولكن ما استطاعت. أظنّ أنّ هذا القطع زاد من قوة وشجاعة وتقرير الشباب المصري.

لا أعرف إنْ كانت هذه الثورة ستنجح بدون التكنولوجيا. أظنّ أنّ هذه الثورة حدثت لأن هناك أسبابا كثيرة في مصر وفي كل الشرق الاوسط، وهم يستنكرون النظام ويطالبون بحقوقهم المدنية والإنسانية. إستخدم هؤلاء الشباب الإنترنت والتكنولوجيا بشكل بارِع لبدء الحركة في مصر.

أسئلة الفهم:

1. لماذا كان قطع الإنترنت بمثابة صدمة لِنادية؟

2. ما أهمية الإنترنت في وظيفة نادية؟

3. ما هي وسائل التواصل التي استعملها المحتجون حين قُطع الإنترنت؟

4. ماذا تعني نادية بقولها: «استخدم هؤلاء الشباب الإنترنت والتكنولوجيا بشكل بارِع لبدء الحركة في مصر.»؟

ACT IT OUT!

التمثيل المسرحي:

اختر سيناريو من السيناريوهات المقترحة أدناه ومثِّل دورا من الأدوار مع زميل أو زميلين. على المجموعة أن تقوم بأداء التمثيلية للصف.

1. تتلقَّى نادية رسالة نصّية من محتج لديه أسرار خطيرة حول أحد كبار المسؤولين المصريين. يُقطع الإنترنت ولكن لديها طريقة للاتصال به.

2. نادية مع زميلها المُصوّر في ميدان التحرير عندما يُقبض عليها بسبب إرسالها تقريرا وصورا عبر الإنترنت تمسّ بأمن الدولة.

نموذج كتابيّ لأحد الطلاب

Student Writing Sample

قاموس الطالب الشخصي:

Personal Dictionary:

المعنى	الفصحى
director	مُدير
thus	بالتالي
difficulties	صُعوبات
feelings	مشاعِر
foolish	أحمَق
to strengthen, reinforce	تعزيز
discontent	سُخط
determination	عَزم
confidence	ثِقة
المعنى	العامية المصرية
لا يعمل	ما بيشتغلْش
لا أعرف	مش عارف

الشخصية: عاصم، طالب جامعي

الأمس، يوم الخميس، كنت أدرس في مكتبة الجامعة. كنت أستخدم الإنترنت للبحث، وفجأة توقّف. في البداية ظننت أنها كانت مشكلة في المكتبة فقط، ولذلك ذهبت إلى مكتب إدارة المكتبة، وسألت مدير المكتبة: الإنترنت ما بيشتغلْش؟

- مش عارف، بس أظنّ انّها مشكلة عامة لأنّ الموبايل بتاعي كمان مش شغّال. أجاب.

ومن ثَمّ أدركت أنّها مشكلة غير تكنولوجية وغير عادية. قرّرت أن أعود إلى بيتي لمعرفة إذا كان والديّ على علم بهذه الظاهرة. عندما وصلت، رأيت أبي وأمي أمام التلفاز، وكان الصحافي يقول إنّ الحكومة قد قطعت الإنترنت بسبب الاحتجاجات، وبالتالي مشكلتي في المكتبة كانت سببها الحكومة. لم أستطع أن أصدّق ذلك. أدركت سريعا أنّ الاحتجاجات ستؤثر على كامل مصر، وليس على المحتجّين فقط. أنا كطالب، سأواجه صعوبات بسبب الثورة بالرّغم من أنّي لم أشارك فيها. كان أول ردّ فعل لي أني غضبت. لماذا أعاني من الاحتجاجات حتّى وإن لم أشارك فيها؟ ولكني أدركت سببين غيّرا مشاعري: أولا أدركت أنّ هذا القرار هو قرار غبيّ من قبل الحكومة. هل تظن الحكومة أنه بقطع الإنترنت ستنتهي الثورة؟ في الحقيقة، محاولة الرّقابة هذه سوف تَعزّز مشاعر السُخط والعزم في مصر.

دور الإنترنت مُهمّ جدا في المجتمع الحديث، وخصوصا بين الشباب، ولكن هذا التدخل سوف يُغضب المتظاهرين أكثر، وبالتالي فهم سوف يجدون وسائل اتصال مختلفة لنشر أفكارهم وشعاراتهم ضد النظام.

ثانيا، أدركت أنّه بالرّغم من أنّي لست نشيطا في الاحتجاجات، فأنا مصري وأدعم الثورة وأريد أن أساعد المحتجين في تغيير النظام المصري لكي يكون المستقبل أحسن للأجيال القادمة. قرار الحكومة هذا يُظهر أنّ الحكومة خائفة، ولذلك فالمحتجون سوف يكون لديهم ثقة أكثر و سلطة أكبر. أعتقد أنّ شوارع القاهرة سوف تكون مليئة بالمتظاهرين غدا بسبب انتهاك حقوق الإنسان من جانب الحكومة المصرية.

أسئلة الفهم:

1. ماذا كان يفعل عاصم يوم الخميس؟

2. ماذا ظنّ عاصم عندما قُطِع الانترنت؟

3. ماذا قرّر عاصم أن يفعل بعد إِستحالة إِستخدام الانترنت؟

4. لماذا كان والديّ عاصم أمام التلفاز؟

5. كيف تؤثر الاحتجاجات على عاصم بِكَونِه طالب جامعي؟

6. ما هما السببان اللذان غيّرا مشاعر عاصم؟

7. في رأيك، ماذا سيحدث غدا بعد قطع الانترنت؟

ACT IT OUT! **التمثيل المسرحي:**

اختر سيناريو من السيناريوهات المقترحة أدناه ومثِّل دورا من الأدوار مع زميل أو زميلين. على المجموعة أن تقوم بأداء التمثيلية للصف.

1. عاصم يلتحق بمجموعة من مستخدمي الإنترنت ويحاولون اِستعمال وسائل مختلفة لإيصال تعليمات للشباب المحتجين.

2. عاصم يعمل في وزارة الاتصالات وتكنولوجيا المعلومات المصرية ويتّصل به أحد أصدقائه المحتجّين.

3. عاصم لديه بحث نهاية السنة يجب أن يقدّمه ولكن قُطع الإنترنت.

Creative Writing Resources and Activities:

القواعد

في هذا الكتاب، اخترنا فقط بعض القواعد التي ارتأيناها مفيدة في كتابة قصصكم. الرجاء الرجوع إلى مصادر وكتب القواعد العربية لمزيد من التعمّق.

أدوات الربط:

It is clear that	من الواضح أنَّ
It is expected that	من المُتوقَّع أنَّ
It is known that	من المعروف أنَّ
Ought to	من المفروض أنْ
It is difficult to	من الصّعب أنْ

تمرين 1:

أكملوا الجمل التالية:

1. من __________ أنَّ مبارك لن يتنحى بسهولة.
2. من ____________ أنَّ الحكومة تريد تعطيل كل وسائل الاتصال بين الشباب.
3. من ______________ أن تكسر عزيمة المظلوم.
4. من ______________ أن تتّحد كل الجهود لإنجاح هذا التغيير.

أوزان الأفعال ومعانيها واستخداماتها

Verb Patterns: Meanings and Uses

I فَعَلَ

- Regular

II فَعَّلَ

- Transitive   قرّر الاشتراك في المظاهرات
- Causative meaning (doing something to something/someone else) حضّر الشباب لهذه الثورة
- Intensive   حصّن رجال الشرطة مبنى الحزب الوطني الديمقراطي

III فاعَلَ

- Reciprocal (doing something with someone else) قاوم الناس الظلم

IV أفْعَلَ

- Transitive أخبر المحتجون الشباب عن المسيرة عن طريق الفيسبوك
- Causative أسمعَ المتظاهرون الحكومة مطالبهم

V تَفَعَّلَ

- Reflexive of form 2 تعلّم التوكل على الله

VI تَفاعَلَ

- Reflexive of form 3 تقاسم الناس الطعام
- Pretension تناوم ليقبض على المجرم

VII اِنْفَعَلَ

- Passive of form 1 انقطع الإنترنت

VIII اِفْتَعَلَ

- Transitive and intransitive اجتمع الناس في ميدان التحرير اختبر صديقه في الأوقات الصعبة
- Has no consistent meaning patterns associated with it

IX اِفْعَلَّ

- Colors and defects احمرَّ وجهه من سرعة الجري

X اِسْتَفْعَلَ

- To seek and ask for something استفسر عمّا حدث هذا اليوم
- To consider or judge that something is… إستحسن أخلاقه

المصدر	اسم المفعول	اسم الفاعل	المضارع	الماضي	الوزن
؟	مَفْعُول	فاعِل	يَفْعِلُ	فَعَلَ	I
تَفْعِيل	مُفَعَّل	مُفَعِّل	يُفَعِّلُ	فَعَّلَ	II
مُفاعَلَة or فِعال	مُفاعَل	مُفاعِل	يُفاعِلُ	فاعَلَ	III
إفْعال	مُفْعَل	مُفْعِل	يُفْعِلُ	أَفْعَلَ	VI
تَفَعُّل	مُتَفَعَّل	مُتَفَعِّل	يَتَفَعَّلُ	تَفَعَّلَ	V
تَفاعُل	مُتَفاعَل	مُتَفاعِل	يَتَفاعَلُ	تَفاعَلَ	IV
اِنْفِعال	مُنْفَعَل	مُنْفَعِل	يَنْفَعِلُ	اِنْفَعَلَ	IIV
اِفْتِعال	مُفْتَعَل	مُفْتَعِل	يَفْتَعِلُ	اِفْتَعَلَ	IIIV
اِفْعِلال	—	مُفْعَلّ	يَفْعَلُّ	اِفْعَلَّ	XI
اِسْتِفْعال	مُسْتَفْعَل	مُسْتَفْعِل	يَسْتَفْعِلُ	اِسْتَفْعَلَ	X

تمرين 2:

ترجموا من الانجليزية إلى العربية:

1. They shut down all forms of communication
2. I watched the news
3. He resigned from his position
4. She participated in the reunion before the start of the revolution
5. People are demanding equal rights
6. Young people are excluded from making decisions about their daily life
7. We are discontent with our situation. We want a better life for our children
8. There is total confusion in the streets of Cairo

كلمات/عبارات أكثر من العامية المصرية   Colloquial Resources

إضافة إلى كلمات العامية التي تعلمتموها من النماذج الكتابية، ستجدون هنا كلمات وعبارات أكثر بالعامية المصرية يمكنكم أن تستخدموها في كتابة قصصكم.

للفائدة: يستخدم بعض المصريين هـ أو حـ في بداية الفعل المضارع للتعبير عن المستقبل.

مثال: حتروح أو هتروح.

كلمات مفيدة من العامية المصرية

حياتي مش كُلَّها نت يعنى

I mean...the Internet is not everything in my life.

انا مخنوق أوي عَشان النت إنقطع

I feel really upset and smothered because the Internet was shut down.

it is not really going to make a difference	والله عادي مِش هتِفرِق
all of that for nothing	دي عَ الْفاضي
horrible news	اخبار زيّ الزِّفت
go figure	ما حدش فاهم حاجه

شعار من الثورة بالصورة

ما رأيك في الشعار؟ اكتب شعارك أنت يعبر عمّا يجري من حولك، وله علاقة بموضوع الوحدة!

شعار من الثورة:

مش عايزِنها تِبقي دمار...كل هدفْنا نكون احرار
We don't want destruction. Our goal is to be free.

اكتب قصتك الآن!!

Write your own story!!

....
....
....
....
....
....
....
....
....
....
....
....
....
....
....
....
....
....
....
....
....
....
....
....
....

قاموسك الشخصي:

المعنى	الفصحى

المعنى	العامية المصرية

الوحدة الثالثة
جمعة ليست كغيرها

لمحة مسبقة عن الوحدة الثالثة

خلفية تاريخية Historical Background

اليوم الرابع – الجمعة 28 يناير/كانون الثاني (جمعة الغضب)

بدأ المتظاهرون مسيراتهم في أعقاب صلاة الجمعة... ففي القاهرة، أضرَم المتظاهرون النَّار في المقر الرئيسي «للحزب الوطني الديمقراطي» الحاكم، واحتل القناصة أسطُح مباني مقرّ وزارة الداخلية بالقاهرة، وانتشرت قوات الجيش في القاهرة والسويس والإسكندرية ولكنها لم تتّخذ أيّة إجراءات أخرى. وشغَّل الأهالي ما يعُرف باسم «اللجان الشعبية» لحماية الممتلكات من اللصوص، وانتشرت أعمال شغب في سجن القطا الجديد الواقع شمال القاهرة.

الأسئلة الرئيسية: ما هي القوى الاجتماعية والسياسية التي وراء مسيرة الجمعة؟ لماذا انتفاضة مصر الأولى تصاعدَت وتحوّلت إلى حركة جماهيرية؟

سيناريو الوحدة الثالثة   Unit 3 Scenario

جمعة ليست كغيرها

أ. بينما أنت في بيتك أو في حيّك، تسمع صوت المتظاهرين يردّدون هتافات ضد مبارك وحزبه. ما هي العوامل التي تؤثر في قرارك للانضمام إلى الاحتجاج أو البقاء محايدا؟

أو

ب. أنت تسير مع الآلاف من الناس الآخرين للاحتجاج ضد مبارك ونظامه. فيمَ تفكِّر؟ مع من أنت؟ صِف كيف تشعر وأنت جزء من مثل هذا الاحتجاج الشعبي الكبير. ماذا يحدث وكيف هو المزاج في الشوارع؟ لماذا قرّرت الانضمام إلى هذه المسيرة الجماعية؟

ما رأيك ولماذا؟ برر إجابتك!

• كيف تعتقد أنّ هذه المسيرة ستؤثر على الانتفاضة الشعبية؟

• ما هي الأدوار التي تلعبها الطبقات الاجتماعية والاقتصادية المختلفة في حشد الناس لهذه المسيرة؟

• ما هو تأثير هذه المسيرة على نظام مبارك؟

• ما هي الآثار الاقتصادية والدولية لهذه المسيرة على مصر والحكومة المصرية؟

• ما هي (إن وُجِدَت) المصالح الخاصة و / أو الأجندة السياسية التي تعتقد أنّها قد لعبت دورا في تشكيل الانتفاضة؟ هل تعتقد أنّ الاحتجاجات مُتلاعَب بها أو عفْوية؟

• ما رأيك في أهمية صلاة الجمعة كعامِل في تنظيم الاحتجاجات؟

مفردات مفيدة:

anger	غضب
Friday prayer	صلاة الجمعة
to ban	حظَرَ يَحظُر حَظْر
to defy	تحدّى يتحدّى تحدٍّ/ التحدّي
opposition	المُعارضة
to repress	قمَع يقمَع قمع
dictatorship	الدكتاتورية
conflicted news	الأنباء المُتضارِبة
rumors	الشائعات
democracy	الديمقراطية
condemnation	الإدانة
Ministry of the Interior	وزارة الداخلية
to arrest	إعتقل يعتقِل إعتقال
to terrorize	أرهب يُرهب إرهاب
casualties	الخسائر
to burn	أحرق يُحرق حرق
freedom	حُرية
sit-in	الاعتصام
to clash	إشتبك يشتبك إشتباك
to detain	إحتجز يحتجز إحتجاز
injuries	الإصابات
death	الموت
first aid	الإسعافات الأولية
tear gas	الغاز المسيل للدموع
weapons	الأسلِحة
rubber bullets	الرّصاص المطّاطي

تمرين 1:

ترجموا النص التالي إلى الإنجليزية.

اجتذبت «جمعة الغضب» جموعاً غفيرة من الناس في أرجاء البلاد، ومنها الإسكندرية وأسيوط وبني سويف والقاهرة والجيزة وبورسعيد والسويس والإسماعيلية. وبدأ المتظاهرون مسيراتهم في أعقاب صلاة الجمعة وواجهوا قوات الأمن التي استخدمت الغازات المسيلة للدموع وخراطيم المياه والعيارات المطاطية والذخيرة الحية. ولقي مئات المتظاهرين مصرعهم وأصيب الآلاف بجراح واعتُقل أكثر من ألف شخص. وقطعت السلطات خدمة الإنترنت والهاتف النقال، وأُعلن حظر للتجول في القاهرة والإسكندرية والسويس. وبدأت الشرطة في الانسحاب وأحرقت بعض أقسام الشرطة والمباني العامة الأخرى التي ارتبطت في الأذهان بعمليات القمع. ففي القاهرة، أضرم المتظاهرون النار في المقر الرئيسي «للحزب الوطني الديمقراطي» الحاكم، واحتل القناصة أسطح مباني مقر وزارة الداخلية بالقاهرة، وانتشرت قوات الجيش في القاهرة والسويس والإسكندرية ولكنها لم تتخذ أية إجراءات أخرى. وشكل الأهالي ما يُعرف باسم «اللجان الشعبية» لحماية الممتلكات من اللصوص، وانتشرت أعمال شغب في سجن القطا الجديد الواقع شمال القاهرة.

تمرين 2:

أكملوا الجمل الآتية باستخدام الكلمات التالية:

الغاز المسيل للدموع	اعتقل	الشائعات	المعارضة
يحتجز	حرية	الخسائر	الإعتصام

1. ____________ التجمّع مضمونة في الدستور.
2. إلتفَّت ____________ حول الشباب المصري.
3. تكثُر ____________ في زمن الفتنة.
4. استخدمت قوات محاربة أعمال الشغب ____________.
5. ____________ الجيش زعيم المعارضة.
6. تكبَّدت مصر ____________ اقتصادية كبيرة.
7. ____________ت الشرطة المتظاهر ثم أطلقت سراحه بعد ساعتين.
8. قرّر أولياء التلاميذ ____________ أمام وزارة التعليم.

تمرين 3:

ضعوا الكلمات الآتية في جمل مفيدة:

1. الإصابات ____________
2. أرهب ____________
3. إشتبك ____________

4 . الإسعافات الأولية _______________________________

5 . الديمقراطية _______________________________

6 . عنف _______________________________

7 . أحرق _______________________________

تمرين 4:

التعليمات:

كوّنوا مجموعات ثنائية وتناوبوا على طرح الأسئلة التالية والإجابة عنها. يجب على الطالب المُجيب استخدام مفردات الوحدة الثالثة وقائمة المفردات الرئيسية.

1. ما هي أخطار انتشار الأسلحة النووية في بلدان غير مستقرة سياسياً؟ أعط أمثلة.

2. ما هو دور المعارضة في تغيير أنظمة الدول العربية؟ هل ترى أنّه من السهل تغيير أيّ نظام هناك عن طريق المسيرات السلمية؟

3. أصبح الإرهاب مشكلة عالمية. في رأيك كيف نقضي على مُسبّبات الإرهاب؟

4. يقال إنّ الحرية تستلزم المسؤولية. ما رأيك في هذه المقولة؟ هل يجب أن نحُدّ من حرية الآخرين؟

5. قامت الولايات المتحدة الأمريكية بإدانة الاعتداءات ضد المدنيين المصريين إبّان الثورة. في رأيك هل كانت الإدانة كافية في إيقاف تلك العمليات العدائية؟ كيف كنت ستنصح الإدارة الأمريكية بالتعامل مع تلك الثورة الشعبية في مصر منذ البداية؟

تمرين 5:

اختاروا الإجابة المناسبة:

1. لا ينفع ______________ في أوقات الشدائد.

أ. الفرح   ب. الغضب   ت. الهتافات

2. يكتب الرجل وصيّته قبل ______________ .

أ. الشائعات   ب. الموت   ت. الإعتصام

3. ______________ المجرم في مركز الشرطة.

أ. المخبأ   ب. المسكن   ت. أحتُجز

4. ______________ فريق كرة القدم هذا خصمه وفاز بجدارة.

أ. لعب   ب. تحدّى   ت. صارع

5. صلّى المصلون ______________ في المسجد.

أ. صلاة الجمعة   ب. القرآن   ت. السيرة النبوية

6. ______________ الجاسوس الوثائق السريّة.

أ. هرب   ب. أحرق   ت. إستولى

نشاط قراءة:

ما قبل القراءة:

ما هي قصة هذا الكاريكاتور؟

ناقش/ي الكاريكاتور: الشخصية/ات، الخلفية، وجهة النظر، والموضوع.

الآن اقرأوا النص التالي ثم أجيبوا عن أسئلة الفهم:

وكان متظاهرون آخرون يحاولون الاحتشاد حول شارع طلعت حرب، ولكنهم قُوبلوا بعنف من جانب أفراد قوات الأمن الذين كانوا يحاولون تفريق المتظاهرين ومطاردة بعضهم في الشوارع. وبالرغم من ذلك، استمر المتظاهرون في محاولة إعادة الاحتشاد في المناطق المحيطة بباب اللوق في كل من شارع الفلكي وشارع محمد محمود بوسط القاهرة، وسط المواجهات. وقد وجد إسلام سعيد سيد نفسه في المنطقة عن طريق الخطأ. فقد كان إسلام، البالغ من العمر 23 عاماً، في طريقه إلى بيته في المطرية قادماً من منزل إحدى قريباته في الجيزة. وقد قال لمنظمة العفو الدولية إنه كان ينظر حوله فوجد أفراداً من قوات الأمن يلقون القبض عليه ينهالون عليه ضرباً ثم دفعوا به داخل سيارة شرطة كبيرة زرقاء اللون. وفي الداخل، وجد نحو 60 آخرين ممن قُبض عليهم، وكان بعضهم في حالة سيئة من جراء تعرضهم للضرب. وبعد قرابة أربع ساعات، عندما بدأت السيارة في التحرك، هجم المتظاهرون عليها وألقوها بالحجارة. ومن ثم، فتحت قوات الأمن الباب الخلفي للسيارة وأمرت الجميع بالنزول منها. وقال إسلام إنه وجد نفسه بالقرب من مسجد عمر مكرم، القريب من ميدان التحرير الذي كان مغطى بسحابة كثيفة من الغاز المسيل للدموع. وبينما كان يركض وجد محتجزاً آخر كان بصحبته قد أصيب بعيار في قدمه، وحينما حاول إسلام الوقوف لإغاثته، كانت الأعيرة قد أصابته هو الآخر في وجهه وظهره. وقد رفضت أربع مستشفيات وعيادات مختلفة علاجه، وفي النهاية نُقل إلى مستشفى كليوباترا بمنطقة مصر الجديدة، في الجانب الآخر من المدينة. وكان يخشى من أن يفقد البصر في إحدى عينيه.

كما حاولت قوات الأمن منع المتظاهرين القادمين من شمال القاهرة من بلوغ الميدان. فقد قُوبل المتظاهرون السلميون القادمون سيراً على الأقدام من شارع الجلاء أسفل كوبري 6 أكتوبر، ومن شارع رمسيس بقنابل الغاز المسيل للدموع، مما أودى بحياة إحدى المتظاهرات، وتُدعى رحمة محسن أحمد، وهي طالبة جامعية بكلية الخدمة الاجتماعية وتبلغ من العمر 22 عاماً، وكانت تشارك مع شقيقها الأصغر وآخرين في المسيرة القادمة من شبرا حتى ميدان التحرير. وأظهرت لقطات الفيديو التي شاهدها مندوبو منظمة العفو الدولية، وهي مسجلة بجهاز الهاتف النقال الخاص بها، أشخاصاً يسيرون أسفل كوبري 6 أكتوبر باتجاه عبد المنعم رياض، شمال ميدان التحرير، كما أظهرت اللقطات أدخنة الغاز المسيل للدموع في الأفق. إلا إن ذلك لم يردع رحمة التي واصلت الهتاف بصوتها الحماسي الذي يمكن سماعه في اللقطات المسجلة وهي تقول: «الشعب يريد إسقاط النظام» و «ارحل». ولكن ما بين الساعة الثانية والنصف والثالثة عصراً، أُطلقت إحدى عبوات الغاز المسيل للدموع على رأسها مما تسبب في شجها. وقد لقيت رحمة مصرعها عقب بضع ساعات في المستشفى. وقالت والدتها المكلومة لمنظمة العفو الدولية إن ابنتها شاركت في المظاهرات بهدف الدعوة لوضع حد للظلم الاجتماعي والفساد والقمع، وما كانت تعتبره اعتقالاً ظالماً لوالدها في سجن طره قبل محاكمته. وأشار تقرير طبي إلى أن رحمة محسن أحمد لقيت مصرعها جراء «شرخ بالدماغ»، بينما ذكرت شهادة الوفاة أنها ماتت جراء إصابتها «بطلق ناري بالرأس».

أسئلة الفهم:

1. كيف قوبِلَ المتظاهرون الذين كانوا يحاولون الاحتشاد حول شارع طلعت حرب؟

2. من إسلام سعيد سيد ولماذا قُبِض عليه؟

3. من كان داخل سيارة الشرطة؟

4. لماذا أُخرج من سيارة الأمن؟

5. كيف كان المشهد عندما وصل إسلام سعيد بالقرب من ميدان التحرير؟

6. كيف أُصيب إسلام ولماذا رفضت المستشفيات علاجه؟

7. ماذا حدث للطالبة رحمة محمد أحمد؟ لماذا شاركت في المظاهرات ومع من كانت؟

نشاط استماع:

ما قبل الاستماع:

شعار من الثورة بالصورة

إِرحل بَقَّى يا عمّ خلِّي عَنْدَك دمّ

ماذا فهمتم من الصورة؟

الآن، استمعوا إلى الكليب وأجيبوا عن الأسئلة التالية. تجدون الفيديو على هذا الرابط الالكتروني:
http://www.youtube.com/watch?v=dVZ8wvvuiBw

أسئلة الفهم:

1. يقول الرئيس مبارك في هذا الخطاب إنّ التظاهرات والاحتجاجات ما كانت تتمّ لولا وجود حرية الرأي والتعبير والصحافة. ما رأيك؟

2. يقول الرئيس إنّه يتمسّك بالحفاظ على الأمن والاستقرار. كيف فعل ذلك في أرض الواقع؟

3. ينحاز الرئيس دائما للفقراء، كما قال. ما الذي يدلّ على ذلك في تاريخ رئاستِه لمصر؟

4. في رأي حسني مبارك، هناك مُخطَّط لِزعزعة استقرار البلد. ما هو؟ ما رأيك؟ لماذا يُلمِّح لهذا المُخطَّط؟

5. ما هي الإصلاحات التي يتحدث عنها مبارك؟

6. لماذا يركّز مبارك على ما أنتجته الاحتجاجات من خوف وفوضى وتخريب؟

7. ما هي المسؤولية والأمانة التي أقْسَمَ مبارك بالحفاظ عليها أمام الله والوطن؟

ما بعد الاستماع.

مواضيع للبحث والمناقشة:

1. تظاهرات "احتلال شارع وول" في نيويورك. ناقش وحلّل. كيف تطوّرت وما موقف إدارة أوباما منها؟

2. إصلاحات الحكومة الأمريكية للقضاء على البطالة والأزمة الاقتصادية.

3. مقارنة بين ظروف ومطالِب الشباب الأمريكيين والمصريين في تظاهراتهم.

نموذج كتابيّ لأحد الطلاب

Student Writing Sample

قاموس الطالب الشخصي:

Personal Dictionary:

المعنى	الفصحى
the voices became louder	تعالت الأصوات
spontaneous	عفوية
suddenly	فجأة
المعنى	العامية المصرية
خبز	عِيش
خارجاً	بَرَّه
نريد	عايزين
تراهُم	تشُوفْهُم
أكمِلي	كَمِّلي
ننتظِر	نِسْتَنى
لا تُمثِّل	مَتْمثِّلْش
(هم) ليسوا	مهُمّاش
يشعرون	حاسِّين

الشخصية: ليلى القبطية

ـ سمعتوا؟ قال والدي.

بينما كنا نأكل غذائنا حول المائدة، سمعنا أصواتا خارج شقتنا. مع مرور الزمن تعالت الأصوات. نهضت لأنظر من الشباك. في الخارج رأيت الشعب يسير في الشوارع ويردّد «يسقط يسقط حسني مبارك» و «ارحل ارحل!» و «عِيش حرية عدالة اجتماعية!»

شاهدت بعض الأشخاص يلتحقون بالمتظاهرين في الشوارع. كل الناس غاضبون. علمت عن هذه المسيرة اليوم بعد صلاة الجمعة.

أجلس بقرب الشباك، وأشاهد المظاهرات.

ـ ليه الشعب بَرَّه؟ أنا مش فَاهمَه. قالت هبة، أصغر أخواتي، وعمرها تسع سنوات.

ـ الشعب برّه عَشان همَّ عايزين الحكومة تشوفهُم وتْحِسّ بُهم. أجابت أمي.

ـ وليه هم عايزين الحكومة تشوفهُم؟

ـ لأنّ الحكومة ظَلماهم. قال أخي أحمد.

ـ بس فيه ناس كثير في القاهرة. إزّاي الحكومة متشوفُش الناس؟ الحكومة عِمْيِت؟ مش فاهمَه حاجة.

- هبة، روحي كَمِّلي واجْبِك. طلب منها والدي. بعد أن تركت أختي المائدة، بدأنا مناقشة الاحتجاجات ومشاكل الحكومة.

- أظنّ إنّ المظاهرات دي حتكون نتايِجها كويّسة. مستحيل الحكومة حَتِتجاهِل الشعب لأنّ الشعب مش حيتوقَّف حتّى تحصل تغيرات وديمقراطية. من اللازم إنّ الناس يُخرُجو دِلْوَقْتي لأنّها حتكون رسالة واضحة للحكومة إنُّهم عاوزين نهاية الفقر ونهاية البطالة ونهاية الفساد السياسي. قلت.

- ليه تْفكّري إنّه المظاهرات دي كويّسة؟ الناس بيشتبكوا مع البوليس وفيه مجروحين وبعض الناس بيِعتِقْلوهُم. قال لي أبي.

- دا هو ثمن الحرية. نِحتاج إنّنا نتحدّى الحكومة. طبعا حَتْكون فيه خسايِر، بس إِحنا عانِينا لفترة طويلة جدا. الحكومة تحتاج تِعرَف إنّه الشعب معادْش خايِف، يا بابا. إنت مَتعِبْتِش من عِيشة الخُوف دِيّة بسبب البوليس السرّي اللّي بيعتقل الناس بدون سبب؟

- اتفق معاك يا حبيبتي، بس إيه إِللّي حيحصَل بعد الاحتجاجات وإفْتِرضي إنّه مبارك مَخَرِجش من مصر؟ البوليس حيستمر في إرهاب الشعب، وحيكون الوضع وِحش أوي. المظاهرات ذي مش هي أفضل طريقة.

- وإيه هي أفضل طريقة؟ لازم نِستنى حتّى يموت مبارك؟ لأ! الدكتاتورية قمعتنا لوقت طويل، ونحتاج إِنّنا نِتحدّى الحكومة النهارْده قبل بُكرَه.

- الثورة مَتْمِثِّلش كل الناس في مصر. واضح انّ بعض من الشعب في ميدان التحرير والشوارع بلطجية! نحتاج الأمن في بلادنا! قاطعت أمي المحادثة.

- الثوار مِهُمَاش بلطجية! الحكومة تحكم البلطجية وهم تَبَعها. جادلت معها.

- ربما الاخوان المسلمين بيْنظَّموا الاحتجاجات! إذا كانت الحكومة في إيد الاخوان المسلمين، حتكون كلّ مصر تحت الشريعة!

- يا ماما، الثورة عفوية، والناس حاسّين بنفس الاستياء وبيشتِركوا في الاحتجاجات من غِير دعوة من الاخوان المسلمين.

ثم فجأة، يُظهِر لنا التلفزيون صور حرق السجون، وقال المراسل إنّ السجناء اشتبكوا مع المحتجين، وشاهدنا هذا المشهد في حالة صدمة في حين استمرّت الأخبار إظهار تلك الصور.

أسئلة الفهم:

1. ماذا كان سيكون ردُّكم على أسئلة البنت الصغيرة؟ كيف قد يكون ردُّكم مختلفا عن أجوبة الأم والأخ؟

2. ما هي «الرسالة الواضحة» التي تتكلم عنها ليلى؟ هل توافق/ين ليلى في رأيها؟ لماذا؟

3. ما رأي الأب في المظاهرات ولماذا، في رأيك؟

4. ماذا قصدَت الأم بقولها: «الثورة متْمثِّلش كلّ الناس في مصر."؟

5. ماذا كنتَ ستفعل إذا كنت قريبا من السجون التي أُحرقت ورأيتَ السّجناء يشتبكون مع الشرطة؟

ACT IT OUT!   التمثيل المسرحي:

اختر سيناريو من السيناريوهات المقترحة أدناه ومثِّل دورا من الأدوار مع زميل أو زميلين. على المجموعة أن تقوم بأداء التمثيلية للصف.

1. ليلى مع أختها الصغيرة في طريقهما إلى البيت حين يُوقِفُهما أحد أصدقاء ليلى من المحتجّين.

2. يلتقي الأب مع صديق له من الإخوان المسلمين عندما تخرج المسيرات في ذلك اليوم.

3. أسرة ليلى في اجتماع طارئ مع كل جيران الحيّ لبحث كيفية حماية أسرهم ومُمتلكاتهم من السجناء الفارّين.

Student Writing Sample نموذج كتابيّ لأحد الطلاب

Personal Dictionary: قاموس الطالب الشخصي

المعنى	الفصحى
to reiterate	ردّد
to attract international attention	جلب الاهتمام الدولي
strategic	استراتيجية
اِلْتحق بـ	انضمّ إلى
المعنى	**العامية المصرية**
leave, my hand is hurting (from carrying a banner)	ارحل إيدي وِجِعتني

الشخصية: نادية، صحفية

كنت في البيت، يوم الجمعة، وكان زوجي في المسجد يصلّي وبنتي تنام في غرفتها. كنت أشاهد الأخبار عن أحداث هامة في القاهرة. كنت قلِقة على زوجي لأنه كان في وسط الأحداث. خارج الشوارع في وسط المدينة، مئات الآلاف من المصريين ساروا في احتجاج ضد الشرطة والحكومة المصرية. لم تكن أول مرّة نرى فيها المسيرات، ولكنها كانت المرّة الأولى التي تحوّلت فيها المسيرات إلى مسيرات عنيفة. في ذلك اليوم، وصل محمد البرادعي إلى القاهرة ومعه العديد من المتظاهرين، وأيضا الشرطة. احتجّ المتظاهرون سلميا مُرِدّدين شِعارات مثل «سلمية، سلمية» و«حسني مبارك ... باطِل» و«ارحل إيدي وِجِعتني»، ولكن الشرطة كانت تطلق الغاز المسيل للدموع والرصاص المطاطي ثمّ أصبح المتظاهرون عنيفين وأحرقوا البنايات والسيارات، وما كان عندهم أسلحة حقيقية فاستخدم المتظاهرون الحجارة للدفاع عن أنفسهم. الآن أعرف أنّ العديد من الشباب ماتوا في ذلك الصراع.

كانت المظاهرات في ذلك اليوم مختلفة عن كل المظاهرات السابقة، وبدأت تجلب الاهتمام الدولي.

أولاً، جرت هذه المظاهرات في يوم الجمعة. أظنّ أنّها لم تكن عفْوية بل استراتيجية لأنّ كل المسلمين كانوا في المساجد في هذا اليوم. بسبب صلاة الجمعة، كان أشخاص كثيرون خارج البيوت وفي الشوارع وأيضا في المظاهرات. كان يوجد أناس مختلفون من كل الطبقات الاقتصادية والأعمار، وانتشر الخبر في جميع أنحاء البلدان الغربية. هذه المظاهرات أظهرت أيضا للمجتمع الدولي قوة الشعب المصري، والفساد في الحكومة المصرية.

أظنّ أنّه بعد مظاهرات يوم الجمعة، ستكون حكومة الرئيس مبارك في ورطة لأن كل العالم الآن يهتم بما يحدث في مصر.

في ذلك اليوم أردت أن أنضمّ إلى المتظاهرين في الشوارع كناشطة سياسة، ولكن كانت بنتي معي، ولم يَعُد زوجي بعد، ولذلك بقيت في البيت.

عندما سمعت عن المظاهرات، شعرت بالغضب من الشرطة ورجال الأمن لأن وظيفتهم هي حمايتنا، ولكن حدث العكس. شعرت أيضا بتوتّر لأنه إذا رحل مبارك فمن سيقود مصر؟ أتمنى أنّ المجتمع الدولي سيدين النظام لأنّ المصريين يحتاجون إلى الدعم والمساعدة.

أسئلة الفهم:

1. لماذا كانت نادية قلِقة على زوجها؟

2. بماذا كانت تتّصف مسيرات ذلك اليوم؟

3. ما هي الشِعارات التي كان المتظاهرون يردّدونها؟ ما معنى هذه الشِعارات؟

4. لماذا تحوّلت المسيرات إلى مسيرات عنيفة؟ ما هي حصيلة الاشتباكات؟

5. كيف كانت المسيرة استراتيجية؟

6. ماذا أظهرت المظاهرات للعالم الخارجي؟

7. لماذا أرادت نادية أن تلتحق بجُموع المتظاهرين ولماذا أحسّت بالتوتّر؟

التمثيل المسرحي: ACT IT OUT!

اختر سيناريو من السيناريوهات المقترحة أدناه ومثِّل دورا من الأدوار مع زميل أو زميلين. على المجموعة أن تقوم بأداء التمثيلية للصف.

1. بنت نادية في درسها الخصوصي في بيت آخر عندما تبدأ المسيرة.

2. زوج نادية يُجرَح في المسيرة.

3. تنضمّ نادية بكاميرتها إلى المسيرة.

نموذج كتابيّ لأحد الطلاب

Student Writing Sample

قاموس الطالب الشخصي:

Personal Dictionary:

المعنى		الفصحى
	اللباس	الزيّ
to accept/accepting		تقبّل
pride		الاعتِزاز
common		مُشتَرك
المعنى		**العامية المصرية**
mind your own business		ملِكش دَعوة
	أين كنت؟	كنت فين؟
	أنظُرْ!	بُصّ!

الشخصيّة: عاصم، طالب جامعي

كنت في الطريق إلى بيتي اليوم، وفجأة، سمعت أصوات الشباب تصرخ بغضب ضد مبارك ونظامه. عندما اقتربت منهم، رأيتهم يشتبكون مع الشرطة. كان بعض رجال الأمن يرتدي الزيّ العسكري، والبعض الآخر ملابس مدنية. ووقفت عندما كنت على بعد خمس مئة متر من الاشتباك، وشاهدت المشهد لمدة عشر دقائق أو أكثر. رأيت الكثير من أصدقائي يقاومون ضد الضباط. أطلقت الشرطة عليهم الرصاص المطاطي، ورمَت علب الغاز المسيل للدموع على جميع الناس. ووقفت هناك مصدوما حين شاهدت القتال والعنف ضد شعبي. حاولت جاهدا أن أقنع نفسي ألّا أدخل في الصراع.

قلت في نفسي:»ملكش دعوة، فكّر في عِلتَك، فكّر في اخواتك وخذ طريق ثاني للبِيت.»، ولكنه من المستحيل تجاهل الوضع العنيف أمامي، وخاصة حين رأيت أصدقائي وزملاني فيه. من المؤكّد أنّي أردت أن أساعدهم والقتال معهم، وخصوصا عندما كنا نناضل من أجل حرية الوطن. رآني أصدقائي وشجّعوني. الآن، لأنّي قررت دخول الاشتباك، سأكون مرتبكا في تقبُّل دوري في الاحتجاجات.

حاولت قمع مشاعر الخوف. يجب أن أكون قويّا. استمر القتال الذي بدأ في الساعة الرابعة ظهرا حتى الليل. ما قُتِل أحد، ولكن بعض المتظاهرين أُصيبوا، واعتُقِل الكثير منهم. خلال القتال، شعرت بالقوة والاعتزاز بوطني، ولكنّني شعرت أيضا بالذنب لأنّ عائلتي كانت قلِقة عليّ لساعات طويلة، ولكن في نفس الوقت كان من المهمّ بالنسبة لي المشاركة. انتهى الصراع بعدما اعتُقِل الكثير من المتظاهرين.

اجتمعت مع الآخرين سرّا، وناقشنا الاحتجاجات القادمة. قالوا لي إنهم سيتظاهرون غدا أمام الجامعة، وطلبوا مني المجيء معهم. قلت لهم: »يمكِن هاجي»، ولكن في الحقيقة لا أريد أن

أشترك في الاحتجاجات مرّة أخرى. أعرف أنّ أمي ستكون غاضبة جدا منّي لأنّ الاحتجاجات خطيرة جدا.

عندما عدت إلى بيتي، رأيت عائلتي جالسة تشاهد الأخبار عن الاحتجاجات. «كنت فين؟» سألتني أمي. وفي نفس اللحظة ظهرت صورتي في التلفاز. «بُصّ» قالت لي. أصبحت أختي الصغيرة خائفة وذهبت إلى غرفتها نظرت إليّ أمي خائفة وحزينة. كان ردّ فعل أمي غاضبا ولذلك شعرت بالإحراج، ولكن، في الحقيقة، أحسست بالفخر ببلدي وبشعبي. أظنّ أنّ كل المصريين الذين كانوا في هذه المسيرة يشعرون بنفس المشاعر، وستجعل الثورة تستمر في مصر بقوة أكبر ودعم واسع الانتشار. بالإضافة إلى ذلك، شارك أشخاص كثيرون في هذه المسيرة من كل الطبقات الاجتماعية: الفقراء والأغنياء، الكبار والصغار. في ميدان التحرير كلّنا مُصِرّون بالرغم من اختلاف مكانتنا الاجتماعية، أو التربوية، أو الاختلاف في السن. أعتقد أنّ مسيرة اليوم كانت مُهمّة جدا في الثورة المصرية لأنها كانت المسيرة الأكبر منذ بداية الاحتجاجات، ولأنّها حدثت كنتيجة تجمُّع الناس يوم الجمعة. هكذا استخدم الناس الدين كأداة سياسية لجعل الثورة ظاهرة مُشتركة لكل الناس.

أسئلة الفهم:

1. ماذا حدث عندما كان عاصم يمشي في الشارع؟

2. لماذا كان عاصم مصدوما؟

3. هل وقف عاصم حِياديا في وسط الأحداث؟

4. لماذا شعر عاصم بالذنب؟

5. لماذا كانت أخت عاصم الصغيرة خائفة؟

6. لماذا يقول عاصم:» اعتقد أن مسيرة اليوم كانت مُهمّة جدا في الثورة المصرية»؟

ACT IT OUT!

التمثيل المسرحي:

اختر سيناريو من السيناريوهات المقترحة أدناه ومثِّل دورا من الأدوار مع زميل أو زميلين. على المجموعة أن تقوم بأداء التمثيلية للصف.

1. يُقبض على عاصم ويُرمى داخل سيارة رجال الأمن مع طلاب آخرين.

2. عاصم يُعين صديقة على الإفلات من يد أحد رجال الأمن.

3. تقتحم الشرطة اجتماع عاصم ومجموعة أصدقائه. أحد جيران عاصم ضابط أمن.

Creative Writing Resources and Activities:

القواعد

Conditional sentence: الجملة الشرطية:

The conditional sentence is formed by three components:
- Conditional particle (we will discuss إذا in this unit)
- Condition clause
- Result clause

إذا 'if' is mostly used with a verb in the past tense, and occurs much more frequently than other conditional particles.

Example:

إذا اجتهد تَحصَّل على نقطة جيدة.

If he works hard, he will get a good grade.

The use of the particle ف in a conditional sentence:

The particle ف is equivalent to "then", but could have different meanings according to the context. It is used with إذا in the same sentence if:

- The verb in the result clause is in the imperative أمر, negative imperative نهي or question استفهام form:

إذا رأيت أحمد فَسلِّمْ عليه كثيرا.

If you see Ahmed (then) say hello to him.

إذا دخلت البيت متأخرا فَلا توقظني.

If you get home late (then) don't wake me up.

إذا رأيت أستاذك في الطريق فماذا تقول له؟

If you see your professor on the street (then) what will you tell him?

The use of the particle ف in a conditional sentence: (continued)

- The verb in the result clause is introduced by the particle قَد (may) or رُبَّما (may or perhaps):

إذا اجتهدت فقد تَحصُل على نقطة جيدة.

If you work hard, (then) you may get a good grade.

إذا اجتهدت فَرُبَّما تَحصُل على نقطة جيدة.

If you work hard, (then) you may get a good grade.

- The verb in the result clause is introduced by the future particle سَ or سَوفَ:

إذا ذهبت إلى سورية فسترى الكثير من الآثار التاريخية.

If you go to Syria, (then) you will see many historical ruins.

إذا ذهبت إلى سورية فسوف ترى الكثير من الآثار التاريخية.

If you go to Syria, (then) you will see many historical ruins.

Note: The particle ف is not required when the result clause starts the condition sentence:

سوف ترى الكثير من الآثار التاريخية إذا ذهبت إلى سورية.

You will see a lot of historical ruins, if you go to Syria.

تمرين 1:

استعملوا الجملة الشرطية في هذه الجمل:

مثال: غضب الشعب ——< إذا غضب الشعب فلن يتوقف في الاحتجاج حتّى ينال حقّه

1. أحرق البناية ——<
2. اعتصم مع أصحابه ——<
3. قدَّموا لها الإسعافات الأولية ——<
4. لم يحترم حظر التجول في الليل ——<
5. أطلقوا عليه الغاز المسيل للدموع ——<
6. تأخَّرت المعارضة في الاشتراك في اليوم الأول من الثورة ——<
7. أرهبَهُ رجال الأمن واعتقلوه ——<

كلمات/عبارات أكثر من العامية المصرية   Colloquial Resources

إضافة إلى كلمات العامية التي تعلمتموها من النماذج الكتابية، ستجدون هنا كلمات وعبارات أكثر بالعامية المصرية يمكنكم أن تستخدموها في كتابة قصصكم.

كلمات مفيدة من العامية المصرية

دولة العواجيز
System governed by elderly statesmen

الناس إللّي ماسْكة البلد = الذين يحكمون البلد
الغربان السُّودة = رجال الشرطة والأمن
خوذات   helmets
بيهِشّوا الناس = يطردون الناس
عُزّل = غير مسلحين
عربيّات البوكس   police vans/wagons
بيِعتِقلو أيّ حدّ بيهوّب من الميدان = يعتقلون أي أحد يقترب من ميدان التحرير

شعار من الثورة

ما رأيك في الشعار؟ اكتب شعارك أنت يعبر عمّا يجري من حولك، وله علاقة بموضوع الوحدة!
ما تْعِبناش ما تعبناش الحرية مِش بِبَلاش
We're not tired…freedom isn't for free (see picture 1 below)
مِش هنِمشي..هو يِمشي…ارحل ارحل يا مبارك
We're not leaving, he must leave…Get out, Mubarak!
ضربونا بالمطاطي   مِش حَنِيأس مِش حَنطاطي
They shot us with rubber bullets
We won't despair. We won't submit
إرحل بَقَى… إيدي وِجْعِتْني
Leave already…My hand is hurting

كلمات مفيدة من العامية المصرية

يا ريت = آمل		نجيب = نُحضِر
مَحَدِّش = لا أحد		دَه = هذا

من صفحة «كلنا خالد سعيد» على الفيسبوك.

تفاصيل أماكن وقفة جمعة الغضب

January 27, 2011 at 7:56am

مهم جدا نرجو مراجعة الصفحة في تمام الثانية عشر مساء حيث سيتم التحديث خلال الفترة دي

ملاحظات هامة:

[1] كلنا نجيب معانا على الأقل تلاتة أو أربعة من أصحابنا محدش ينزل مع نفسه

[2] أعلام مصر كانت قليلة جدا في الوقفة اللي فاتت عايزين نجيب أعلام أكتر

[3] لا زلنا مع توحيد الهتافات: لا هتافات طائفية أو تابعة لحزب أو حركة أو جماعة أو جمعية. كلنا مصريين

[4] المظاهرة سلمية والمسيرة سلمية ودورنا مش بس هو عدم التخريب دورنا هو منع التخريب ومحاربته

[5] عدم التعامل بعنف مع عساكر الأمن المركزي المساكين دول مش أعداءنا

[6] من المنطقي إن رجال الدين هيتنبه عليهم الحديث عن حرمة التظاهر والمسيرات يا ريت نمسك أعصابنا ونوعي الناس بعد الصلاة

[7] قد يحاول الأمن لتفريقنا بث أي فتنة أو فرقة بين الناس وبعضها ونرجو محاربة ده بكل وسيلة ممكنة

[8] البس ملابس رياضية وأحضر كوفية لتحميك من الغاز المسيل للدموع

سيكون التحرك من الجوامع والكنائس في مسيرات إلى ميدان التحرير أو أمام مقرات الحزب الوطني في كل أنحاء مصر

@https://www.facebook.com/ElShaheeed/

Write your own story!!

اكتب قصتك الآن!!

قاموسك الشخصي:

المعنى	الفصحى

المعنى	العامية المصرية

قاموسك الشخصي:

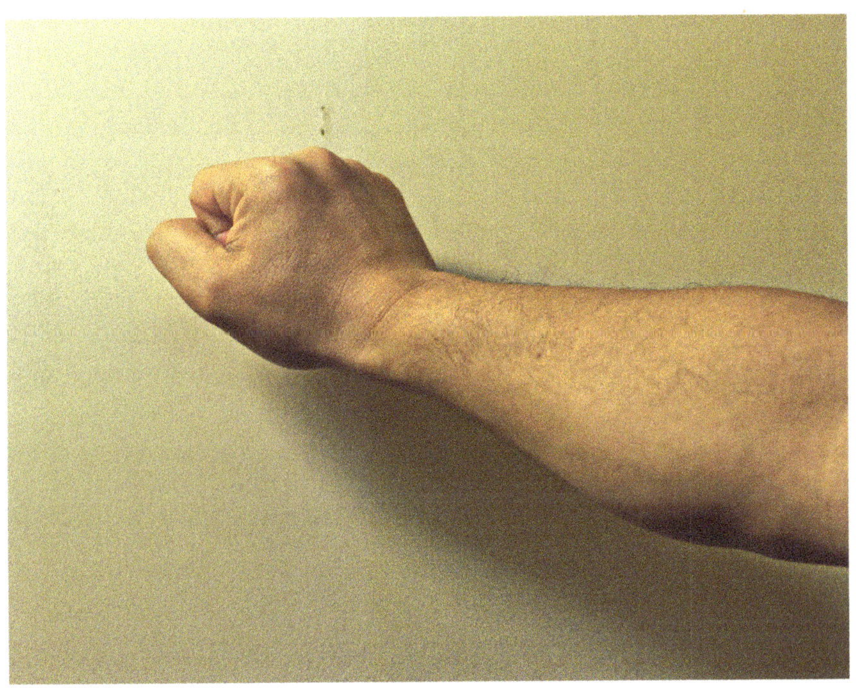

لمحة مسبقة عن الوحدة الخامسة

Historical Background   خلفية تاريخية

29 يناير 2011

في منتصف الليلة الماضية، تحدث الرئيس مبارك إلى الشعب، وأقال الحكومة وعيّن مدير المخابرات العامة عمر سليمان نائباً للرئيس لكنه رفض التنحي وذكر أنَّ «الإخوان المسلمين» يرغبون في استغلال الموقف والاستيلاء على الحكم. ولم يفلح خطاب مبارك في استرضاء المتظاهرين، وظل الآلاف في ميدان التحرير حتى بعد أن أطلقت قوات الجيش النار في الهواء لتفريق المتظاهرين.

> الأسئلة الرئيسية: ما المُعضِلات الأخلاقية التي تبرز عندما يواجه الناس القمع السياسي؟

Unit 4 Scenario   **سيناريو الوحدة الرابعة**

طرق على الباب

أ. يدخل شخص بنايتك ويطرق على بابك طالباً حمايتك. صف لنا ما يحدث. ما هو ردّ فِعلِك الأول وماذا تقرّر أن تفعل؟

أو

ب. كنت تمشي في الشارع وإذا بك ترى شخصا جريحا مُتَّجِها نحوَك طالبا مساعدتك. ماذا تفعل؟ ما الذي سيحدث؟

ما رأيك؟ ولماذا؟ برّر إجابتك!

• كيف تتحدي هذه الانتفاضة الشعبية الولاءات بين المصريين من جميع مناحي الحياة؟

• ما هي الصراعات المُحتملة التي يمكن أن تنشأ عن إيواء المتظاهرين السياسيين خلال انتفاضة القاهرة؟

مفردات مفيدة:

protester	مُحتَجّ
to knock	طَرَقَ يطرُق طرق
noise	ضجيج
voice	صوت ج. أصوات
scared	خائِف
secret	سِرِّيّ
to discover	إكتشف يكتشف إكتشاف
to disappear	إختفى يختفي إختفاء
to protect	حَمَى يحمي حماية
demonstrations	المُظاهرات
worried	قلِق
inside	داخِل
outside	خارِج
to hide from someone	اختبأ يختبئ اختباء
to give shelter	آوى يأوي مأوى
to cover	أخفى يُخفي إخفاء
police	الشرطة
to seek refuge	لجأ يلجأ لُجوء
to be forced to do something	إضْطَرّ يضْطَرّ إضْطِرار
wounded	جريح ج. جرحى
shouting	هُتاف ج. هتافات

تمرين 1:

أكملوا الجمل الآتية باستخدام الكلمات التالية:

المحتجّ	طرق	الضجيج	أصوات
خائفا	سريّة	اكتشف	اختفى

1. ظننت أنَّ من ____________ على بابي هو أخي.
2. كان ____________ جدا عندما رأى الشرطة تستجوب صديقه.
3. هذه القضية ____________ وتمسُّ أمن الدولة.
4. ____________ الرجل أنَّ الشرطة تُراقِبُهُ.
5. ما هذا ____________ الذي يأتي من خارج بيتي؟
6. ____________ من الحيّ، ولم يَعُدْ منذ أسبوع.
7. يمكنك سماع ____________ هتافات آلاف الناس في ميدان التحرير.
8. إختبأ ____________ في البناية حتى الليل.

تمرين 2:

أكتبوا قصة قصيرة مستخدمين الكلمات الآتية. بإمكانكم أن تستعملوا كلمات قاموسكم الشخصي.

اضطرَّ	يحمي	قلِق
لجأ	داخل	خارج
اختفى	جريح	طَرَقَ

....

....

....

....

....

....

....

....

....

تمرين 3:

كوّنوا مجموعات ثنائية وتناوبوا على طرح الأسئلة التالية والإجابة عنها. يجب على الطالب المجيب استعمال مفردات الوحدة الرابعة وقائمة المفردات الرئيسية.

1. هل تعتقد أنَّ المظاهرات هي وسيلة فعّالة لتغيير سياسات الحكومة؟
2. كيف كان شعورك عندما رأيت صور الشباب المصري المحتجّ ضد حكومته؟
3. في رأيك، ما هو دور الشرطة أثناء الاضطرابات المدنية؟
4. هل تعتقد أنَّه من اللازم توفير مأوى لسجين سياسي فارّ؟
5. هل تُصبِح قلِقا إذا علمت أنَّ صراعا قد بدأ في بلد يدرس فيه أحد أصدقائك؟
6. هل اكتشفت أيّة أوجه تشابه أو اختلاف بين ثقافتيْ الشباب الأمريكي والشباب العربي؟

تمرين 4:

اختاروا الإجابة المناسبة:

1. ______________________ المحتجّ أنْ يفرّ من الشرطة.
   أ. حظر   ب. قمع   ت. اضطرّ

2. اضطررت أن أبحث عن ______________________ تحت الشجرة لأنَّ المطر كان غزيرا.
   أ. معتقل   ب. ملجأ   ت. إشاعات

3. عالج الطبيب ______________________ في المستشفى.
   أ. المشتبك   ب. الجريح   ت. الأزمة

4. منعت الحكومة ______________________ الشعب في الشوارع.
   أ. أحرق   ب. حالة الطوارئ   ت. مظاهرات

5. ______________________ وجهه لِكَيْلا تتعرّف عليه الشرطة.
   أ. أعطى   ب. أخفى   ت. المعارضة

6. ______________________ ولدها ولم تجدْهُ إلاَّ بعد نهاية الاحتجاجات.
   أ. تحدّى   ب. منع   ت. اختفى

نشاط قراءة:

ما قبل القراءة:

مصطفى – عاطل عن العمل – 32 سنة – الإسكندرية

قبل الأحداث الأخيرة في القاهرة، كنت أبحث عن عمل وكان ابن عمي قد أرشدني إلى وظيفة معه في الشركة الكندية التي يعمل بها والآن أجد نفسي عاجزا عن فعل أي شيء. كل ذلك معلَّق الآن لأنَّ الشركة أغلقت أبوابها وأرغمت موظفيها على العودة إلى كندا خوفا عليهم. لا أستطيع الخروج إلاّ لشراء حاجيات الحياة اليومية كما أنني غير قادر عن معرفة ما يحدث بسبب انقطاع الانترنت.

لا أستطيع النوم بالليل برغم التعب وكثرة التفكير في ما سيكون عليه المستقبل. أعيش حالةً من الخوف والإحباط. أصابني الرّعب قبل يوم عندما سمعت صوت باب الشقة يُطرَق.

أتمنى أن تهدأ الأوضاع وأن أتمكن من إيجاد وظيفة حتى أُعيلَ والدتي وأعيش حياتي، وأتزوج. كل ما أتمناه هو حياة هنيئة وكريمة.

أ. أجيبوا عن الأسئلة التالية:

1. لماذا يعجز محمد عن النوم برغم التعب؟
2. ماذا يعني محمد بهذه العبارة: " كل ما أتمناه هو حياة هنيئة وكريمة."؟

ب. ترجموا الفقرتين إلى الإنجليزية.

....
....
....
....
....
....
....
....
....
....
....
....

اقرأوا النص التالي ثم أجيبوا عن أسئلة الفهم:

تعريف بكاتب المقالة:

تخرّج فهمي هويدي من كلية الحقوق بجامعة القاهرة عام 1960، والتحق بقسم الأبحاث في جريدة الأهرام القاهرية منذ عام 1958 حيث قضى فيها 18 عاما تدرج خلالها في مواقع العمل إلى أن صار سكرتيراً لتحرير الجريدة. انضم منذ 1976 إلى أسرة مجلة العربي الكويتية وأصبح مديرا لتحريرها. تخصص منذ سنوات في معالجة الشؤون الإسلامية حيث شارك في أكثر ندوات ومؤتمرات الحوار الإسلامي وقام بزيارات عمل ميدانية لمختلف بلدان العالم الإسلامي في آسيا وأفريقيا وتولّى التعريف بها في سلسلة استطلاعات مجلة العربي.

مشكلة مواطن محتمل

فهمي هويدي

صباح يوم الجمعة 28 يناير الماضي خرج الشاب عبد الهادي فرج ابن العشرين عاما من بيته متجها إلى ميدان التحرير.

قاوم ضغوط أمّه وشقيقاته وأبيه سائق التاكسي، ورفض أن ينصاع لنصائحهم التي دعته للبقاء في البيت.كان بعدها في الشارع الذي واصل الركض فيه، لكي ينضم إلى المتظاهرين الذين كانت هتافاتهم تزلزل الفضاء في الميدان.

لكنه قبل أن يصل إلى مبتغاه تلقّى رصاصة في ظهره أسقطته على الأرض...وفي حين برّأت المحكمة ضباط قسم الشرطة بدعوى أنّهم كانوا في حالة دفاع عن النفس ضد المتظاهرين، فإن عبد الهادي فرج صار قعيدا، لا يستطيع أن يتحرّك إلاّ محمولا في ملاءة.

كان طالبا في السنة الثانية بالمعهد التجاري الفني بالمطرية، وشأن أمثاله من الفقراء الذين يعجزون عن مواصلة تعليمهم الجامعي، ويفضل أهلوهم إلحاقهم بالمعاهد المتوسطة لكي يتخرجوا بسرعة تمكنهم من الحصول على شهادة، ثم يلقون بأنفسهم في سوق العمل بحثا عن أي مورد للرزق يسد الرمق، ويخفف العبء عن الأب، وربما استطاع أن يسهم في نفقات البنات، لكن كل تلك الأحلام المتواضعة تبخّرت. ليس ذلك فحسب وإنما أصبح عبد الهادي حيا على الورق وميّتا في الحقيقة...وطوال الأشهر السابقة وحتى الآن فإنه يخضع لعلاج طبيعي يخفف من أثر الموت في عضلات جسمه. وهو العلاج الذي يتكفل به بعض المصريين الشرفاء...بطبيعة الحال فإنه انقطع عن الدراسة، وكما فقد قدرته على الحركة فإنه فقد قدرته على الحلم. رغم أنّ أحلامه كانت متواضعة أصلا شأن أمثاله من الفقراء.

وحين قيل له إن الأمل ضعيف في علاجه بألمانيا وإن تكلفة العلاج تدور حول ربع مليون يورو، فإنّ ذلك الحلم اختفى ولم يعد يراوده حتى في المنام.

صارت أمنياته في الوقت الراهن أن يرى الشارع وأن يشعر بأنه إنسان وليس مجرد كتلة من اللحم والعظم...

علمت أن هناك ثلاثة آخرين من أمثاله أصيبوا بالشلل بالرباعي... واحد في حي العجوزة بالقاهرة، والثاني في كفر الشيخ، والثالث في الإسكندرية.

وقيل لي إنهم يعانون عذابات كثيرة في حصولهم على العلاج الطبيعي...، وفهمت أن ثمّة مركزا مُتقدِّما للعلاج الطبيعي جرى افتتاحه قبل أيام، وتم تزويده بأجهزة متقدمة وحديثة. لكن قيل لي أن الأجهزة الحديثة محجوزة لبعض كبار الضباط من اللِواءات، ومشكلة أمثال عبد الهادي فرج أنهم ليسوا لواءات ولكنهم مواطنون محتملون!

أسئلة الفهم:

1. من هو الشاب عبد الهادي؟
2. ما هي مسؤولية الشرطة في إعاقة عبد الهادي؟
3. ما هي الطبقة الاجتماعية التي ينتمي إليها عبد الهادي؟
4. كيف تُفَسِّر قرار المحكمة تِجاه ضباط قسم الشرطة؟
5. ماذا تعني هذه العبارة بالنسبة لك:» أصبح عبد الهادي حبّا على الورق ومبّتا في الحقيقة ... "؟
6. ما هي أمنياته في الوقت الراهن؟

أسئلة للمناقشة:

كيف تقيّم النظام الأمني والصحي في بلدك؟ ما مزاياهما وعيوبهما؟

نشاط استماع:

ما قبل الاستماع:

مفردات مفيدة من الفيديو:

رُؤية مُستقبلية = نظرة مُستقبلية	الطُّغيان = الاستبداد = الدكتاتورية
	تمرُّد to rebel

أكمِلوا الفقرة بكلمات مناسبة من المفردات المفيدة للكليب:

وقفت الشعوب العربية في وجه ________ الاستعماري و ________ ________ عليه وماتت من أجل حريتها ولكن قادتُها لم يكونوا في مستوى طُموحاتها ولم يكن عندهم ________ واضحة.

أسئلة ما قبل الاستماع:

في هذا الكليب سنستمع إلى الثورات التي توالت ضدّ القمع السياسي. أي من هذه الثورات تتوقع أن تجدها في الكليب؟

الآن، استمعوا إلى الكليب وأجيبوا عن الأسئلة التالية. تجدون الفيديو على هذا الرابط الالكتروني:

http://www.youtube.com/watch?v=E3dIuf_cVQg

وفقاً لما ذُكر في الكليب، ضعوا علامة √ أمام الجمل الصّحيحة وعلامة X أمام الجمل الخاطئة:

صواب √ / خطأ X	الجمل
	1. ليس للثورات أيّ أهداف.
	2. بدأ الطلاب الثورة الرومانية ثم انضمّ إليها العُمال.
	3. دعم الجيش الروماني الرئيس شاوشيسكو.
	4. جبهة الإنقاذ الرومانية لديها رُؤية مستقبلية واضحة.
	5. القمع الأمني في إندونيسيا نتج عنه أكثر من 1500 مقتول.
	6. هناك نظام ديمقراطي في الفلبين.
	7. الكثير من السياسيين الفلبيبيين يلتزمون بالدستور.
	8. لا تحتاج الشعوب إلى الثورات فقط.

أسئلة الفهم:

استمعوا إلى الكليب وأجيبوا عن الأسئلة التالية:

1. هناك ثلاثة أشياء انتفضت الشعوب العربية ضدها:

أ.

ب.

ت.

2. ما هو الشيء الواحد الذي يجمع بين هذه الثورات العربية؟

3. لماذا ثار الشعب الروماني ضد الرئيس شاوسيسكو؟

4. كيف بدأت الثورة في رومانيا؟ كيف واجهها النظام؟

5. ما موقف الجيش الروماني من الثورة؟

6. ما حصيلة الخسائر البشرية في ثورة اندونيسيا؟

7. ما هي مشكلة سوهارتو في رأي زعيم الحزب الإسلامي الاندونيسي؟

8. ما هي نصيحة المُحلّلين في دول جنوب شرق آسيا للعالم العربي؟

ما بعد الاستماع:

مواضيع للبحث والتقديم:

اختاروا مشروعا من المشاريع الآتية. يمكن أن يكون هذا المشروع فرديا أو جماعيا:

1. مشروع Digital Storytelling الفردي: قُوموا ببحث عن انتفاضة الفلسطينيين الأولى سنة 1987 ثم قدِّموهُ في شكل Digital Storytelling. ستجدون التعليمات في آخر الكتاب وعلى الرابط الإلكتروني للكتاب.

2. مشروع تويتر في مجموعات ثلاثية: افتحوا حساب تويتر وراسلوا بعضكم البعض مناقشين استخدام رجال الأمن العنف ضد مواطن في مدينتك.

Student Writing Sample   **نموذج كتابيّ لأحد الطلاب**

Personal Dictionary: ## قاموس الطالب الشخصي:

المعنى	الفصحى
oblivious	غافِل
slowly	بِبُطء
it appears that	يبدو أنّ
silence	صمت
to rescue	إنقاذ

المعنى		العامية المصرية
	شكرا	مِتْشَكِّرين
	رجال	رِجَّالَه
	ورائي	ورايَ
	أجِد	ألاقِي
	سيِّئة	وِحشة
	كيف	ازاي
	أحد / شخص	حدّ
	هكذا	كِده
	لكن لأريحك	بس أَرَيَّحِك
	سأُريكِ شيئا	حَوَرِّيكِ حاجة

الشخصية: ليلى القبطية

في 28 يناير، صحوت متأخِّرة وأحسست بالمرض. حضرت أمي إلى غرفتي لأنّ كل عائلتي تستعدّ للذهاب إلى الكنيسة، ولكن أمي غافِلة عني ولذلك لم أذهب إلى الكنيسة معهم وبقيتُ في شقّتنا.

كنتُ في غرفتي أشاهد الأخبار عندما سمعت طرقا على الباب. ببطء، مشيت إلى الباب، وفتحت الباب قليلا. خارجا، وجدت رجلاً شابا. يبدو أنّ عمره ٥٢ سنة، ويلبس قميصا أبيضا وبنطلونا، ورأيت بعض الدم في وجهه. قال لي: — من فضلك، ساعديني!

ثم سمعنا أصواتا من السلالم فأصبح وجه الرجل قلقا جدا. بدون تفكير، سحبته داخل الشقة وأغلقت الباب بسرعة وبهدوء. جلسنا في صمت، واستمعنا إلى خطوات مرّت بالباب. عندما هدأ المكان، أدركت مشكلتي. سمحت لرجل مجهول باللجوء في بيتي، ولا يجد أحد بالقرب مني لإنقاذي إذا كان شريرا. بدأت أفكر:

- مين هو؟ ممكن مجرم ولاّ مجنون.

كنت خائفة. قال لي:

- الحمد الله، مِتْشَكِّرين! كنت خايف إنّ البوليس يِكتِشف مكاني، بس ربّنا سَتَرْها.

- انت مين؟ طلبت منه.

- آسف، آسف، إسمحي لي أشرح لحضرْتِك. اسمي محمد، وأنا كنت في الميدان. كنت اشارك في المظاهرات بس الشرطة بدت تِرمي علِينا الغاز والمطاطي. هربت من ميدان التحرير، بس ثلاث رجّالَه من البوليس جروا ورايَ، وكان لازم ألاقي مكان أتْخبّى فيه، ودخلت العمارة دي.

بدا لطيفا ولكن شعرت بأنّه من الشرطة السريّة.

- وتشتغل إيه؟

- انا طالب في كلية الطب، وساعِدت المجروحين من المظاهرات. وانت؟ انت مسيحية؟ سألني وهو ينظر إلى الصليب فوق الباب.

- اسمي ليلى، وأيوه، أنا قبطية. لم أُرد أن أقول أكثر من هذا عن حياتي.

- عظيم، بعض أصدقائي مسيحيين. وإيه رأيك في المظاهرات؟ سألني.

- هي كويسة للناس بس وحشة للحكومة، صح؟

ضحك وقال:

- صحّ طبعا.

- وليه بتشارك في الاحتجاجات؟ طلبت منه.

- اعتقد اننا نحتاج نقاوم الحكومة. الحكومة ظالمة، ولازم ناخد حريتنا. كل الناس بِتعاني من حكومة مبارك. في الواقع، إحنا مسؤولين كمان لإنّنا سمحنا لمبارك يِتحكَّم فينا. آن الأوان نْوَقَّف مبارك عند حدُّه.

- باتّفق معك... وحرية الأديان؟

قال لي:

- الإثنين مطِّهْدين: المسلمين والمسيحيين. احنا إيد واحدة ضد الريّس.

- صحّ. نحتاج لعلاقات أفضل بين الزعما المسلمين والمسيحيين، وكِده حتكون الثورة أقوى.

- وازّاي الجو في ميدان التحرير بين الناس والبوليس والبلطجية؟ سألته.

- في الحقيقة، الحالة خطيرة. صعب إننا نثق بحدّ. فيه كثير من الجواسيس والبوليس في الشوارع، وأحيانا، جارِك ولاّ صديقَك هو عدوّك. أجابني.

- وإزاي أثق فيك؟

- ما اعرفش، بس أرَيِّكِ... حَوَرّيكِ حاجة.

أعطاني صورة لشاب. قال: دا أخوي عمر. لو بحتِ عنه على الانترنت، حَتْشوفي إنه شهيد، وحتْلاقي صورتي كمان.

فجأة، سمعنا ضوضاء خارج الشقة. نحن خائفون، ثم سمعتُ صوت والدي. همست لمحمد:

- دا أبوي! لازم تخرج من الشباك.

قال لي، «شكراً!» وانصرف من الشباك قبل أن يدخل والدي الغرفة...

أسئلة الفهم:

1. ماذا نعرف عن أسرة ليلى؟
2. كيف كنت ستتصرّف في حالة فتح باب شقتك ورؤيتك للشاب المجروح؟
3. ماذا حدث لمحمد؟
4. لماذا لم تثِق ليلى بمحمد؟ كيف تغيَّر موقفها؟
5. تخيّل نهاية القصة؟

التمثيل المسرحي: ACT IT OUT!

اختر سيناريو من السيناريوهات المقترحة أدناه ومثِّل دورا من الأدوار مع زميل أو زميلين. على المجموعة أن تقوم بأداء التمثيلية للصف.

1. يمرّ أحد جيران ليلى الواقع في حبّها ويرى الشاب أمام باب شقة ليلى.

2. يُغمى على الشاب المحتجّ وتضطّر ليلى لطلب النجدة من جارتها.

3. الشاب المحتجّ مُختبئ في الشرفة، ولا يستطيع ترك الشقة عندما يدخل الأب وباقي الأسرة.

Student Writing Sample | **نموذج كتابيّ لأحد الطلاب**

Personal Dictionary: | **قاموس الطالب الشخصي:**

المعنى	الفصحى
في كثير من الأحيان	غالباً
أوصل الخبر	بلَّغ
to let someone down	تخلّى عن
المعنى	**العامية المصرية**
ماذا بك يا أخي؟خيي	ما لَكْ يا خُويَ؟
أخبروا	بلَّغو
الشرطة	البوليس
ابنتي وزوجي	بنتي وجوزي
Oh my God! (used when hearing bad news)	إيا خبر إسوِد
ok, calm down	إطيّب إهْدى
يكونون ما زالوا	يكونوا لِسَّه
ما عادوا	ما رجعوش
ما رأيت	ماشُفتِش

الشخصية: نادية، صحفية

اليوم مختلف، بالنسبة لي. كان هناك مظاهرات عنيفة حيث أنّ رجال الشرطة ارتدَوْا ملابس مدنية في الشوارع، وحاولوا قمع المتظاهرين. كنت في ميدان التحرير مع المُصوّر وصحفيين آخرين.

في حين كنّا نمشي ونصوّر، إقترب مني رجل، وفجأة أدركت أنّه أخي.

- بتِعْمِل إيه هنا؟ فأجاب: «كنت هنا من البداية وجيت أساعد الناس.

لم أتكلم معه غالباً، ولذلك لم أعرف دوره الكبير في هذه الثورة.

- ما لَكْ يا خوي؟

- فيه ناس بلَّغو البوليس عني، وانا في ورطة دلوقتي.

- يا خبر اسود!! طيّب إهدَى! إزّاي أَساعْدَك؟

لم أعرف ما أقوله. من جهة هو أخي، وإذا احتاج إلى مساعدة، فإنه من الواجب عليّ أن أعينه، ولكن، من جهة أخرى، أستطيع أن أفقد وظيفتي لأن الشرطة تبحث عنه، وفي الحقيقة سأكون ضدهم. فكرت لوقت قصير وأدركت أنه يجب عليّ مساعدة أخي حتى وإن ضحيت بوظيفتي:

ـ إنت هتروح لِشقتي وما تفتحش لحدّ لغاية ماجي وْنْفكَّر في اللَّي هنعِمِلْه. بنتي وجوزي يكونوا لِسَّه ما رِجعوش. أنا هاكون في البيت بعد ساعة.

الآن شعرت بالقلق. سيسبب بقاء أخي في شقتي مشاكل كثيرة لي. إذا اكتشفته الشرطة فسيعتبروننا مجرمين وسنسجن. تستخدم الحكومة البلطجية، وإذا أدركوا أن متظاهرا سياسيا في شقتي فسيستخدمون العنف لأنهم ليسوا من موظفي الحكومة الرسمية، وكان لديهم حرية كثيرة في نشاطاتهم. ربما، بدلا من السجن، سيقتلوننا.

لا أستطيع أن أتخلَّى عن أخي. بالإضافة إلى ذلك، أنا لست وحيدة لأني أعرف 4 عائلات تخفي متظاهرين في بنايتي، فهم فهموا خطورة الحالة في مصر ودعموا كل المتظاهرين. عندما انتهينا من تصوير كل الأحداث، عدت إلى شقتي. أخي كان ما زال هناك، وبدأنا نناقش ما سوف يفعله عندما فجأة سمعنا طرقا على الباب. اختبأ أخي بسرعة داخل الخزانة وفتحت الباب. كان أمامي رجلان من مباحث أمن الدولة. قالا إنهما سمعا أنّ أحدا من زعماء المحتجين في هذا الحيّ، وأرادا معلومات عنه.

كذبت عليهما وقلت:

ـ أنا آسفة، بس ماشُفتِش حدّ. أنا طول النهار في شغلي. بعد ذلك، خرجت مباحث أمن الدولة من العمارة، واستطعنا الاسترخاء.

أنا خجولة مِن نشاطي في ذلك اليوم، ولكن اضطررت لحماية أخي.

أسئلة الفهم:

1. من هو الرجل الذي اقترب من نادية؟

2. لماذا أخو نادية في ورطة؟

3. ماذا قالت نادية لأخيها حين عَلِمت سبب ورطته؟ صِف لنا شعورها.

4. لماذا اختبأ أخو نادية في الخزانة؟

5. لماذا قالت نادية إنّها خجولة مِمّا فعلت؟

التمثيل المسرحي: ACT IT OUT!

اختر سيناريو من السيناريوهات المقترحة أدناه ومثِّل دورا من الأدوار مع زميل أو زميلين. على المجموعة أن تقوم بأداء التمثيلية للصف.

1. أخو نادية في شقة أحد جيران مريم حيث يختبئ محتجّون آخرون.

2. ينشُبُ خصام بين نادية وأخيها.

3. زوج نادية لا يريد أخا مريم في بيته.

<table>
<tr><td>

Student Writing Sample

</td><td>

نموذج كتابيّ لأحد الطلاب

</td></tr>
</table>

<table>
<tr><td>

Personal Dictionary:

</td><td>

قاموس الطالب الشخصي:

</td></tr>
</table>

المعنى	الفصحى
traffic	حركة المرور
to force	إجبار
to challenge	تَحَدّى
disunity	الانقِسام
pale	شاحِب
to conceal	كَتَم
to lose	أَضاع
to storm into	إندَفَع
to beg	تَوسَّل
trouble	ورطة
struggle	النِّضال
المعنى	**العامية المصرية**
I beg you ("I kiss your hands")	أبُوس إديكُو
أتوسل إِليكم	وأتوسّل اِليكو

الشخصية: عاصم، طالب جامعي

كنت أشاهد الأخبار في التلفاز مع أمي وأختي بعد الظهر. كان ما زال أبي في عمله. هو سائق تاكسي. قال لنا إنّ حركة المرور ساءت منذ أن بدأت الثورة في القاهرة ولكن العمل ليس مختلفا ما عدا الكلام مع الرّكاب.

في هذه الأيام يظنّ أبي أنّ أحدا من الشرطة السريّة كان يركب في سيارته. كان الرجل ينظُر إلى المحتجين وطلب من أبي قيادة السيارة حول أماكن الاحتجاجات. كان أبي قلِقا لأنّه اعتقد أنّ البوليس يشكّ أنّه مُرتبط بالمحتجّين ولكن بعد وقت قصير قاد أبي الرجل إلى بيت في غرب المدينة وكان كل شيء عاديا. هو يعود كل يوم بقصة غريبة جديدة.

عندما كنّا نشاهد التلفاز هذا اليوم ما كان أبي موجودا. شاهدنا برنامجا حكوميا حول الاحتجاجات وطلبت الصحافية من المواطنين المصريين ألّا يأووا المحتجين في بيوتهم. قالت إنّ المحتجين يُمثلون خطرا ويريدون إجبار الناس على المشاركة في المظاهرات. عرفت أنّ هذا ليس صحيحا لأنّ معظم أصدقائي من المحتجين، ولكن ما قلت أيّ شيء لأنني لا أريد أن تكون أمي قلقة. هذا البرنامج يُظهر كيف الثورة تتحدّى السلطة وتخلق الانقِسام.

بعد مشاهدتنا هذا البرنامج، تركت أمي الغرفة لطبخ العشاء. شاهدت برنامجا للأطفال مع أختي لوقت قصير وتكلمنا عن دراستها وصفّها ومعلّمها. قالت إنها تحب المدرسة كثيرا ولكنها تقلق عندما هي في المدرسة. سألتها: «ليه إنت قلقانة يا حبيبتي؟» فردّت أنها رأتني الأمس في الشارع أتَظاهر ضد الحكومة. المدرسة الابتدائية قريبة من جامعة القاهرة. قالت إنّها تشاهد الاحتجاجات كل يوم من الشباك خلال صف العلوم لأنها لا تحب ذلك الصف. سألتها أن تحفظ هذا السرّ وتكتمه لأنني أريد أن أكون في الاحتجاجات ولكنها أجابتني أنها لا تحب ذلك. انتهى الكلام فجأة لأن شخصا طرق على الباب بصوت عال. اعتقدت في البداية أنّ أبي نسي مفتاحه ولذلك وقفت وفتحت الباب. جاءت أمي بسرعة من المطبخ وحاولت أن تمنعني ولكنها وصلت متأخرة. اندفعت امرأة خائفة إلى القاعة.

أبوس إديكو وأتوسل اليكو، ساعدوني!

أدركت أنّها كانت تختبئ من الشرطة. اِختفى أبوَيْها وهي تظنّ أنّها إذا عادت إلى بيتها فستعتقلها الشرطة. نظرت إليَّ أمي وكان وجهها شاحبا ومُتقلّبا. على الرغم من ذلك، رحّبت أمي بها وأجلستها في الغرفة مع أختي. أمسكَت أمي بيدي وقادتني إلى غرفتها في جزء آخر من البيت وصرخت في وجهي. كانت غاضبة جدا لفتحي الباب ولكني أوضحت لها أنني اعتقدت أنّ أبي قد أضاع مفتاحه فأسرعت إلى الباب وفتحته. تناقشنا لمدة نصف ساعة. هي لا تريد محتجا في بيتنا لأنها لا ترغب أن نكون في ورطة مع الحكومة. قلت لها إنّ هذه هي الثورة ويجب مساعدة المحتجين. نحن جميعا مصريون ولا نستطيع أن نساند الحكومة عندما تقمع شعبنا. بعد وقت طويل، اقتنعت بالسماح للمرأة أن تبقى معنا لأسبوع واحد فقط. تركنا الغرفة ورحّبنا بها في بيتنا. ثمّ أكلنا العشاء معا وسألت المرأة عن الثورة ودورها في الاحتجاجات. قالت لنا العديد من القصص حول العنف والنضال وشجاعة المصريين.

أسئلة الفهم:

1. لماذا كان الأب يظنّ أنّ أحد الرّكاب ينتمي إلى الشرطة السرّية؟ كيف يعرف ذلك؟

2. لماذا كان البرنامج التلفزيوني الحكومي يطلب من المواطنين ألاّ يأووا المحتجين؟

3. صِف لنا المشهد في بداية القصة. لماذا اندفعت المحتجّة إلى داخل شقة عاصم؟

4. لماذا قال عاصم هذه العبارة: "نظرت إليَّ أمي وكان وجهها شاحِبا ومُتقلّبا"؟ ماذا كان يقصد؟

5. هل تظنّ أنّ نظام مبارك سيُلاحق (pursue) المحتجّة؟ لِمَ أو لِمَ لا؟ ما هي العواقب التي قد تنجم عن هذه الملاحقة؟

6. صِف النقاش الذي دار بين عاصم وأمه.

7. في رأيك، ما كان دور المرأة الفارّة في الاحتجاجات؟

8. ماذا كنت ستفعل إذا كانت شخصيتك التي اخترتها هي عاصم؟

التمثيل المسرحي: ACT IT OUT!

اختر سيناريو من السيناريوهات المقترحة أدناه ومثِّل دورا من الأدوار مع زميل أو زميلين. على المجموعة أن تقوم بأداء التمثيلية للصف.

1. بينما المحتجّة مُختفية في الشقة، يطرق جار مريض على باب عاصم، ويطلب منه أن يقوده إلى المستشفى.

2. بينما العائلة تشاهد الأخبار، يُظهر تقرير للشرطة صورا لمتظاهرين مطلوبين لأعمال إجرامية. والدة عاصم تتعرّف على صورة المحتجة.

3. أحد الجيران يرى أم عاصم تُخفي المحتجة فيذهب ويخبر الشرطة.

4. الأم تكتشف أنّ المحتجّة لَدَيْها مُسدَّس في حقيبتها.

Creative Writing Resources and Activities:

القواعد

جملتا الصفة والوصل:

جملتا الصفة والوصل are relative clauses that provide more information about the antecedent word or phrase.

- We use جملة الصفة if the antecedent is indefinite:

رأيت رجلا يطرق باب جاري

- We use جملة الوصل if the antecedent is definite:

رأيت الرجل الذي يطرق باب جاري

Relative pronouns are:

	singular	dual (nom.)	dual (acc/gen.)	plural
masculine	الّذي	اللّذانِ	اللّذَيْنِ	الّذين
feminine	الّتي	اللّتانِ	اللّتَيْنِ	اللّواتي

تمرين 1:

أكملوا الجمل الآتية بجمل صفة أو وصل مناسبة:

1. رأيت جرحى ....
2. إقترب المحتج ....
3. حَمَى المرأة ....
4. اِضطرّ العامل ....
5. إكتشفت الشرطة المكان ....
6. سمعت صوتا غريبا ....

ذو ذا ذي:

ذو is a word that means 'one who has' , 'one who possesses' or 'one who is characterized by'. It is always in إضافة iDaafa structure.

ذو is used in nominative case.

ذا is used in accusative case.

ذي is used in genitive case.

Example:

هذا الطالب ذو خلقٍ كريم.

Nominative case: *This student has good manners.*

الناس يحبون الرجل ذا الخلقِ الكريم.

Accusative case: *People like the man who has good manners.*

ذو الخلقِ الكريم أفضل من ذي مالٍ كثير وخلقٍ سيئ.

Genitive case: *The one who has good manners is better than the one with a lot of money but bad manners.*

Here are the different forms of ذو:

	sing	dual	plural
masculine	ذي / ذا / ذو	ذَوا / ذَوَيْ / ذَوَيْ	ذَوو / ذَوِي / ذَوِي
feminine	ذات	ذاتا / ذاتَيْ	ذوات

تمرين **2**:

ترجموا من الانجليزية إلى العربية

1. The girl has a friendly personality

2. She was a woman with strong principles

3. He goes out with people who have good taste.

4. This man has a deep sense of responsibility

إذا الفجائية

إذا can also be a particle that is used to express surprise. It is called إذا "إذا الفجائية" of surprise."

It is used with الجمل الإسمية nominative sentences.

In some cases, the connecting ف is attached to it.

The subject المبتدأ after إذا الفجائية may be indefinite.

Example:

كنت أمشي في الطريق فإذا المطر يسقط بغزارة.

I was walking and suddenly it started pouring.

كانت تنتظر الحافلة فإذا صديقة تناديها من بعيد.

She was waiting for the bus when suddenly a friend called her from afar.

الألوان :Colors

The different أوزان patterns used to refer to colors are as follows:

- The masculine singular form of colors uses the وزن (pattern) of أَفْعَل as سود in أَسْوَد (black). Note that the root of this color is: سود
- The feminine form uses the وزن (pattern) of فَعْلاء as in سَوْدَاء
- The plural form uses the وزن (pattern) of فُعل as in سُود

كلمات/عبارات أكثر من العامية المصرية   Colloquial Resources

إضافة إلى كلمات العامية التي تعلمتموها من النماذج الكتابية، ستجدون هنا كلمات وعبارات أكثر بالعامية المصرية يمكنكم أن تستخدموها في كتابة قصصكم.

كلمات مفيدة من العامية المصرية

شاب مصاب مِتْشال على اكتاف صاحْبُه = شاب مصاب محمول على أكتاف صاحبه

بيدَوَّر على مأوى = يبحث أن مأوى

خبَّط على الباب = طرق على الباب

أنا سْمِعت دوشة بَرَّه = سمعت ضجيجا بالخارج

إِسْتَخَبَّى = اختبأ

دخَّلت المُتظاهر شقتي لَحْسَن البوليس يِعْتِقْله = أدخلت المتظاهر إلى شقتي خوفا من أن تعتقله الشرطة

أنا في عرضك = أرجوك

ربِّنا يُسْتُر = May God protect us

يعيَّط = يبكي

Write your own story!!   **اكتب قصتك الآن!!**

....

....

....

....

....

....

....

....

....

....

....

....

....

....

....

....

....

....

....

....

....

....

....

....

....

قاموسك الشخصي:

المعنى	الفصحى

المعنى	العامية المصرية

قاموسك الشخصي:

خلفية تاريخية

Historical Background

29 يناير 2011:

ومن المعتقد أن حوالي 10 أشخاص لقوا مصرعهم في المظاهرات أمام مقر وزارة الداخلية. وأحرق عدد آخر من أقسام الشرطة وانسحبت الشرطة من جميع مواقعها تقريباً، واندلعت أعمال شغب في بعض السجون، ومنها سجن وادي النطرون 2 وسجني الفيوم والمرج.

الأسئلة الرئيسية: ما هو الدور الذي تلعبه الأجهزة الأمنية في الحياة السياسية والعامة؟ ما هو تأثير الاحتجاجات الجماهيرية على قدرة مباحث أمن الدولة في السيطرة على الشعب؟

Unit 5 Scenario   سينـاريو الوحدة الخامسة

مُلاحقة

أ. تُلاحق مباحث أمن الدولة زعيما للمحتجّين، وتسعى للحصول على معلومات عن الشخص الذي آواه في حيِّك.

أو

ب. صِف لنا الوضعية والمشهد عندما يطرق بابك محققو مباحث أمن الدولة. ما ردّ فعلك؟ ما هي النتائج؟

ما رأيك؟ ولماذا؟ برّر إجابتك!

• كيف تستخدم مباحث أمن الدولة الخوف والقمع للحفاظ على النظام والأمن في مصر؟

• كيف كان قد يختلف نظام الرئيس مبارك إذا لم يتمّ مأسسة فرعه الأمني؟

• هل تعتقد أنه يجب مُحاسبة الأجهزة الأمنية عن الجرائم التي ترتكبها ضد مواطنيها؟ هل يمكن تطبيق هذه المحاسبة في ظلّ ظروف أمنية قومية؟

مفردات مفيدة:

to pursue	لاحق يُلاحق مُلاحقة
security agents	رجال أمن
plainclothes	ملابس مدنية
leader	زعيم ج. زعماء
State Security Intelligence	مباحِث أمن الدولة
search	التفتيش
reaction	ردّ فِعل ج. رُدود فِعل
situation	الوضعِية ج. الوضعِيات
to interrogate	إستجوب يستجوب إِستجواب
information	معلومات
torture	التعذيب
police station	مركز الشرطة ج. مراكِز الشرطة
to accuse	اِتّهم يتّهم اِتّها
crime	جريمة ج. جرائم
right (human rights)	حقّ ج. حقوق
prison	السِّجْن ج. السّجون
to confess	إعترف بـ يعترِف بـ إعتِراف بـ
to deny	أنْكر ينكِر إنكار
to refuse	رفض يرفض رفض
to escape	فرّ يفِرّ فِرار
to beat up	ضرب يضرب ضرب

تمرين 1:

طابقوا الأرقام مع الأحرف التي تعطي المعنى المعاكس للكلمة:

أ. رفض	1. إعترف بـ
ب. استجوبه	2. وافق على
ت. اتَّهمه	3. ما حقَّقَ معه
ث. فرَّ	4. قال إنّ الرجل بَريء
ج. أنكر	5. بقي في السجن

تمرين 2:

أكملوا الجمل الآتية باستخدام الكلمات التالية:

مراكز الشرطة	اِستجوب	ردّ فعل	زعيم
الوضعِية	ضرب	التعذيب	جريمة

1. __________________ المتظاهرين هو شاب متخرج من أكبر جامعات مصر.

2. استخدم رجال الأمن __________________ في __________________ على المنظمين الشباب قبل الثورة في مصر.

3. __________________ المُخبر زوجة الرجل لمعرفة الحقيقة.

4. __________________ هادئة الآن في شوارع القاهرة.

5. __________________ ذلك الشخص كان مُضحِكا.

6. __________________ الأستاذ للتلاميذ في الصف ممنوع.

7. القتل __________________ يعاقب عليها القانون.

تمرين 3:

ضعوا الكلمات الآتية في جمل مفيدة:

1. لاحق

____

2. ملابس مدنية

____

3. مباحث أمن الدولة

____

4. معلومات

____

5. حقّ

____

6. إعترف

____

7. التفتيش

____

8. رجال أمن

____

تمرين 4:

ما هي قصة هذا الكاريكاتور؟

ناقش/ي الكاريكاتور: الشخصية/ات، الخلفية، وجهة النظر، والموضوع.

نشاط قراءة:

ما قبل القراءة:

اقرأوا النص التالي مرتيْن ثم أجيبوا عن أسئلة الفهم:

ثوار مصر

د. محمد عمارة

﴿وَمَا ظَلَمْنَاهُمْ وَلَكِنْ ظَلَمُوا أَنْفُسَهُمْ﴾.. بل وظلموا البلاد والعباد!..

لقد عرفت مصر الثورات الشعبية في عصرها الحديث بأكثر مما عرفت كثير من البلاد..

ثارت ثورة شعبية، قادها «مجلس الشرع» المكوّن من علماء الأزهر سنة 1220هـ 1805م ضد الوالي التركي «خورشيد باشا»، وخلعته عن حكم البلاد، رغم أنه مولى من قبل السلطان. ويومئذ أعلن السيد عمر مكرم (1168–1237هـ / 1755–1822م) باسم «مجلس الشرع» أن الأمة هي مصدر السلطات.. وقال: «إن أولي الأمر هم العلماء وحملة الشريعة، والسلطان العادل، ولقد جرت العادة من قديم الزمان، أن أهل البلد يعزلون الولاة، حتى الخليفة والسلطان، إذا ساروا فيها بالجور، فإن أهل البلد يعزلونه ويخلعونه»!

ولقد اختار «مجلس الشرع» باسم أهل البلاد محمد علي باشا والياً على مصر، ونزل السلطان العثماني على إرادة أهل البلاد.

وثـارت مصر ثـورة شعبية كبرى (1298هـ /1881م) بقيادة أحمد عرابي باشا (1257-1329هـ /1841–1911م) شارك فيها الشعب والجيش، عندما طلبت البلاد الحرية والدستور، فقال الخديوي توفيق (1269-1319هـ 1852-1892م) متحدياً إرادة الأمة: «لقد ورثناكم من آبائنا وأجدادنا، وإنما أنتم عبيد إحساناتنا»!.. فأعاد عرابي وهو على رأس الجيش والشعب بميدان عابدين كلمات الفاروق عمر بن الخطاب (40 ق هـ 23هـ/ 584-644م): «لقد خلقنا الله أحراراً، ولم يخلقنا تراثاً ولا عقاراً، ووالله الذي لا إله إلا غيره إننا لن نورث ولن نستعبد بعد اليوم»!.. ولقد استمرّت هذه الثورة الشعبية لأكثر من عام، حتى أخمدها الاحتلال الإنجليزي لمصر سنة 1882م).

وتفجرت بمصر ثورتها الشعبية الكبرى (1337هـ 1919م) بقيادة الشيخ سعد زغلول باشا (1273-1346هـ / 1857-1927م) ابن الأزهر الشريف.. وتلميذ جمال الدين الأفغاني (1254-1314هـ / 1838-1896م) والابن البار للإمام محمد عبده (1266-1323 / 1849-1905م) وهي الثورة التي قامت ضد الاحتلال الإنجليزي لمصر، والتي دامت مشتعلة لأكثر من عامين، كان الأزهر الشريف فيها منطلق الثورة وحصن الثوار، حتى لقد اقتحمه الانجليز، وعاثوا فيه فساداً كما

سبق وصنع بونابرت (1769–1821) إبان ثورة القاهرة على الاحتلال الفرنسي لمصر (1213هـ 1798م).

وثارت مصر ثورتها الرابعة في العصر الحديث (1371هـ 1952م) بقيادة الضباط الأحرار والجيش المصري ومن ورائه الشعب ضد الاستبداد والفساد والمظالم الاجتماعية التي جعلت ثروات البلاد حكرا على نصف في المائة من السكان..

لكن الثورة الشعبية الخامسة، التي فجرها الشباب في 25 يناير سنة 2011م 21 صفر سنة 1432هـ ـ.. هؤلاء الشباب الذين سبقوا آباءهم وأجدادهم، ثم اجتذبوا إلى الثورة الآباء والأجداد والأمهات والجدات، وحتى الأطفال ـ.. قد مثلت تغيراً نوعياً في مستوى الشعبية التي ميّزت ثورات مصر في العصر الحديث والواقع المعاصر والمعيش...

أسئلة الفهم:

1. لماذا ثار الشعب في 1805؟

2. ما رأيك في هذه العبارة: "لقد خلقنا الله أحراراً ، ولم يخلقنا تراثاً ولا عقاراً، ووالله الذي لا إله إلا غيره إننا لن نورث ولن نستعبد بعد اليوم»!؟ ما معناها؟

2. ما أهمية الأزهر الشريف في ثورات مصر؟

3. لماذا ثارت مصر ثورتها الرابعة ؟

4. كيف تختلف الثورة الشعبية الخامسة عن الثورات الأخرى؟

نشاط استماع:

ما قبل الاستماع:

أجيبوا عن الأسئلة التالية:

ماذا يفعل الرجل في هذه الصورة؟ لماذا؟

الموضوع: هذه الصورة تحكي قصة عن ______________________

مفردات مفيدة من الفيديو:

نِقمة = curse

تضخَّم = تكاثر

آليات = معدّات

العِبرة ج العِبَر = example, (life) lesson

تمرين بمفردات الكليب:

أصبح النفط ـــــــــــــــــ على بعض البلدان العربية.

اشترت الدولة ـــــــــــــــــ جديدة لتُعزِّزَ جيشها.

السّجن هو ـــــــــــــــ لكل من يفكّر في انتهاك حقوق الشعب.

ـــــــــــــــــ المالي يَضرُّ بالاقتصاد.

الان، استمعوا إلى الكليب التالي وأجيبوا عن الأسئلة التالية. تجدون الفيديو على هذا الرابط الالكتروني:

https://www.youtube.com/watch?v=q1GMpxXaCvs

أسئلة الفهم:

1. لماذا تحوَّلت أجهزة الأمن إلى نِقمة على أنظمتها؟

2. كيف تسبَّبت هذه الأجهزة الأمنية في إشعال الغضب الشعبي؟

3. كيف تضخَّمت أجهزة الأمن في مصر عبر السنين؟

4. كيف كان يُنظَر إلى وزارة الداخلية في تونس؟

5. ما هي الدُروس والعِبر التي يجب أن تتعلمها باقي الأنظمة العربية، في رأيك؟

ما بعد الاستِماع:

مواضيع للبحث والمناقشة:

1. إبحث ما حدث في سياتل عام 1999 بين الشرطة والمحتجين عند انعقاد مؤتمر وزراء منظمة التجارة العالمية.

2. إبحث احتجاجات الطلاب في فرنسا في مايو سنة 1968.

Student Writing Sample **نموذج كتابيّ لأحد الطلاب**

Personal Dictionary: **قاموس الطالب الشخصي:**

المعنى	الفصحى
خاف	خَشِي
to whisper	همس
المعنى	**العامية المصرية**
نحن	احنا
سيِّدي	أَفَندم
الأمس	إمبارح
كاذب	كذّاب
لن أسمح لكم	أُكو حَسْمَح مِش
يوم الأحد الماضي	يُوم الحدّ اللّي فات
لا شيء	ولا حاجة
لا أفهم	مِش فاهمة
لا تكذبي	مَتِكْذِبيش
عائلته	عِيلْتُه

الشخصية: ليلى القبطية

اليوم، في الجرائد، قرأت إنّ مباحث أمن الدولة تبحث عن بعض المتظاهرين. هذا الوضع ليس جديدا: خلال عهد مبارك، تلاحق مباحث أمن الدولة" أعداء" الدولة، وكل من تخشاهم. تلبس شرطة مباحث أمن الدولة ملابس مدنية، ولذلك لا أحد يعرف من الشرطة ومن الصديق. كنت سعيدة بالثورة لأنه يبدو أنّنا لن نعيش في الخوف لفترة طويلة. سمعنا فجأة:

‑ احنا المباحث! افتحوا الباب!

كانت كل أسرتي في البيت عندما سمعنا طرق الشرطة على الباب.

‑ فيه إيه يا فندم؟، سأل أبي.

‑ عندِنا معلومات عن محتج إستخبّى في الشقة دي الاسبوع اللّي فات.

‑ محتج؟ مفيش حدّ من عيلتي اشترك في المظاهرات.

‑ إمبارح جارك اعترف في قسم البوليس إنُّه شاف راجِل دخل شقِتَك يُوم الحدّ ونفس الراجل هرب من شقتك من الشباك. قال أحد الضابط.

‑ دا كذاب. يوم الحدّ، كلنا رحنا على الكنيسة...إلاّ ليلى.

كلهم حدّقوا في وجهي وأحسست بالخوف. طلب الضابط الكبير من والدي:

‑ نحتاج نستجوب بنتك في قسم البوليس.

- لا، مش حسْمَح لُكو تاخذوها من بيتِنا. ممكن تِسألْها هِنا، ونِبقى في نفس الغرفة معها. قال أبي.

ثم جلسنا كلنا حول الطاولة في المطبخ، وجلست الشرطة أمامي. أنا خائفة جدا. هل سأذهب إلى السجن إذا علمت الشرطة بإخفاء محمد؟ قرّرت أنْ أحمي سرّي.

الاستجواب يبدأ:

- عملت إيه يوم الحدّ الّي فات؟

- ولا حاجة. أنا كنت مريضة، وبقيت في الشقة وتفرجت على التليفزيون.

سأل ضابط آخر

- والراجل؟

- راجل إيه؟! أنا مش فاهْمة الموضوع.

غضب الضابط الكبير مني.

- مَتِكْذِبِيش عِلينا! بتعرفي الراجِل ده؟ وأراني صورة محمد.

- مين ده؟ سألتهم والدتي.

- ما نعرفش اسمه، بس نظنّ انّه زعيم في المظاهرات.

عائلتي بدت فلفة. طلب منّي والدي:

- ليلى، من فضلك، تعرفي الراجل ده؟ كانت الوضعية خطيرة.

- أيوه يا بابا، أَعرَفُه.

- مين هو؟ طلب منّي والدي. الآن، بابا غاضب منّي.

- اسمه هاني، وهو صاحبي.

- آه!

- هو حبيبي!

كل عائلتي مندهشة، ويعرفون أني خجولة، وأنّي لم أتعرّف على رجل إلا بسماح والدي لي.

- ومين هو؟ هو اشترك في الاحتجاجات؟

- لأً، لا هوَّ محتجّ ولا زعيم.

- ليه هاني هرب من البوليس؟

- هو مش مجرم! هو بريء! هو كان يمشي في الطريق، بس راجل آخر جرى وراه، والبوليس اللّي طارِد الراجِل الثاني افتِكِر إنّ هُمَّ مع بعض، وجَروا ورا حبيبي.

- البنت تقول الحقيقة؟ همس أحدهم في أُذن الضابط الكبير.

- وفين نِلاقي هاني؟ سألني الضابط الكبير.

- ما اعرفش. هو أصلا أمريكاني، واظنّ انّه ترك البلد مع عِيلْتُه، ورِجعوا على أمريكا بسبب الثورة. ثم بدأت في البكاء.

- يظهَر إنَّك ما تِعرَفيش حاجة.

وتركت الشرطة شقتنا، ولكن كنت لا أزال في خطر.

- قوليلي على هاني ده... قال والدي.

أسئلة الفهم:

1. لماذا تلاحق مباحث أمن الدولة كلّ من تخشاهم؟

2. كيف حصل رجال الأمن على معلومات بوجود محتجّ في الشقة؟

3. لماذا حدّق الكلّ في وجه ليلى؟ ولماذا أحسّت بالخوف؟

4. لماذا قرّرت ليلى أن تخفي سِرّها عند بداية الاستجواب؟

5. هل اعترفت ليلى في آخر المطاف؟ بماذا؟

6. كيف نُفسِّر عبارة ليلى الأخيرة: « وتركت الشرطة شقتنا، ولكن كنت لا أزال في خطر .»؟

7. كيف كنت ستتعامل مع ليلى إن كنت أخاها أو أختها؟

التمثيل المسرحي: **ACT IT OUT!**

اختر سيناريو من السيناريوهات المقترحة أدناه ومثِّل دورا من الأدوار مع زميل أو زميلين. على المجموعة أن تقوم بأداء التمثيلية للصف.

1. يوجد القِسيس مع الأسرة حينما تدخل مباحث أمن الدولة الشقة.

2. القسيس وجار ليلى الذي يحبها في الشقة عندما يستجوبها رجال الأمن أمام أسرتها.

3. يبدأ الحوار بين ليلى وأسرتها حول هاني.

نموذج كتابيّ لأحد الطلاب   **Student Writing Sample**

قاموس الطالب الشخصي: **Personal Dictionary:**

المعنى		الفصحى
	صُدِم	صُعِق
to threaten		التهديد
savage		الوَحْشية
	الوسِخ	القذِر
المعنى		العامية المصرية
	لا نستطيع	ما نِقْدَرْش
	رأيتِ	شُفتِ

الشخصية: نادية، صحفية

كنت في الاستوديو عندما جاء ثلاث رجال بملابس مدنية، واقتربوا مني.

– إنت نادية؟ قال أحدهم.

كنت مرتبكة. قلت:

– ايوه أنا هي. إيه المشكلة يا افندم؟

– احنا من البوليس. عندنا معلومات إنّه فيه راجِل من المتظاهرين مِستخَبّي في العمارة اللّي إنت ساكنة فيها و...

قاطعته:

– مين هو؟ مين اللّي قالُكُم كِدا؟

ما نقدرش نقولِك بس انت شُفت أي حاجة مش طبيعية؟ هو قاعِد عند بيت الجيران؟ متكذبيش، أحسن لِك!

كنت وكأنّني صُعِقت. أنا معروفة في هذه المنطقة، ولذلك أفهم كيف علموا مكان سكني، ولكن رجل في الشارع الذي أسكن فيه؟ لم أعرف أيّ شيء عنه. بعد أن تركوا الاستوديو، جلست وحيدة وفكرت عمّا حدث. في الأساس، رجال شرطة مبارك استجوبوني، وكان بإمكانهم أن يتّهموني بإخفاء هذا الرجل. هذه تجربتي الأولى مع مباحث أمن الدولة. سابقا، سمعت قصصا عنهم وطريقتهم الوحشية.

الآن أفهم. لم يستخدموا العنف معي ولكن فقط التهديد. ولكنهم هم الناس الذين يُنتظر منهم أن «يحمونا». يستخدمون تكتيكات تخويف وتهديدات للحفاظ على النظام. هذه أحد أسباب الثورة. المصريون يريدون الشرطة التي تُشعرهم بالأمان وبالراحة.

بعد أن تكلمت مع رجال الأمن في المكتب، أيقنت أنه من اللازم تغيير مصر. ما زال يمتلك مبارك السلطة بسبب رجال الأمن هؤلاء، وهو يستخدمهم ليقوموا بعمله القِذر. هذا يجب أن يتوقف.

أسئلة الفهم:

1. من جاء إلى الاستوديو؟
2. لماذا كانت نادية مُضطربة؟
3. صِف لنا الحوار بين نادية والشرطة.
4. لماذا كان بإمكان رجال مبارك أن يتّهموا نادية بدون أدِلّة؟
5. عن أيّ قصص تتحدث نادية، في رأيك؟
6. ماذا استنتجت نادية بعد الذي تعرّضَت إليه؟

التمثيل المسرحي: ACT IT OUT!

اختر سيناريو من السيناريوهات المقترحة أدناه ومثِّل دورا من الأدوار مع زميل أو زميلين. على المجموعة أن تقوم بأداء التمثيلية للصف.

1. أحد زملاء نادية حَقود ويُخبر المباحث عن نادية.

2. المدير يقف بجانب نادية ويُهدِّد رجال مبارك بمعارِفه وعلاقاته الخاصة بأحد الوزراء.

3. المصوّر يُسجِّل الحوار بين نادية والشرطة في سرِّية تامة.

نموذج كتابيّ لأحد الطلاب

Student Writing Sample

Personal Dictionary:

قاموس الطالب الشخصي:

المعنى	الفصحى
hole	ثُقب
suspicion	إرتِياب
to lock	أغلق
to lean, recline	إتّكأَ
to insist	أَصرَّ
cabinets	الخَزائِن
to ignore	تجاهل
footstep	الخُطى
immediately	فَوْراً
to touch	لمس
handle, door knob	مقبض
stupidity	الغَباء
to attempt, to begin	شَرَعَ
to reassure	طَمْأَنَ
المعنى	العامية المصرية
لا تِفتَحْ	ما تِفتَحْش
expression used when receiving bad news, or in a panic situation	يَلَهْوِتي
صوتنا	حِسِّنا
الغرفة	القوضة
ماذا حدث؟	حصل إيه؟

الشخصية: عاصم، طالب جامعي

كنّا أمام التلفاز كالعادة بعد العشاء في نفس اليوم الذي ظهرت فيه المحتجّة وطلبت أن تختبئ في بيتنا. سمعنا الطرق الثاني على الباب. أولا، كانت أمي غاضبة ثمّ خائفة وقالت لي في صوت عال:

– ما تِفتَحْش الباب. انا اللّي هافتَحُه المرّة دي.

مشت إلى الباب ونظرت من خلال الثقب. همست: «البوليس! يَلْهُوتي!!» فتركت الغرفة مع الفتاة بسرعة. بقيت أختي في الغرفة لأن الغرفة الفارغة هي محل ارتياب. كنت أريد أن أستمع إلى الكلام الذي كان يدور بين أمي والضابط، ولذلك اختفينا في الحمام قريبا من الباب. أغلقت الباب وقلت لها:

- مش لازم يسمع حِسِّنا.

جلسنا على الارض واتَّكأتُ على الباب للاستماع إلى الحوار. سأل الضابط أمي إذا رأت أيّ متظاهر في المبنى. فأجابت أنها لم ترَ أحدا.

سأل الضابط:

- مين في البيت؟

- انا وبنتي وبس. أجابت أمي.

كان يريد أن يدخل ويبحث في البيت. حاولت أمي أن ترفض ولكن الضابط أصرَّ فدخل وبدأ التحقيق. أولا نظر في المطبخ. فتح وبحث كل الخزائن حتى في الفرن. قالت أمي: «بتفَتِّش على إيه؟ ما فيش حدّ هِنا.» ولكن تجاهلها واستمرّ في التفتيش. سمعت صوت الخطى يقترب من الحمام. فورا جمدت وحاولت عدم إحداث أيّ ضجيج. سمعته لمس المقبض وأداره ببطء. كيف كنت بهذا الغباء؟ كيف ما أدركت أنه سيحقِّق ويبحث في البيت؟ كان هذا أغبى قرار في حياتي. عندما توقّف المقبض، أدرك الضابط أنّ الباب كان مغلقا.

سأل أمي:

- مين في الحمّام؟ انت قلتي إنّه ما فيش حدّ موجود في البيت. وبنتك في القوضة هناك. مين في

الحمّام؟ ليه كذبت عليّ؟ مْخَبِّية حَدّ هِنا؟

كان صوته غاضبا جدا وكان من الصعب عليّ ألّا أخرج من الحمام وأساعد أمي ولكنه سيكون القرار الغبي الثاني لو فعلت ذلك وبالتالي بقيت في الحمام.

- يمكن جوزي رجع من الشغل لمّا أنا كنت في المطبخ... ممكن دخل من الباب الثاني هناك. طرق الضابط باب الحمام بارتياب وبالطبع ما كان هناك جوابا. كان الضابط يريد أن يدخل الحمّام وشرع في ذلك ولكن أمي قالت:

- جوزي أطرش وما يِسمَعش كويِّس.

أجاب الضابط:

- طيب، هسْتَنّى هِنا حتى يخرج.

قلقت أمي:

- ليه؟! عايز مِنُّه إيه؟

فقال إنه يريد الكلام مع رجل البيت.

وصل الضابط في الساعة الرابعة ظهرا، وعادة يعود أبي من الشغل في الساعة الخامسة. كنت أعلم أنّ هذا الأمر لن ينتهي على خير وشعرت بالذنب. لماذا أصررت أن تبقى المحتجة معنا؟ الآن أسرتي كلها في خطر وخاصة أختي. اعتقد أنها تشعر بالخوف ولم تفهم لماذا

يوجد ضابط في بيتنا ولماذا كذبت أمي عليه. فكرت في كيفية مساعدة عائلتي الآن. لم أسمع أي أصوات من الغرفة حيث جلس الضابط وأمي وأختي ولذلك قلقت. بعد قليل تطورت لديّ خطة جديدة وتظاهرت بأنّي مريض ثمّ خرجت من الحمام وقلت لأمي:

- صباح الخير... أنا ما رُحْتِش الجامعة النهارده. أنا مريض أوي وما قُدِرتِش أخرج من الحمّام كل اليوم حتى اللحظة ذي.

نظر الضابط إليّ بشكّ:

- ليه ما قلتش كذا لما خبّطت على الباب؟

فأجبت:

- خبّطت على الباب؟ والله ما سْمِعتِش حاجة. راسي ثقيل أوي ومِش قادِر حتّى أتكلم. سامِحني. فيه إيه يا فندم؟ حصل إيه؟

- كنت عاوز أشوف إذا كان فيه محتج في بيتكو. كنت شاكّ إنّه فيه حدّ في الحمّام بس دِلْوقتي عْرِفت إنّك كنت داخل الحمّام طول الوقت. أجاب

فطمْأنْته أنّه ما كان هناك أي شيء غريب في هذا البيت إلا المرض. طأطأ رأسه وبدا راضيا عن هذه المعلومات فخرج من البيت دون أن يودّعنا. لا أظنّ أنّه مُقتنِع تماما.

أسئلة الفهم:

1. لماذا قرّرت الأم فتح الباب هذه المرّة؟

2. من طرق بابها؟

3. صف الحوار الذي جرى بين أم عاصم والضابط.

4. صف حالة عصام والمرأة في الحمّام عندما أدار الضابط مقبض باب الحمّام.

5. ماذا كان يقصد عاصم عندما قال: «...ولكنه سيكون القرار الغبي الثاني لو فعلت ذلك.» في الفقرة الرابعة؟ ما هما القراران الذي يتحدث عنهما عاصم؟

6. لماذا شعر عاصم بالذنب؟

7. ما هي الخطة التي خطرت على ذهن عاصم؟

8. لماذا يظنّ عاصم أنّ الضابط خرج غير مُقتنِع بما رآه في البيت؟

9. ماذا لو كانت الشخصية التي اخترتها هي عاصم؟ ماذا كنت ستفعل؟ هل كنت ستبلغ عن المحتجّة؟

ACT IT OUT!   **التمثيل المسرحي:**

اختر سيناريو من السيناريوهات المقترحة أدناه ومثِّل دورا من الأدوار مع زميل أو زميلين. على المجموعة أن تقوم بأداء التمثيلية للصف.

1. أنت تمثّل دور الأم وهي تتخاصم مع الضابط أمام الباب.

2. يدخل الأب والضابط يطرق باب الحمّام.

3. يقبض الضابط على المحتجّة داخل الشقة.

4. تهاجم المحتجّة الشرطي وتأخذه رهينة.

Creative Writing Resources and Activities:

القواعد

Imperative Verbs الأمر والنهي

An imperative expression is called أمر and expresses a command or request.

Negative prohibition is called نهي.

Example:

تحدَّثي كثيرا في الصف!

Speak a lot in class!

Prohibition:

We use the prohibition particle ال followed by a

present jussive verb فعل مضارع مجزوم to specify prohibition نهي negative imperative.

The negative imperative is usually translated as "do not."

Example:

لا تخرج ليلا بمفردك!

Don't go out alone at night!

القواعد

Here are the imperative forms of some useful verbs for writing your story:

الماضي	أنتَ	أنتِ	أنتما	أنتم	أنتنَّ
نظر	أنظُرْ	أنظُري	أنظُرا	أنظُروا	أنظُرْنَ
سكت	أسكُتْ	أسكُتي	أسكُتا	أسكُتوا	أسكُتْنَ
جلس	إجلِسْ	إجلِسي	إجلِسا	إجلِسوا	إجلِسْنَ
خرج	أخرُجْ	أخرُجي	أخرُجا	أخرُجوا	أخرُجْنَ
قال	قُلْ	قُولي	قُولا	قُولوا	قُلْنَ
تكلّم	تكلّمْ	تكلّمي	تكلّما	تكلّموا	تكلّمْنَ
إقترب	إقترِبْ	إقترِبي	إقترِبا	إقترِبوا	إقترِبْنَ
إعترف	إعترِفْ	إعترِفي	إعترِفا	إعترِفوا	إعترِفْنَ
تَعالَ	تَعالَ	تَعالَيْ	تَعالَيا	تَعالَوْا	تَعالَيْنَ
إستمع	إستمِعْ	إستمِعي	إستمِعا	إستمِعوا	إستمِعْنَ

أكملوا استجواب مباحث أمن الدولة لجارة لكم مُضحكة أخفَتْ محتجًّا. استخدموا الأمر والنهي وقائمة الأفعال أعلاه:

مباحث أمن الدولة: لقد رآك الجيران تُدخِلين محتجًّا في شقتِك! قولي الحقيقة!

-

-

-

-

-

-

كلمات/عبارات أكثر من العامية المصرية   Colloquial Resources

إضافة إلى كلمات العامية التي تعلمتموها من النماذج الكتابية، ستجدون هنا كلمات وعبارات أكثر بالعامية المصرية يمكنكم أن تستخدموها في كتابة قصصكم.

كلمات مفيدة من العامية المصرية

المُخبِر = الشخص الذي يخبر عن الناس

بُصّ لي = أنظر إلي

أنا عايزك تِفتِكِر إِلِّي حصل بالظبظ = أريدك أن تتذكر ما حدث بالتحديد

القِسم = مركز الشرطة

حتْروح في ستّين داهْية = ستقع في مصيبة عظيمة

إنت مْخَبّي حاجة؟ = تخفي شيئا؟

ليه ما بَلَّغْتِش البوليس؟ = لماذا لم تُخبر الشرطة؟

شعار من الثورة

ما رأيك في الشعار؟ اكتب شعارك أنت يعبر عمّا يجري من حولك، وله علاقة بموضوع الوحدة!

سامِع ام الشهيد بِتنادي...امن الدولة قتلوا ولادي

اكتب قصتك الآن!!

Write your own story!!

....
....
....
....
....
....
....
....
....
....
....
....
....
....
....
....
....
....
....
....
....
....
....
....
....
....
....
....

قاموسك الشخصي:

المعنى	الفصحى

المعنى	العامية المصرية

الوحدة السادسة
دبّابات الجيش في القاهرة

لمحة مسبقة عن الوحدة السادسة

خلفية تاريخية Historical Background

29 يناير/كانون الثاني:

مُددت ساعات حظر التجول لتصبح من الرابعة مساءً وحتى الثامنة صباحاً. وفي وسط هذه الحالة من الفراغ الأمني، ظهرت في جميع أرجاء البلاد «لجان شعبية» لحماية الأحياء من أعمال السرقة والنهب أو أية أنشطة إجرامية أخرى. واستمر نشر قوات الجيش في أرجاء البلاد وعلى الطرق السريعة.

Unit 6 Scenario   **سيناريو الوحدة السادسة**

القاهرة في الجيش دبّابات

أ. تستيقظ في الصباح وإذا بك تسمع الأنباء تعلن عن نشر الجيش في القاهرة. صف مشاعرك وتفاعلك مع الجيران. ماذا ترى؟ ما الذي يتبادر إلى ذهنك؟

أو

ب. أنت في ميدان التحرير، عندما فجأة تسمع ضجيجا كبيرا، وترى دبابات عسكرية تدخل الميدان. ما كانت غرائزك الأولى؟ صف ردود أفعالك، وناقش كيف يؤثّر ظهور هذه الدبابات على الناس في الشارع. ما الذي يحدث؟

ما رأيك ولماذا؟ برر إجابتك!

• هل تعتقد أنّ الجيش المصري سوف يحمي مواطنيه أو يدعم النظام؟

• هل تظنّ أنّ وجود الجيش سيساهم في الشعور بالأمن أو يزيد من الصراع؟

• كيف تؤثّر ضغوط الولايات المتحدة وأوروبا على سلوك الجيش المصري تِجاه مواطنيها؟

• كيف يمكن أن يتأثّر الجيش المصري بالانتفاضة في تونس المجاورة حيث كان الجيش حِياديا؟

مفردات مفيدة:

tanks	الدبّابات
curfew	حظْر التجوُّل
to restrain	كَبَح يكبح كَبْح
to deploy	نشر ينشُر نشر
fear	الخوف
tension	توتُّر
confusion	إرتِباك
thief	لِصّ ج. لُصوص
emergency law	قانون الطوارئ
looting	نهْب
to be careful	حذِر من يحذر من حِذْر من
to be aware	وعى يعي وعْي
bullets	الرّصاص
distrustful	مُرتاب
courage	الشجاعة
to maintain order	الحِفاظ على النظام
to fight	كافح يكافح مكافحة
to order	أمر يأمُر أمر
chaos	فوْضى
barbed wire	سِلك شائِك ج. أسلاك شائِكة
destruction	تدمير
barracks	ثُكْنَة عسكرِية
crisis	أزمة
to defend	دافع يدافع دِفاع

تمرين 1:

اقرأوا النص التالي ثم أجيبوا عن الأسئلة.

أقال الرئيس مبارك حكومته وأمر الجيش بالنزول إلى الشوارع مع انسحاب الشرطة. وحُرقت بعض أقسام الشرطة ورموز القمع الأخرى في أرجاء البلاد، وحُرق بعضها على أيدي المتظاهرين بينما حُرق البعض الآخر في ظروف غير واضحة. وعمت البلاد الفوضى والخروج عن القانون. ويُعتقد أن بعض البلطجية مأجورون من أعضاء «الحزب الوطني الديمقراطي» الحاكم وبعضهم من قوات الأمن لكنهم يرتدون ملابس مدنية، أو أنهم من أتباع الشرطة. وخرج هؤلاء البلطجية إلى الشوارع يروعون الناس ويسلبون وينهبون، فشكل الناس «اللجان الشعبية» ووضعوا المتاريس في الشوارع لحماية ممتلكاتهم.

أ-

1. ماذا حدث عندما انعدم الأمن؟

2. ما كان رد فعل الناس من حالة الفوضى في أحيائهم؟

ب-

ترجموا هذا النص إلى الإنجليزية.

....

....

....

....

....

تمرين 2:

أكملوا الجمل الآتية باستخدام الكلمات التالية:

الشجاعة	لِصّ	الدفاع	نشر
أمر	فوضى	مكافحة	الدبابات

1. ____________ الجيش ____________ في شوارع مصر.

2. ____________ت الحكومة الناس بالبقاء في بيوتهم.

3. تحلّى الشباب السوري بـ ____________ والصرامة.

4. دخل ____________ إلى العِمارة خِفيةً.

5. انتشرت ____________ في أحياء المدينة.

6. ____________ عن حقوق الإنسان واجب على كل فرد.

7. ____________ الجرائم من مَهمَة رجال الأمن.

تمرين 3:

اختاروا الكلمة المناسبة:

1. إعلان ـــــــــــــــــــ من خصوصيات الرئيس
   أ. حقوق
   ب. التفتيش
   ت. حظر التجول

2. تَوَصَّلَت البحوث الطبية إلى أنّ ـــــــــــــــــ سبب أمراض عديدة.
   أ. التوتّر
   ب. إنكار
   ت. الاعتراف بـ

3. هو ـــــــــــــــ عندما يتطرّق إلى مواضيع حسّاسة.
   أ. رفض
   ب. حذِر
   ت. يفِرّ

4. ـــــــــــــــ المُديرة خطورة الوضعية في مدرستها.
   أ. تعي
   ب. بلّغ عن
   ت. تتحدّى

5. ليس من صلاحيات البرلمان ـــــــــــــــــــــــــــ ولكن حماية مصالح الشعب.
   أ. التهديد
   ب. الحفاظ على النظام
   ت. الاختفاء

6. من أهمّ نتائج الحرب ـــــــــــــــــــــ الاقتصاد الوطني.
   أ. حماية
   ب. تدمير
   ت. ردّ فعل

7. لم يؤدّي هذا السلوك إلى حلّ هذه ـــــــــــــــ ولكن إلى تعقيدها.
   أ. الأزمة
   ب. الخوف
   ت. الكبح

8. ـــــــــــــــــ يُقام للسيطرة على المُعارضة.
   أ. الكبح
   ب. الإرتباك
   ت. قانون الطوارئ

تمرين 4:

التعليمات:

كونوا مجموعات ثنائية وتناوبوا على طرح الأسئلة التالية والإجابة عليها. يجب على الطالب المجيب استخدام مفردات الوحدة السادسة وقائمة المفردات الرئيسية.

1. هل الأزمة في الأوطان العربية ستنتشر إلى دول أخرى في العالم؟ لِمَ أو لِمَ لا؟

2. ما هو أخوف شيء حدث لك في حياتك؟ هل تظنّ أنّ الخوف عائِق في الوصول إلى أهدافك في الحياة؟

3. رفع المجلس العسكري المصري قانون الطوارئ بعد تنحّي مبارك. هل تظنّ أنّ سياسة النظام الجديد ستتغير تجاه المجتمع المدني؟

4. الإنسان بريء حتى تثبت إدانته. ما رأيك في هذا المبدأ القانوني؟ هل تدافع عن مجرم حرب حتى إذا كان مسؤولا عن قتل جماعي؟

5. كيف تتعامل مع التوتُّر في حياتك الشخصية؟ أعط أمثلة.

6. تخيّل نفسك في بلد حيث يُفرض حظر التجول. كيف يكون ردّ فعلك وكيف تتأقلم مع هذه الوضعية؟

تمرين 5:

تأمّلوا في الموضوع المحوري ثم خمنوا وتفكَّروا في الكلمات التي لها صِلة بذلك الموضوع. أُكتبوا بعد ذلك فقرة متضمِّنة كلماتكم الجديدة. لقد وضعنا كلمتيْن لـهما صِلة بـالموضوع المحوري.

مثال:

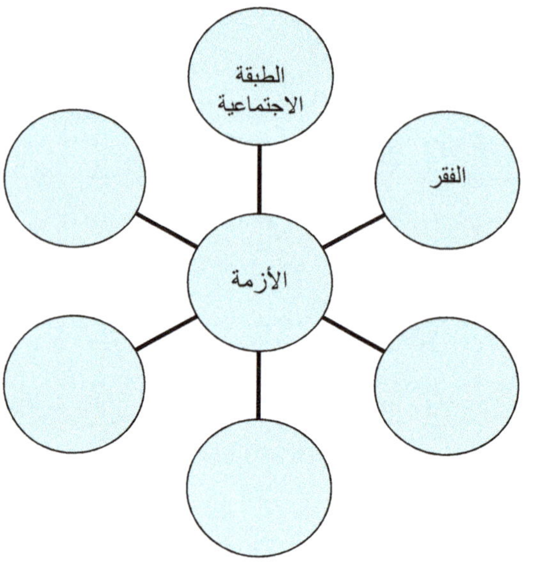

....
....
....
....
....
....
....
....
....
....
....
....
....
....
....
....

نشاط قراءة:

ما قبل القراءة:

مفردات مفيدة من النص:

	بجانب	بجوار
	الرصاص الحيّ	الذخيرة الحية
snipers		قناصة
witnesses		الشهود
	تواصل	استؤنف
destruction		التخريب

ضعوا المفردات أعلاه في جملة مفيدة:

....

....

....

....

الآن اقرأوا النص التالي ثم أجيبوا عن أسئلة الفهم:

29 يناير/كانون الثاني – المصادمات بالقرب من وزارة الداخلية

شهد يوم 29 يناير/كانون الثاني وقوع حادثة قاتلة على وجه الخصوص بجوار وزارة الداخلية، التي كانت تحظى بحماية مشددة من قوات الأمن. وذكر بعض ساكني المنطقة ومتظاهرين لمنظمة العفو الدولية أنه كان يمكن سماع طلقات النيران منذ مساء يوم 28 يناير/كانون الثاني وحتى الساعة الثالثة أو الرابعة من فجر اليوم التالي، وذلك في محيط الجامعة الأمريكية بالقاهرة والشوارع الضيقة المتاخمة لوزارة الداخلية، كشارع الفلكي وشارع التحرير.

وبحلول ظهيرة يوم 29 يناير/كانون الثاني، أطلقت قوات الأمن النار على جنازة كانت تسير بشارع القصر العيني، حسبما ورد، وهو الأمر الذي أثار غضب المتظاهرين. ولهذا، قرر بعض المتظاهرين تحدي الحصن الأخير لقوات الأمن الواقع عند وزارة الداخلية، بالرغم من أن تلك المنطقة كان تُعرف بأنها «منطقة موت .» وبالفعل، تقدم عدد يتراوح بين 100 و 200 من الشباب، وبينهم أطفال، باتجاه شارع محمد محمود. وعلى الفور، بادرت قوات الأمن، التي كانت تضم عدداً محدوداً من أفراد الأمن المركزي وضباط الأمن ذوي الرتب الصغيرة، باستخدام الذخيرة الحية ضدهم. كما أطلق قناصة متواجدين فوق بعض المباني السكنية في الشارع النار على المتظاهرين مما أسفر عن إصابة صحفي يحمل كاميرا وذلك وفقا لأحد شهود العيان. ويبدو أنّ جميع الشباب قد جُرحوا، ويُعتقد أنّ 21 شخصاً قد

لقوا مصرعهم. وقال الشهود إن دبابات الجيش والسيارات المدرعة بدأت في الانتشار، بينما قام المتظاهرون بإلقاء الحجارة على قوات الأمن المركزي، وحماية أنفسهم بالحواجز حتى أجبروا قوات الأمن على التقهقر إلى شارع ضيق يؤدي إلى وزارة الداخلية. وقد أشعل بعض المتظاهرين النار في سيارات تابعة لوزارة الداخلية أو للشرطة.

وبعد فترة من الهدوء سادت منذ الساعة الثالثة إلى الرابعة عصراً، وبعد مناقشات بين المتظاهرين وقوات الأمن، استؤنف إطلاق النار. وذكر مينا دانيال، وهو طالب جامعي يبلغ من العمر 22 عاماً، وأحد أعضاء حركة «شباب عدالة وحرية» لمنظمة العفو الدولية أنه بعد بضع دقائق من التحدث إلى المتظاهرين، فتحت قوات الأمن النار دون سابق إنذار. وبينما كان مينا دانيال يحاول الهرب، أُصيب في كتفه وركبته بذخيرة حية. وبالرغم من أن بعض المتظاهرين استخدموا العنف، فمن الواضح أن قوات الأمن كانت تطلق النار على أشخاص لم يكونوا يمثلون خطراً على حياة أفراد القوات أو حياة الآخرين، كما هو الحال مع مينا دانيال الذي أُصيب وهو يحاول الفرار.

أسئلة الفهم:

1. كيف ردّ المتظاهرون على إطلاق قوات الأمن النار على الجنازة؟

2. من أي طبقة اجتماعية ينتمي هؤلاء الشباب والأطفال؟

3. لماذا لم تتدخل دبابات الجيش؟

4. صف لنا القاهرة في ذلك اليوم. كيف كنت ستتعامل مع الوضعية هناك؟

نشاط استماع:

ما قبل الاستماع:

ما رأيك؟ أجيبوا عن الأسئلة التالية:

ما هي الرسالة التي يحاول رسّام الكاريكاتور أن ينقلها؟ ما هي الأدِلّة التي تدعم رأيك؟
ما رأيك؟ توافق/ين؟ لا توافق/ين؟ لماذا؟
املأ فراغات الفقاعات bubbles

الآن، استمعوا إلى الكليب و أجيبوا عن الأسئلة التالية. تجدون الفيديو على هذا الرابط الالكتروني:

http://www.youtube.com/watch?v=QOyjNJ5ZqsY

أسئلة الفهم:

1. متى بدأ الدور السياسي للجيش المصري؟
2. لماذا انقلب الجيش على الحكم الملكي؟
3. من هو اللواء محمد نجيب؟ ماذا كانت نظرته لدور الجيش وماذا حدث له؟
4. نزل الجيش أربع مرات. متى وما هي أسباب نزوله إلى الشارع المصري؟
   أ.

   ب.

   ت.

   ث.

5. ماذا كان قرار الجيش عندما نزل إلى الشارع خلال أحداث 25 يناير؟

ما بعد الاستماع:

مواضيع للبحث والمناقشة:

1. انقلاب حركة الضباط الأحرار المصرية على الملك فاروق في سنة 1952.
2. انقلاب جنرالات في الجيش الجزائري على المسار الديمقراطي في سنة 1992 وما حدث فيما بعد.
3. كوّنوا مجموعات ثنائية وقوموا بمناظرة حول دور الجيش في بلدانكم وقدّموا حججكم وبراهينكم.

نموذج كتابيّ لأحد الطلاب

Student Writing Sample

قاموس الطالب الشخصي:

Personal Dictionary:

المعنى	الفصحى
مُرتاب	مشكوك فيه
craziness	الجنون
to disperse	تفرَّق
to intervene	تدّخل
المعنى	**العامية المصرية**
يطلقون عليهم الرّصاص	يطُخُّوهم بالنار
لماذا؟	ليه؟

الشخصية: ليلى القبطية

اليوم، أخي أيقظني وفطرنا مع عائلتنا وبالطبع، كان هناك توتّر لأنّ والدي ما زال غاضبا منّي منذ الأسبوع الماضي. بعد أنْ نزلت الشرطة من بيتنا، قلت لعائلتي الحقيقة عن محمد. لكن ما قلته لم يغيّر الوضع إلى أفضل، ووالدي أصبح أكثر قلقاً.

- خلّي بالك، يا حبيبتي...إذا اكتشف البوليس الحقيقة، حتروحي ع السجن! قال لي والدي. الآن، في رأيه، أنا مشكوك فيها، وهناك حظر التجول في كل ليلة. يجب أن أعود إلى البيت قبل الساعة الثامنة.

في الصباح، أفطرنا وشاهدنا الأخبار. الرئيس مبارك ظهر على التلفزيون الحكومي.

- إيه المشكلة دلوقتي؟ تساءل أخي.

بدأ الرئيس مبارك خطابه، وقال إنه سيغيّر الحكومة وأنّ حظر التجول سيكون في الساعة الرابعة.

سمعنا شخصا يصرخ عاليا. هذا هو أبو خالد، جارنا الذي يعيش قربنا مع زوجته أم خالد. أسرتهما مسيحيتان أيضاً، وابنهما خالد مع المحتجين.

- ازّيك، يا بو خالد؟

- بخير، الحمد الله! إزيك انت؟ سمعت إنّ البوليس جا على بيتك يبحث على واحد من المتظاهرين. حصل إيه؟ اظنّ أنّه أبو عمرو، جارنا، وهو اللّي اتكلم مع البوليس، ابن الكلب! صاح أبو خالد عبر الشارع.

- لأ، يا صاحبي. ما فيش مشكلة...

- سِمِعت الأخبار؟

- مبارك نشر الجيش في ميدان التحرير. مش من الجنون إنّ الشباب يقعد في ميدان التحرير واحْنا عارفين إنّ الجيش ممكن يطُخُّوهم بالنار؟ سأل أبي.

- أيوه، الناس بيدافعوا عن أنفسهم! وهم حيكافحوا حتّى يهرب مبارك من البلد.

فجأة، تظهر الأخبار الدبابات في ميدان التحرير. تفرَّق الناس إلى اتجاهات مختلفة.

- دي نهاية المظاهرات. قال والدي لأبو خالد.

- لأ، اظن إن الجيش حيدافع عن الشعب! قال أبو خالد.

- ليه؟ نحتاج البوليس والجيش يسيطروا على الموقف، ونُوَقَّف العنف في الشوارع.

- العنف سببه البلطجية والبوليس!

- والنهب والنيران والتخريب؟ دي أعمال عنف من المتظاهرين! فالجيش حيحافظ على النظام.

- حنشوف الليلة. قال أبو خالد.

لم يتدّخل الجيش في الليل ولم يُطِع أوامر مبارك. لذلك، كان أبو خالد على حق.

أسئلة الفهم:

1. لماذا كان والد ليلى لا يزال غاضبا؟

2. ماذا تعني ليلى عندما قالت: « قلت لعائلتي الحقيقة عن محمد.»؟

3. ما رأيك في أبي خالد؟

4. ماذا كان ردّ فعل الكلّ عندما أظهرت نشرة الأخبار الدبابات في الشوارع؟

5. هل يتقاسم أبو خالد نفس رأي أبي ليلى؟ برّر/ي إجابتك؟

6. ماذا لو أطاع الجيش أوامر مبارك؟ ماذا كان سيحدث؟

التمثيل المسرحي: ACT IT OUT!

اختر سيناريو من السيناريوهات المقترحة أدناه ومثِّل دورا من الأدوار مع زميل أو زميلين. على المجموعة أن تقوم بأداء التمثيلية للصف.

1. أبو خالد وأبو عمر في الشارع، وجاء بعدها أبو ليلى.

2. أخو ليلى ضابط في الجيش ولا يريد أن ينزل إلى الشارع. ضباط آخرون في انتظاره قريبا من البيت.

3. أبو خالد يحمل عصاه في يده وينوي الالتحاق بالمحتجين. ليلى تحاول أن تردّه عن هذا القرار الخطير.

نموذج كتابيّ لأحد الطلاب

Student Writing Sample

قاموس الطالب الشخصي:

Personal Dictionary:

المعنى		الفصحى
	قُتِل	لقِيَ حتفَهُ
	قلِقة	مشغولة البال
	من الفعل "احتاج"	الحاجة
stationed		مُتمركِز
المعنى		**العامية المصرية**
you won't believe		مش حتِسَدَّقي

الشخصية: نادية، صحفية

كان يوم 29 يناير؛ يوم السبت، ولذلك لم أذهب إلى العمل. كنت في بيتي أشاهد التليفزيون مع زوجي وبنتي. قالت الأخبار إنّ الحكومة نشرت الدبابات في القاهرة. شعرت بالصدمة. ما كان عندي أي فكرة لماذا كانوا هناك.

ـ قالت الحكومة إنّ الجيش هناك لحفظ النظام وحماية الشعب.

ثمّ غيرت القناة فسمعت:" أطلقت الشرطة الرّصاص على المتظاهرين في شوارع القاهرة. لا نعرف الآن كم شخصا لقِيَ حتفه."لم يتّفق الصّحفيّون على أنّ كان هناك ارتباك كبير في القاهرة كلها، وفي البلد بأكمله. مباشرة بعد سماعنا الأخبار، دعوت جارتي لأنها صديقتي المفضلة، وبدأنا نناقش هذه الأحداث. كانت مشغولة البال تفكّر في المتظاهرين والمدنيين الأبرياء.

" مش حتِسَدَّقي العنف اللّي موجود في الشوارع!! والرّصاص والدّم في كل مكان. مفيش أمل. قالت.

وافقتها في رأيها. من المفروض أنّ الشرطة والجيش يحميان ويدافعان عن الشعب من الخطر. بدلاً من ذلك فهما خلقا الخوف والتدمير. أظنّ أنّ وجود الجيش، بعد هذا اليوم، كان سلبيا. إعتقد الشعب

المصري أنّه كان مسيطرا على المظاهرات بدون الدبابات والعساكر في الشوارع، وبعد دخول الجيش كان هناك فوضى وارتباك.

بالرغم من أنّ هذا الوجود المتزايد للجيش المصري كان مخيفا جدا، إلّا أنه أبقى الأمل في نفسي لأنّي أظنّ أنّ الحكومة المصرية كانت قلِقة من الاهتمام الغربي بهذه الأحداث في وسائل الإعلام الدولية، وكانت تخاف أن تفقد السلطة.

بعد أن تكلمنا مع بعضنا البعض، قرّرنا أنّنا بحاجة للذهاب إلى ميدان التحرير لمعرفة الحقيقة بأنفسنا.

تركنا بيتنا، وأنا وزوجي وجيراني مشينا إلى المنطقة. نسكن قريبا من الميدان، ولم نعرف إذا كانت الطُرق مُغلقة للسيارات، ولذلك لم نقُد سيارتنا. سمعنا ضجيجا ووصلنا إلى الميدان. كان الميدان فوضويا: خليط من صراخات المتظاهرين: «ارحل، ارحل، مِش عايزينك»، وأيضا «الجيش والشعب إيد واحدة». عندما وصلنا إلى ميدان التحرير، كان الضجيج أعلى، وكان هناك الآلاف من المتظاهرين، وعدد كبير من الشرطة، ودبابات كثيرة مثلما سمعنا في الأخبار.

كانوا مُتمركِزين حول الميدان في الشوارع. بعد أن رأيت هذا المشهد، لا أعرف ما سيكون عليه المستقبل المصري.

أسئلة الفهم:

1. لماذا لم تذهب نادية إلى عملها؟

2. لماذا كان هناك تضارب في الأنباء عما كان يحدث في القاهرة؟

3.لماذا أبقى نزول الجيش الأمل في نفس نادية؟

4. ماذا قرّرت نادية وجارتها أن تفعلا؟

5. كيف تنتهي القصة، في رأيك؟

التمثيل المسرحي: ACT IT OUT!

اختر سيناريو من السيناريوهات المقترحة أدناه ومثِّل دورا من الأدوار مع زميل أو زميلين. على المجموعة أن تقوم بأداء التمثيلية للصف.

1. نادية بجانب دبّابة الجيش عندما يُطلق مجهول النّار على الضباط.

2. جارة نادية مفقودة بعد ذهابهم إلى الميدان.

3. يرى زوج نادية محتجّا جريحا على الطريق ورصاص الشرطة يهطل عليه.

Student Writing Sample

نموذج كتابيّ لأحد الطلاب

Personal Dictionary:

قاموس الطالب الشخصي:

المعنى	الفصحى
consumer goods	السِّلع الإستِهلاكِية
real estate	العقارات
loyal	وفِيّ
to cooperate with	تعاون مع

الشخصية: عاصم، طالب جامعي

سمعت الخبر اليوم اً الجيش المصري قد انتشر في القاهرة. وصلت الدبّابات في ميدان التحرير ظهرا. يزيد التوتّر في الاحتجاجات وكبح الجيش بعض المحتجين. يشعر الناس بقدر أكبر من الخوف الآن ومن الارتباك أيضا. يحاول الجيش الحفاظ على النظام، ولكن المتظاهرون يقاومون ويخلقون الفوضى. كل يوم في مدينة القاهرة فوضويّ. أحاول أن أبتعد عن وسط المدينة لأنّ الوضعية خطيرة جدا، ولا أريد أن أرى المشهد الحزين من القتلى والجرحى. الجيش المصري لديه سلطة كبيرة في حياة المصريين، فهو يؤثّر على الأعمال التجارية وتنمية البنية التحتية والسلع الاستهلاكية والعقارات. لكن منذ بدأت الاحتجاجات والجيش عنده نفوذ أكبر في الحياة اليومية للمصريين. الآن يوجد ضباط أكثر من قبل في شوارع القاهرة. لا نستطيع المشي في أيّ طريق دون أن نرى ضابط جيش، وعادة فهو يسأل الماشي إلى أين يذهب ومن أين جاء.

أعتقد أنّ الجيش المصري سيبقى وفياً للحكومة لأنه يحصل على ثروته منها، وبدون دعم الحكومة، ليس لديه القدرة على اتّخاذ القرارات وبالتالي فإنّي أعتقد أنّ الجيش سيتبع أوامر النظام لأنه يريد الحفاظ على تأثيره الكبير في مصر. لهذا السبب، يزيد الجيش من مشاعر التوتّر في ميدان التحرير وأماكن غيرها. بالإضافة إلى الضغط من الحكومة المصرية، فهناك الضغوط الخارجية أيضا والتي تأتي خصوصا من أمريكا وبريطانيا وفرنسا لأنّها الدول الرئيسية التي تعطي أكبر دعم مالي للجيش ولذلك أنّ الجيش يتعاون مع ما تريده تلك الدول الغربية. بعض المصريين يأملون في أن يلعب الجيش دورا غير قتاليا مثلما شهدنا في تونس، ولكن أعماله اليوم تُثبت أنّه مستعدّ لمحاربة المواطنين.

تكلّمت مع صديقي الذي لا يزال يشارك في الاحتجاجات فقال لي إنّه يجب أن نحذر من الكلام عن الاحتجاجات لأنه إذا سمعه الجيش فسيعتقله، وخاصة عندما يمشي قريبا من الثكنة العسكرية. يجب أن نكون على يقظة دائما.

الآن، يوجد أحيانا في الجامعة ضابط يقف خارج المبنى ويتجسّس على الطلاب. لا يمكننا الثقة في أيّ شخص لأنّنا لا نعرف مع من يوافق: المصريون أو الحكومة، ولهذا السبب، فمصر قد انشقّت، والخوف على نِطاق واسع.

كل جيراني يتّفقون معي، وكلهم يشعرون بالخوف. عندما وصل أبي في المساء بعد العمل، قال لنا إنّ اليوم كان أسوأ يوم كسائق طاكسي، وإن حركة المرور كانت سيئة جدا في المدينة، ولا يستطيع أنْ يسوق أسرع من كيلومتر واحد في ثلث ساعة بسبب المتظاهرين والدبّابات التي سدّت الطريق، وما حصل على نقود كثيرة اليوم لأنه من المستحيل أن يسوق في القاهرة. أعتقد أنّ أشخاصا كثيرين سيُعانون من نفس الصعوبات. أعتقد أنّ هذه الظروف تؤثِّر على معظم المصريين بنفس الطريقة. لا أعرف كيف ستتطور الاحتجاجات الآن. متى ستتوقف أعمال العنف والتخريب؟ متى سأكون قادرا على المشي في الشارع دون الشعور بالخوف؟ متى ستقول الأخبار إنّ المصريين أحرار؟

أسئلة الفهم:

1. لماذا انتشر الجيش في القاهرة؟ ماذا أحْدث هذا الانتشار في صفوف المتظاهرين؟

2. لماذا حاول عاصم أنْ يبتعد عن وسط المدينة؟

3. ما مدى قوة سلطة الجيش في مصر؟

4. هل يعتقد عاصم أنّ الجيش سيكون وفيّاً لشعبه أو للحكومة؟ كيف؟

5. ما هو تأثير الدول الغربية على موقف الجيش المصري من الاحتجاجات؟

6. ماذا يعني عاصم بقوله: " فمصر قد انشقت والخوف على نطاق واسع."؟

7. كيف هي الحالة داخل الجامعة؟

8. لماذا قال الأب إنّ هذا اليوم كان أسوأ يوم في عمله؟

9. ما نوع الأسئلة التي يطرحها عاصم؟ ما هي أجوبتك الشخصية على تلك الأسئلة؟

ACT IT OUT! :التمثيل المسرحي

اختر سيناريو من السيناريوهات المقترحة أدناه ومثِّل دورا من الأدوار مع زميل أو زميلين.
على المجموعة أن تقوم بأداء التمثيلية للصف.

1. يعتقل الجيش عاصم في الشارع.

2. صديق عاصم من الشرطة السرّية العسكرية وهو مُتسلِّل وسط المحتجّين.

3. والد عاصم لم يعُد من عمله.

Creative Writing Resources and Activities:

القواعد

استخدامات كان مع الأزمنة المختلفة:

كان + قد + الماضي   Past Perfect: had (already) done

كان قد خرج عندما أعلن الجيش حظر التجول

He had (already) left when the army declared the curfew.

كان + المضارع المرفوع   Past Continuous tense: used to, would

كانت تتكلم مع أسرتها كل يوم عندما كانت في القاهرة

She used to speak with her family on the phone every week when she was in Cairo.

كان + المضارع المرفوع   Habitual Past tense: was doing

كنت أدرس في الجامعة عندما سمعت أنباء هروب المساجين

I was studying at the university when I heard the news that the prisoners had escaped.

كان + المستقبل   Future in the past: was going to do

كانت ستعتقله الشرطة لولا تدخُّل أحد ضباط الجيش

The police were going to arrest him, but an army officer intervened.

سـ أو سوف + كان + قد + الماضي   Future perfect tense: will have done

سنكون قد عدنا إلى بيتنا بحلول الظلام

By dark, we will have returned home.

تمرين:

أجيبوا عن هذه الأسئلة:

1. ماذا كنت تفعل كل صباح في الأيام الأولى من الثورة؟

______________________________.

2. ماذا كنت ستفعل بعد النزول من الشقة؟

______________________________.

3. ماذا كنت قد فعلت عندما بدأ انتشار الجيش في شوارع القاهرة؟

______________________________.

4. ماذا ستكون قد فعلت عند عودتك إلى أهلك؟

______________________________.

كلمات/عبارات أكثر من العامية المصرية   **Colloquial Resources**

إضافة إلى كلمات العامية التي تعلمتموها من النماذج الكتابية، ستجدون هنا كلمات وعبارات أكثر بالعامية المصرية يمكنكم أن تستخدموها في كتابة قصصكم.

كلمات مفيدة من العامية المصرية

الناس لِسّه بتّثق في الجيش = الناس لا يزالون يثقون بالجيش

بيعتقلو أي حد بيهوّب من الميدان = يعتقلون أي أحد يقترب من ميدان التحرير

الجيش والشعب إيد واحدة = الجيش والشعب يد واحدة

ما تورّطش = لا تُورِّط

Write your own story!!

اكتب قصتك الآن!!

قاموسك الشخصي:

المعنى	الفصحى

المعنى	العامية المصرية

قاموسك الشخصي:

المعنى	الفصحى

الوحدة السابعة
وسط فوضى عارمة

Historical Background   خلفية تاريخية

31 يناير، 2011:

تصاعد الاحتجاجات في أنحاء مصر يوم الاحد يدفع الشركات والحكومات الأجنبية لإجلاء مواطنيها من البلاد. قالت وزارة الخارجية الامريكية إنّها تُجري استعدادات لنقل مواطنيها إلى ملاذ آمن في أوروبا.

الأسئلة الرئيسية: ما هي عواقب الانتفاضة الشعبية على الطلاب الأجانب في القاهرة؟ ما هي تصورات الطلاب الأجانب الثقافية والسياسية عن تجربتهم في مصر، وكيف يمكن لهذه التصورات أنْ تؤثِّر على نظرتهم لانتفاضة القاهرة؟

Unit 7 Scenario   سيناريو الوحدة السابعة

وسط فوضى عارمة

تعرّفت على طالب أجنبي، ولكن عندما يندلع العنف، يُنصح هذا الطالب بإجلاء البلاد.

صف أثر هذا الحدث عليك وعلى الطالب. كيف تتعاملان مع الارتباك الذي تلى ذلك، والأحاسيس والمخاوف التي تتعلق بسلامته/ها والاتصالات والقضايا السياسية والإجراءات البيروقراطية، وغيرها من العوامل؟

ما هي نتيجة هذا الإجلاء عيك وعلى الطالب الأجنبي؟

ما رأيك ولماذا؟ برّر إجابتك!

• كيف قد تؤثر هذه الانتفاضة على مستقبل برامج الدراسات الخارجية في مصر؟

• كيف قد تُغيّر الحركة الشعبية في مصر وجهات نظر الطلاب الأجانب تجاه البلد المُضيف؟

• كيف قد تؤثّر هذه التجربة على رؤية الطلاب الأجانب للتفاوت الاقتصادي والظلم الاجتماعي في بلدانهم؟

مفردات مفيدة:

to shock	صدم يصدِم صدمة
concerns	المَخاوِف
host country	البلد المُضيف
warning	تحذير
short term	على المدى القصير
long term	على المدى البعيد
caution	اِحتِياطات
to immerse in	اِنهمك في
to target	اِستهدف يستهدِف اِستهداف
harm	أذى
perceptions	التصوُّرات
ordeal, tribulation	مِحنة
terrifying	مُرعِب
thrilled	غامِرة بِسعادة
disappointment	خيبة أمل
to advise	نصح بـ ينصح بـ نصيحة/نُصْح
evacuation plan	خُطّة الإجلاء
air space	مجال جوي
horrors	أهوال
reluctant	مُترِدِّد
packed	مَمْلوء/ مليء

تمرين 1:

أعطوا عكس الكلمة التي تحتها سطر:

1. شعر الناس بسعادة غامرة عندما أُلغِيَ قانون الطوارئ: ـــــــــــــــــــ.

2. قرّر اللّص عدم نهب البنك: ـــــــــــــــــــ.

3. خلى الشارع من الناس بسبب حظر التجول: ـــــــــــــــــــ.

4. أبدى الرجل عن راحة بالِهِ: ـــــــــــــــــــ.

5. خرج من تلك الأزمة بشجاعة باهرة: ـــــــــــــــــــ.

6 . يتسرّع دائما في مواقفه: ـــــــــــــــــــ.

تمرين 2:

أكملوا الجمل الآتية باستخدام الكلمات التالية:

أهوال	إنهمك في	مُرعِب	نصح
مِحنة	تصورات	البلد المُضيف	على المدى القصير

1. ـــــــــــــــــــــ الدراسة عندما تيقَّن أنّ الامتحان قريب.

2. ما هي ـــــــــــــــــــ كُم عن مستقبل بلدكم؟

3. كانت تجربة ـــــــــــــــــــ حين قرّرت الذهاب إلى المطار.

4. يفضّل الطلاب الأجانب العيش مع طلاب مصريين في ـــــــــــــــــــ.

5. الحمد لله الذي حماني من ـــــــــــــــــــ هذا الزلزال.

6. ـــــــــــــــــــ الجيش الناس بعدم التجوُّل في الليل.

7. نشر مبارك الجيش ظنّا منه أنه سيقضي على المتظاهرين ـــــــــــــــــــ.

8. هذه ـــــــــــــــــــ مؤقتة وكل شيء سيعود كما كان.

تمرين 3:

اختاروا الجواب الصحيح:

1. هي ــــــــــــــــ في قبول هذا العرض.
   أ. منتشرة   ب. واعية   ت. متردّدة

2. المحلات التجارية دائما ــــــــــــــــ بالناس في موسم الأعياد والاحتفالات.
   أ. مُعطّلة   ب. مليئة   ت. مُحتجَزة

3. أخدت كل ــــــــــــــــ لتأمين مخرج لها من هذا المأزق.
   أ. الاحتياطات   ب. الكبح   ت. الكفاح

4. ــــــــــــــــ الجيش المدنيين من الخروج إلى الشوارع.
   أ. حذَّر   ب. ارتبك   ت. أمر

5. سأخرج من هذه ــــــــــــــــ بقوة عزيمة أكبر.
   أ. المحنة   ب. الجريمة   ت. الفرار

6. أمرت الحكومة الناس باتّباع ــــــــــــــــ المرسومة.
   أ. الملاحقة   ب. الفوضى   ت. خُطّة الإجلاء

تمرين 4:

أنظروا الى هذه الصورة وتخيّلوا أنّكم في وسط هذا الجمهور منتظرين ركوب الطائرة المُتّجهة إلى الإمارات العربية المتّحدة وفراراً من القاهرة. قوموا بحوار مع زميليْن مستخدمين مفردات الوحدة السابعة والمفردات السابقة:

نشاط قراءة:

ما قبل القراءة:

أجيبوا عن الأسئلة التالية:

ما رأيك في هذه الصورة؟

ماذا حدث لهؤلاء الناس؟ ما هي المشاعر المختلفة التي يمكن أن نلاحظها من خلال النظر إلى وجوههم؟

ما الذي سيحدث؟

الآن اقرأوا النص التالي ثم أجيبوا عن أسئلة الفهم:

في النص التالي قصة حقيقية لفتاة أمريكية عاشت منذ طفولتها في مصر وغادَرَتْها بعد اندلاع الانتفاضة الشعبية.

كان عيد الشرطة يوم ٢٥ يناير ٢٠١١ وكنت سعيدة لأنّ هذا اليوم كان إجازة من الشغل. زرت صديقتي التي كانت تسكن في ضاحية من القاهرة تسمّى المعادي وتقع في الجانب الجنوبي من القاهرة، على ضفاف نهر النيل. سمعت أنّ الناس كانوا يتجمّعون في ميدان التحرير. كنت كالعادة أنزل دائما من المترو عند ميدان التحرير لأرجع إلى شقّتي في الزمالك. كنت أريد أن أمرّ بالميدان نفسه لأرى كيف سأجد الحالة هناك. لم أتوقّع المشهد الذي رأيته وخلال نصف ساعة شاهدت الشرطة بشاحناتها وهي تضرب الناس بالهراوات وتلقي الغاز المسيل للدموع عليهم. جريت إلى شقّتي عندما ألقت الشرطة الغاز المسيل للدموع وشعرت بصدمة كبيرة.

مرّت الأيام القادمة ببطء كما قطعت الحكومة المصرية خدمة الإنترنت وفرضت حظر التجول. اختفت الشرطة من الشوارع وصارت السجون مفتوحة بلا حماية. نهب المجرمون و«البلطجية» البيوت والشقق وكانوا يجرحون الناس. طارت الطائرات العسكرية قريبا من الأرض والمباني. وكانت أصوات المتظاهرين الشيء الثابت الوحيد وكانوا يردّدون «الشعب يريد إسقاط النظام!». أخيراً هربت من مصر إلى بيت والدتي في دبي وبقيت بين دبي وعَمّان خلال الأشهر الثلاثة التالية في انتظار مكالمة مديرة منظّمتي حيث كنت أعمل في القاهرة لتقول لي إذا كان يمكنني العودة إلى مصر لألتحق بشغلي وأتابع حياتي هناك.

اتصلت بي مديرتي، ولكنها لم ترغب في رجوعي إلى مصر لأنّ الوضع كان غير مستقرّ ولأنّي أجنبية وشابّة وأنثى. كنت أشتغل في ضاحية القاهرة في منطقة اسمها ستّة أكتوبر وبقيت ساعات طويلة في السيّارة على الطريق بين شقّتي وشغلي وسُرقت سيارات كثيرة. فقدت وظيفتي وفقدت الفرصة لأبقى في هذا البلد الجميل الذي كبرت فيه منذ طفولتي وأصبح بلدي. وكنتيجة لذلك فقدت ثقتي في الدنيا وفي نفسي لأنّي كنت متأكّدة من قدرتي على أن أعود وأستأنف عملي والحياة بالرغم من المخاوف الأمنية. رجعت إلى مصر ولكن لآخذ أمتعتي من الشقّة ورجعت مباشرة إلى عَمّان وشعرت بالغربة والحزن العميق.

لم أتصوّر كيف يكون مستقبلي بعد مغادرة مصر. أخيرا انتقلت إلى فرنسا لمدّة أربعة أشهر ثم سافرت إلى الولايات المتحدة، وبعد ذلك عدت إلى عَمّان إلى أن قرّرت الاستقرار في مكان واحد بعد سنة من الانتقال فعُدت إلى الولايات المتحدة وبدأت أبحث عن عمل ووجدت وظيفة بمنظمة تجمع الأموال للمبادرات الصحّية في مصر فبقيت متعلّقة بمصر حتّى وإن لم أرى آثار عملي.

من تأثيرات الثورة على حياتي الشخصية هي التغير في الطريقة التي أتواصل بها مع أصدقائي. أصبحنا محترسين عما نكتب بالإيميل وفي مكالماتنا الهاتفية. كان عمّ صديقتي هدى محبوس في السجن وكان عمره ٨٤ سنة في أيام الثورة بسبب علاقاته بالنظام السابق كوزير للزراعة. فقد صديق ثاني ثلاثة من أصحابه في بعض من المظاهرات العنيفة. ترك كثيرون من المجتمع القبطي مصر خائفين على أمنهم وقالت صديقاتي إنّ التحرّش الجنسي موجود بشكل منتشر.

كنت مرتاحة في مصر قبل الثورة. كانت مشاكل وقضايا كثيرة موجودة ولكننا كنا قادرين على العيش في وسطها مهما كان الوضع الاجتماعي. جعلتني الثورة غير مرتاحة نفسيا ولكن

لم تغيّر عشقي ومشاعري لمصر. أعطتني وجهة نظر جديدة عما يحدّد راحتي وماذا يجب أن يغيّر في البلد.

ما زلت أهوى مصر وأدرك أنّها ستسير في طريق طويل لتحقّق الديمقراطية التي لا تكفل الأمن والاستقرار. كان أهمّ إدراك هو أنّ الوطن يوجد داخل القلب وليس على الأرض، وأنّي من الضروري أن أكون مستعدة للتغيير.

بقلم كريستن واغ

أسئلة الفهم:

1. ماذا فعلت كريستن في يوم عيد الشرطة؟ ولماذا أُصيبَتْ بصدمة كبيرة؟

2. كيف مرّت الأيام التالية وماذا حدث؟

3. أين هربت كريستن؟

4. ماذا كانت تنتظر حين تنقُّلِها بين دبي وعَمّان؟

5. ماذا كان جواب مُديرة كريستن؟ لماذا؟

6. ماذا كان قرار كريستن بعد العودة إلى أمريكا؟

7. ما كان تأثير الثورة على كريستن وأصدقائها؟

8. ما الذي أدركته بعد مغادرة مصر والاستقرار في أمريكا؟

نشاط استماع:

ما قبل الاستماع:

أجيبوا عن الأسئلة التالية:

صف الناس في الكاريكاتور: الملامح، الملابس، والمزاج.

ماذا يفعل الناس في هذه الصورة؟ لماذا؟

الموضوع: هذه الصورة تحكي قصة عن ـــــــــــــــــــــــــ .

الآن، أكتب/ي قصة قصيرة تعتمد على آرائك وأجوبتك:

....

....

....

....

....

....

....

....

....

الآن، استمعوا إلى الكليب وأجيبوا عن الأسئلة التالية. تجدون الفيديو على هذا الرابط الالكتروني:

http://www.youtube.com/watch?v=nUJOgSMW_Wg

1. ماذا قال المسافرون عن الأحداث في مصر؟

المسافر الأول:

المسافر الثاني:

المسافر الثالث:

2. ماذا قامت الحكومات المختلفة بفعله بعد بداية الثورة؟

أ. بريطانيا:

ب. إيطاليا:

ت. النمسا:

ث. أمريكا:

3. ما هي الإجراءات التي اتَّخذتها الأمم المتحدة؟

4. ما تأثير الاحتجاجات على قطاع السِّياحة المصري؟

ما بعد الاستماع:

مواضيع للبحث والمناقشة في مجموعات فردية أو ثنائية. استخدموا مفردات الوحدة السابعة والمفردات القديمة:

1. ابحث موقف أمريكا من الانتفاضة المصرية.

2. ابحث تضامن الشباب في العالم الغربي مع الشباب المصري.

نموذج كتابيّ لأحد الطلاب

Student Writing Sample

قاموس الطالب الشخصي:

Personal Dictionary:

الفصحى		المعنى
تُعبّر عن نفسها		she expresses herself
أَصَرّ على		to persist
ودّع		to say goodbye to
العامية المصرية		**المعنى**
كلُّه تمام		كل شيء بخير
انتي فاضية؟		لديكي وقت؟
الدِّنيا زحمة		هناك ازدحام كثير
هتسِبينا وتِمشي؟		ستتركيننا وتذهبين؟
ساعة ستة الصُّبح		الساعة السادسة صباحاً
عشان كِده		لهذا السبب
مش معقول الناس يوْصلو للدرجة دي!		من غير المعقول أنْ يصِل لتلك الدرجة
حَتِوحشيني		سأشتاق إليكي

الشخصية: ليلى القبطية

رنّ هاتفي المحمول:

ـ ألو؟

ـ صباح الخير يا ليلى! «سارة» معاكي!

ـ صباح النور يا سارة! الحمد الله، كله تمام! ما لِك؟

ـ حسافر بُكره! انتي فاضية اللِّيلة؟ قالت لي.

ـ انت هتِسبينا وتِمشي؟ لِيه؟

ـ بسبب الثورة! السفارة الامريكية عيْزانا كلِّنا نِرجع على أمريكا قبل ما الحالة في الميدان تسوء. حَسافر بكره ساعة ستة الصُّبح. عايزة اشوفِك قَبْلِ ما امشي؟

ـ طبعاً! أشوفك بالليل.

سارة هي صديقتي الأمريكية. تعرّفنا على بعضنا البعض في الجامعة الأمريكية. هي تدرس التاريخ واللغة العربية، وكانت تقوم ببحث عن تاريخ مصر في القرن التاسع عشر. هي ذكية جداً، وسكنت في مصر منذ مايو الماضي. هي تمزج بين الفصحى والعامية عندما تعبّر عن نفسها.

حوالي السابعة ليلا، قابلت سارة وصاحبها مختار، وأصدقائي الآخرين من الجامعة. كان الجو حزينا قليلا. أوضحَت سارة أنّ جامعتها طلبت منها أن تعود إلى أمريكا. قالت لنا:

- معظم الأمريكيين رجعوا على أمريكا خلال الأسبوع الأول من الثورة. كنت عايزة أبقى هِنا، بس جامعتي في أمريكا أصَرِّت إنّه لازم أرجَع. عشان كِده، لازم أسافر بُكره. لو كان ممكن إنّي أبقى بدون ما أضيَّع مِنحتي الدراسية، كنت حابقى هِنا حتّى نهاية الثورة.

- انت خايْفة؟

- لأ، لأ، مِش مسألة خُوف... أنا مترددة... وفاهمة ليه جامعتي وعيلتي عايزِنّي أرجَع. همَّ مِش فاهمين الوضع... أحيانا، فيه ناس بيتّهموني بإنّي أتجسس عليهو ويتحرَّشو بيَّ... مِش معقول الناس يُوصلو للدرجة دي! أنا بَحِب مَصر! وإن شاء الله، راجْعة لِمَصر الفصل اللّي جاي.

- إن شاء الله حتِرجَعي لينا الشهر اللّي جاي!

- حتِوحشيني! قالت لي.

هي ما بكت، ولكن كانت هي أول من يُضحِك الآخرين.

بعد بعض الوقت، افترقنا كلّنا، وذهبت مع سارة ومختار إلى المطار. ودَّعناها، وبعد ذلك، عدت إلى بيتي.

أسئلة الفهم:

1. من هي سارة؟ كيف تتكلم العربية؟

2. لماذا طلبت سارة من ليلى أن تقابلها؟

3. لماذا طلبت السفارة الأمريكية من طلابها الأمريكيين أن يستعدّوا للإجلاء؟

4. ماذا لو رفضت سارة أن تعود إلى أمريكا؟ ماذا ستكون النتيجة؟

5. ماذا كنت ستفعل/ين لو كنت في مكان سارة؟

ACT IT OUT!   التمثيل المسرحي:

اختر سيناريو من السيناريوهات المقترحة أدناه ومثِّل دورا من الأدوار مع زميل أو زميلين. على المجموعة أن تقوم بأداء التمثيلية للصف.

1. سارة تختفي ولا تعرف ليلى مصيرها.

2. والد سارة يجيء إلى القاهرة ليأخذ ابنته إلى المطار ولكن ساره ترفض أنْ تتبعه. ليلى وأسرتها معهما.

3. سارة تقرّر الذهاب إلى السودان عن طريق البرّ، ويريد مختار أن يصحبها. ليلى تحاول أنْ تُقنع سارة بخطورة هذا السفر.

Student Writing Sample	**نموذج كتابيّ لأحد الطلاب**

Personal Dictionary: **قاموس الطالب الشخصي:**

المعنى	الفصحى
secure	آمِن
integrated	مُندمِج
he witnessed the reality	شهِد الواقع

الشخصية: نادية، صحفية

كان في الثورة المصرية أشياء جيّدة، وأخرى سيّئة. واحدة من أكثر المواقف مُخيّبةً للآمال كانت عندما تمَّ إجلاء كل الطلاب الأجانب في القاهرة. اعتقدت الحكومات الأخرى أنّ مصر لم تعُد آمِنة لهؤلاء الطلاب.

صُدمت من خطة الإجلاء هذه. في الاستوديو حيث أعمل، كان يوجد طالب أمريكي يتبع برنامجا تدريبيا عندنا. كان يدرس الصحافة، ويريد أن يعمل في مجال الصحافة في الشرق الأوسط في المستقبل.

ثلاثة أيام بعد بداية الثورة المصرية، أعلنت الحكومة الأمريكية عن حاجة كل الطلاب الأمريكيين في مصر إلى ترك دراستهم والعودة إلى أمريكا. عندما سمعنا هذه الأخبار في الاستوديو، كنا حزناء جدا. أحببنا الطلاب الذين عملوا في الاستوديو، ولم نُرِد أن نراهم يخرجون من مصر بهذه الطريقة ولكن فهمنا أسباب هذا الإجلاء. الحكومة الأمريكية كان عندها مخاوف حقيقية. في هذا الوقت، كانت أمريكا أكثر أمانا من مصر. كان هناك عنف ومظاهرات في الشوارع في القاهرة. شعرت الحكومة المصرية أيضا بالقلق لأن كل الطلاب كانوا مُندمِجين في الحياة والثقافة المصرية، وربما هم سينسون كل الأشياء الإيجابية التي تعلّموها على المدى البعيد.

بعد أن ودّعنا هذا المتدرّب، بدأت أفكر فيما رأيت في هذا الشاب: قبل رحيله، وبسبب وقته الذي قضاه في مصر، أصبح هذا الطالب أكثر تفهُّما للوضع المصري وتعاطُفاً مع الشعب المصري. قبل أنْ يجيء إلى مصر، ما كان يعرف أيّ شيء عن الحياة المصرية وعن نضالاتنا، ولكن بعد أن عاش معنا، شهد الواقع. أظنّ أنّ على كل الطلاب أنْ يدرسوا في الخارج؛ في مصر وفي كل بلدان العالم العربي. أحيانا، العالم الغربي لا يفهم ما يحدث هنا. يحتاجون لتجربة واقعنا بأنفسهم.

أسئلة الفهم:

1. ما هو الموقف المُخيِّب الذي تتكلم عنه نادية؟

2. من كان يتدرّب في الاستوديو؟

3. لماذا قرّرت الحكومة الأمريكية إجلاء مواطنيها؟ ما ردّ فعل الصحفيين؟

4. ما نظرة نادية لذلك الشاب المتدرّب؟

5. ما كنت ستفعله إذا كنت في مكان الشاب؟

التمثيل المسرحي:

ACT IT OUT!

اختر سيناريو من السيناريوهات المقترحة أدناه ومثِّل دورا من الأدوار مع زميل أو زميلين. على المجموعة أن تقوم بأداء التمثيلية للصف.

1. يُختطف الشاب من القناة 05.

2. نادية مع الشاب في طريقه إلى المطار.

3. يرفض الشاب مُغادرة مصر.

Student Writing Sample — **نموذج كتابيّ لأحد الطلاب**

Personal Dictionary: — **قاموس الطالب الشخصي:**

المعنى	الفصحى
experience	تجربة
to leave	مُغادَرة
في مكان	عِوَضَ
contradictions	التناقُضات
backward, underdeveloped, retarded	مُتخلِّفة

الشخصية: عاصم، طالب جامعي

في جامعة القاهرة، هناك الكثير من الطلاب الأجانب الذين يأتون من انجلترا، وإسبانيا، وفرنسا، وخُصوصا أمريكا. يأتون إلى مصر لدراسة اللغة العربية ولدراسة ثقافتنا وتاريخنا، والآن، هناك فوضى عارِمة في مصر، وخصوصا في العاصمة القاهرة حيث يدرس معظم الطلاب ولذلك قد نُصحوا بالمغادرة. أشعر بالحزن لأنّ أغلبية الطلاب لن يعودوا إلى مصر مرة أخرى. إذن هذه التجربة على المدى القصير ستصبح تصوُّراتهم عن مصر على المدى البعيد، وبالتأكيد ستتكَّوَن أفكارهم عن هذا البلد بعد الاحتجاجات والاشتباكات. إنّ العنف الذي حدث بسبب الثورة الحالية ليس جيّدا، وعندما يعودون إلى بلدانهم ويتذكَّرون تجربتهم في مصر، فسوف تنتشر الأفكار السيئة عنها، وعِوَضَ تعلُّم الثقافة المصرية واللغة العربية، فقد تعلَّموا عن الصعوبات والتناقضات في السياسة المصرية، وهذه العملية ستُدهوِر العلاقات بين مصر ودول أخرى بسبب الأحكام الكاذِبة هذه. بعد مشاهدة الوضع في مصر، يمكنهم أنْ يفكِّروا أنّ المصريين عنيفون وأنهم لا يريدون العدالة الاجتماعية، بينما على العكس من هذا التصور، يقاتل المصريون من أجل الحرية والحقوق المدنية. سيتِمّ إجلاء الأجانب قبل أن يتِمّ إيجاد حلّ لهذه الاحتجاجات. لن يرى الأجانب السّلام في مصر ولن يروا أن المصريين قادرون على تغيير وتحسين الوضع في بلدهم. لن يشهدوا النجاح في مصر، وسوف يعتبرون مصر دولة مُتخلِّفة ورجعية وبدائية إلى الأبد.

أمس، قابلت صديقي الأجنبي "جاك"، وتكلَّمنا عن الوضع وعن مشاعره. تكلَّم عن خيبة أمله في الوقت الذي قضاه في مصر، وعن أمله أن يعود إليها قريبا، ولكن بعد تجربته هذه، فإن جامعته في أمريكا قد لا تسمح لطلابها بالسفر إلى مصر مرة ثانية للدّراسة. هو يتفهَّم مخاوف الطلاب الأجانب في القاهرة لأنّ الوضع خطير، ولكنّهم ليسوا مستهدفين. عملية الإجلاء هذه تجعلهم يعتقدون أنّهم في خطر ولذلك فهم مرعوبون.

بالإضافة إلى ذلك، فهو قال إنّ التجربة هذه غيّرت آراءه عن بلده. قبل السفر إلى مصر، فكَّر أنّ الوضع الاقتصادي في أمريكا كان سيئا جدا، ولكن بعد مشاهدة الظلم الاقتصادي والاجتماعي في مصر فقد أدرك أنّ الظروف في وطنه ليست أسوء.

أسئلة الفهم:

1. لماذا يذهب الطلاب الأجانب إلى القاهرة؟
2. لماذا نُصِح هؤلاء الطلاب بِترك القاهرة؟
3. لماذا يشعر عاصم بالحزن؟
4. ماذا تعلّم الطلاب الأجانب عن الثقافة المصرية في حين تواجدهم وسط الفوضى؟
5. ما هي انعكاسات الثورة على صورة مصر في الخارج؟
6. ما هي ردّة فعل صديق عاصم الأجنبي على الوضع؟
7. كيف غيّرت الأحداث في مصر نظرته إلى حالة بلاد الطالب الأجنبي الاقتصادية؟

ACT IT OUT! **التمثيل المسرحي:**

اختر سيناريو من السيناريوهات المقترحة أدناه ومثِّل دورا من الأدوار مع زميل أو زميلين. على المجموعة أن تقوم بأداء التمثيلية للصف.

1. جاك جاسوس في القاهرة.

2. عاصم وجاك في التاكسي حين يوقفهما بلطجية.

3. يُضيع جاك جواز سفره.

Creative Writing Resources and Activities:
القواعد

الماضي والمضارع و المستقبل

<table>
<tr>
<td>

الماضي
نصحني صديقي بالحذر
My friend advised me to be cautious

</td>
<td>

</td>
<td>

نفي الماضي
لم ينصحْ....
ما نصحَ....

</td>
</tr>
</table>

الفعل المضارع

- Indicative المرفوع
أتردّدُ في الخروج وحدي إلى الشارع بعد انطلاق الثورة

- Subjunctive المنصوب

بعد:

| in order to كي | in order to لِـ | will not لن |
| in order not to كيْلا | in order to حتّى | to أنْ |

مثال: يجب أنْ يدركَ النظام أنّه لا حكم بلا عدل

- Jussive المجزوم

بعد:

• الجملة الشرطية بعد أدوات الشرط إنْ، ما، مَن، مهما	• لم النافية للماضي
مثال: ما تزرعْ تحصدْ	مثال: لم ترتبكْ حين رأت الجنود في الشارع
• لام الأمر the laam of command لمّا not yet مثال: لنغيّرْ حياتنا مثال: لمّا يصلْ صديقي	• لا الناهية مثال: لا تدمرْ المحلات التجارية

المستقبل

البعيد: سوف + المضارع المرفوع سوف أتحدى كل الصعوبات	القريب: س + المضارع المرفوع سأذهب إلى المطار بعد الظهر

أدوات الربط

either...or	إمّا + الاسم .... وإمّا/أو + الاسم
for fear to	مخافةَ أنْ + المضارع المنصوب
for fear that ... might not	مخافةَ ألاّ
it is necessary that	لا بُدَّ أنَّ

تمرين 1:

أكملوا القصة التالية:

1. تلقيتُ مكالمة تلفونية من السفارة تأمرني إمّا أن.................... أو ....

2. لا بُدَّ أنَّ ....

3. ولكن مخافة أنْ ....

4. ولكن في الأخير، برغم ....، قرّرت ....

تمرين 2:

ترجموا من الإنجليزية إلى العربية:

That day, I woke up to a strange noise coming from the street. Looters were everywhere, and people were guarding their neighborhoods and belongings. At that moment, the phone rang. It was the security office of the American University in Cairo. They asked me to prepare myself because they were going to send a car to pick me up at my apartment. I was confused and didn't know what to do. I don't want to leave this country because I have lived here since my childhood.

Chaos was everywhere, and tanks occupied the streets. A car arrived, and we headed to the airport. Would I be able to return one day?

كلمات/عبارات أكثر من العامية المصرية   Colloquial Resources

إضافة إلى كلمات العامية التي تعلمتموها من النماذج الكتابية، ستجدون هنا كلمات وعبارات أكثر بالعامية المصرية يمكنكم أن تستخدموها في كتابة قصصكم.

كلمات مفيدة من العامية المصرية

حَتِوحشيني = سأشتاق إليكي

الدِّنيا زحمة = هناك ازدحام كثير

هتِسِبينا وتِمشي؟ = ستتركيننا وتذهبين؟

الطريق مقفول = الطريق مغلق

قعدنا نِلِّف جُوَّه الْمطار = بقينا نتجول داخل المطار

إزاز العربية اتْكسر = زجاج السيارة كسر

كنت خايفة أوي وما سَدَّقتِش عيني من اللّي شُفتو = كنت خائفة ولم أصدق ما شاهدته

هاتصِل بيك أول ما اوْصل السّفارة = سأتصِّل بك فورَ ما أصِل إلى السفارة

Write your own story!!

اكتب قصتك الآن!!

قاموسك الشخصي:

المعنى	الفصحى

المعنى	العامية المصرية

قاموسك الشخصي:

مطالبنا
١ إسقاط الرئيس
٢ حل مجلسي الشعب والشورى الدوريين
٣ إنهاء حالة الطوارئ فورا
٤ تشكيل حكومة وحدة وطنية انتقالية
٥ برلمان منتخب يقوم بعمل التعديلات الدستورية لإجراء انتخابات رئاسية
٦ محاكمات فورية للمسؤولين عن قتل شهداء الثورة
٧ محاكمات عاجلة للفاسدين وسارقي ثروات الوطن
مصر المعتصمين
Go Out
Mubarak
&
Soliman

الأربعاء 2 فبراير/شباط:

في ميدان التحرير اندلعت صِدامات عنيفة بعد أن اقتحم الميدان من يُزعم أنهم من مُؤيدي مبارك وبلطجية مسلحين بالعصي والمطاوي وبعض راكبي الجمال والخيول في محاولة لتفريق المتظاهرين. واستمرت المواجهات حتى وقت متأخر من الليل وتعرّض المتظاهرون المناوئون للحكومة لإطلاق الذخيرة الحية عليهم. وتقول الأرقام الرسمية إن هذه المواجهات أسفرت عن مقتل ثمانية أشخاص إلا إن الناشطين يعتقدون أن العدد تجاوز العشرين. وتمكن المتظاهرون من الاحتفاظ بسيطرتهم على ميدان التحرير. وتعرض بعض الصحفيين والأجانب للاعتداء والاعتقال. وشهدت بعض المدن الأخرى مظاهرات مؤيدة لمبارك تطورت في بعض الأحيان إلى صدامات مع المتظاهرين المعارضين للحكومة.

الأسئلة الرئيسية: ما هي الوسائل والاستراتيجيات التي تستخدمها الحكومة المصرية لمواجهة أصوات التغيير؟ هل الأساليب العنيفة ضد المواطنين ناجعة في رَدْع عزيمة الناس أم مُعزِّزة لإرادتهم؟

سيناريو الوحدة الثامنة Unit 8 Scenario

موقعة الجمل: قهر الخوف

أ. أنت تُطِّل من النافذة، عندما ترى مجموعة من البلطجية على ظهور الجمال والخيول يهجمون على المتظاهرين المتجمِّعين في الميدان. صف المشهد. هل أنت توثق/ين الاعتداءات؟ ماذا يحدث في الساعات القليلة القادمة؟

أو

ب. أنت في ميدان التحرير مع أصدقاء لك عندما ترى مجموعة من البلطجية يقتربون منكم. ماذا تفعل؟ ما ردّ فعلك؟ ماذا يحدث في الميدان وكيف تنتهي المواجهة؟

ما رأيك ولماذا؟ برّر إجابتك!

• كيف تعتقد أنّ استخدام موالي مبارك للعنف ضد المتظاهرين سوف يؤثِّر على اتّجاه الانتفاضة؟

• على ماذا يدلّ استخدام وسائل التخويف والقمع من قِبل النظام؟ كيف نعبّر هذه الوسائل عن نظرة مبارك لهذه الانتفاضة؟

• في رأيك، كيف سيكون ردّ فعل العالم من استخدام القوة ضد الاحتجاجات السِّلمية (عموما)؟

مفردات مفيدة:

loyal (to Mubarak)	المُوالي ج. المُوالون (لمبارك)
battle	معركة
to infiltrate	تسلّلَ يتسلّل تسلّل
checkpoint	نُقطة تفتيش ج. نقاط تفتيش
resistance	المُقاومة
to attack	هاجم يهاجم مُهاجَمة/هُجوم
to kill	القَتل
camel	الجَمل ج. الجِمال
horse	الجِصان ج. الأحصِنة
a stick	العصا ج. العِصيّ
knife	السِّكين ج. السّكاكين
stone	الحَجَر ج. الحِجارة
incident	حادث ج. الحوادث
prisoner	السَّجين ج. السُّجناء
to escalate	تصعيد
neutral	مُحايِد
to encourage	شجّع يشجّع تشجيع
thugs	البلطجية
criminal	المُجرِم ج. المُجرِمون
bloody	دَمَويّ
to deteriorate	تَدَهْوَر يَتَدَهْوَر تَدَهْوُر
heavy fire	إطلاق نار كثيف
to intimidate	تَرْويع يُرَوّع رَوَّعَ
to provoke	إستفزَّ يَستفزِّ إستِفزاز
to violate	إنتهك ينتهك إنتِهاك
to regroup	تجمّع يتجمّع تجمّع

تمرين 1:

اقرأوا النص التالي ثم أجيبوا عن الأسئلة.

ما هو أصل كلمة «البلطجية»؟

"البلطجة" هي كلمة غير عربية تُستخدم في العامية وتعني فرض الأمر الواقع على الناس بالعنف والقوة والإرهاب والتخويف. ويعود أصل هذه الكلمة إلى اللغة التركية وتتكون من جزأين: "بلطة" و"جي" فـ"البلطة" هي أداة للقطع والذبح و"جي" هو الشخص الذي يحمل البلطة. والبلطجية مجموعات عنيفة وغير أخلاقية تُستغَّل أحيانا من قبل الحكومات والأنظمة الدكتاتورية لتخويف المعارضة والناس عامة فقد ظهرت هذه المجموعات أثناء الإنتفاضة الشعبية ضد الرئيس مبارك وسُمِّيَت بأسماء أخرى في مناطق مختلفة تتواجد فيها مثل اسم «الشبيحة» في سورية.

أجيبوا عن الأسئلة التالية:

1. ما أصل كلمة "البلطجة"؟
2. بماذا ترتبط كلمة "البلطجية"؟

تمرين 2:

طابقوا الأرقام مع الأحرف التي تعطي المعنى المعاكس للكلمة:

1. الموالي	أ. حرّ
2. السّجين	ب. مشترك
3. تدهور	ت. المُعادي
4. تجمّع	ث. تطور
5. محايد	ج. تفرّق

تمرين 3:

أكملوا الجمل الآتية باستخدام الكلمات التالية:

تسلّل	استفزّ	تشجيع	إنتهك
حادث	المجرم	الهجوم	المقاومة

1. أُلقِيَ القبض على ـــــــــــــ المجرم الخطير.
2. ـــــــــــــ البلطجية المتظاهرين.
3. رأيت ـــــــــــــ مرور قرب بيتنا.
4. من المُهمّ ـــــــــــــ الوالدين لأبنائهم.

5. _______________ الضابط بلباس مدني في صفوف الشعب.

6. ثار الناس عندما _______________ رجال الأمن حرمتهم.

7. قام اللصوص بـ _______________ على الممتلكات الخاصة.

8. بدأت _______________ تنتشر بعد الغزو الأمريكي للعراق.

تمرين 4:

اختاروا الإجابة المناسبة:

1. تعيش عشرات الآلاف من _______________ في الصحراء.

أ. الأحصنة ب. الثيران ت. الجمال

2. خلال حظر التجول يمُرّ المحتجون بـ _______________ عديدة.

أ. خوف ب. حذر ت. نقاط تفتيش

3. تدور _______________ شرسة بين موالي القذافي والثوار الليبيون.

أ. معارضة ب. معركة ت. خسائر

4. هاجم البلطجية الثوار المصريين بـ _______________ و _______________.

أ. العصي ب. الرصاص المطاطي ت. السكاكين

5. تُستخدم _______________ في لعبة الفُروسِية.

أ. توتر ب. الرصاص ت. الأحصنة

6. يُحاكَم رجال الأمن بتهمة _______________ الأبرياء المدنيين.

أ. الأمن القومي ب. قتل ت. الحفاظ على النظام

تمرين 5:

ترجموا هذا النص إلى الإنجليزية.

اليوم التاسع – الأربعاء 2 فبراير/شباط

في 1 فبراير/شباط جذبت المظاهرة المليونية ما لا يقل عن مليوني شخص في القاهرة وحدها طبقاً لعديد من الروايات.

وفي اليوم التالي جاء رد الحكومة، التي عبأت في القاهرة ومدن أخرى منها المحلة الكبرى متظاهرين مؤيدين لمبارك، ومنهم بلطجية مأجورون، لمهاجمة المتظاهرين المعارضين، فوصلوا إلى ميدان التحرير مسلحين بالعصي وغيرها من الأسلحة وهم يمتطون الخيول والجمال، وبعد مواجهات دموية وحرب شوارع طويلة انتصر المتظاهرون. إلا أنَّ هذه الفترة كانت مخيفة وكثرت فيها الاعتقالات، فمن المعتقد أن أكثر من 20 شخصا لقوا مصرعهم أو أُصيبوا بجراح خلال هذه الفترة كما اختفى مئات آخرون، وزُعم أن كثيرين تعرضوا للتعذيب في المعتقلات ومنهم من تعرضوا للتعذيب على أيدي الشرطة العسكرية.

تمرين 6:

اكتبوا فقرة قصيرة باستخدام الكلمات الآتية:

تصعيد دموي	إطلاق نار كثيف	روّع	الحجارة
فرّ	حمل	تجمّع	تسلّلَ

....

....

....

....

....

....

....

....

....

....

....

نشاط قراءة:

ما قبل القراءة:

شعار من الثورة

مواجهة ثورة النت بالخيل والبغال والحمير تَخَلُّف عقلي
يا رمز التخلف

ما رأيك في هذا الشعار؟

الآن اقرأوا النص التالي ثم أجيبوا عن أسئلة الفهم:

*"موقعة الجمل" (٢-٣ فبراير ٢٠١١) تشير إلى الهجوم على متظاهري التحرير من قبل أشخاص مُستخدَمين من قبل النظام السابق بلباس مدني، والذي أدى إلى مصرع ١٤ متظاهراً. استخدم المهاجمون جمالاً وأحصنة في محاولة لدهس المتظاهرين، بالإضافة إلى كوكتيل المولوتوف وأحياناً بعض الأسلحة النارية. المُتهَّمون الـ٢٤ كلهم من أقطاب النظام السابق. تلعب «موقعة الجمل» في مصر بعد ثورة ٢٥ يناير دوراً محورياً في الخيال السياسي الجمعي وخاصة في تمثيل أي فعل جماهيري وتحديد علاقتنا به. فهي في الواقع أول ظهور إعلامي في التحرير لِما يسمى البلطجية كفاعل سياسي سيدخل بعد الثورة أكثر من مرّة على الساحة العامة (رمزياً وبالمعنى الحرفي) دائماً من أجل تخويف أو اسكات بعض النشطاء نهائياً، تمييع المشهد السياسي للمراقب الوطني والدولي، وبشكل عام كأسلوب من أساليب الاستبداد في ترهيب وقمع حراك ثوري جماهيري. ومنذ موقعة الجمل أصبح «البلطجي» المقابل السياسي والأخلاقي لثوار التحرير. الخطاب السياسي السائد الذي يدور حول حراك الجماهير يفترض التمييز بين «البلطجي» و «الثائر» كبنية أساسية تحدد موقفنا الأخلاقي والسياسي من أي حراك شعبي. لم يكن استخدام بلطجية كأدوات للقمع في «موقعة الجمل» أسلوباً جديداً على النظام البائد. وكذلك فإن وصف المتظاهرين بأنهم بلطجية كان دائما موجود في خطاب الاستبداد. ولكن موقعة الجمل أعطت البلطجية في المخيلة السياسية للمصريين نقطة علام تاريخية. في «موقعة الجمل» تحول البلطجي من فئة موجودة فقط كأسطورة من أساطير الاستبداد إلى أشخاص حقيقيين يمكن ملاحظة أفعالهم ونتائجها على التلفزيون بنقل حي ومباشر.

*Hani Sayed is an Assistant Professor at the Department of Law at the American University in Cairo (AUC).

http://www.jadaliyya.com/pages/index/7975/-
%D9%85%D8%AD%D9%83%D9%85%D8%A9-%D8%AC%D9%86%
D8%A7%D9%8A%D8%A7%D8%AA-%D8%A7%D9%84%D9%82%D
8%A7%D9%87%D8%B1%D8%A9-%D9%88%D9%82%D8%B6%D9%-
8A%D8%A9-%D9%85%D9%88%D9%82%D8%B9%D8%A9-
%D8%A7%D9%84%D8%AC%D9%85%D9%84

أسئلة الفهم:

أ. وفقاً لما ذُكِر في النص، ضعوا علامة صواب √ أمام الجمل الصحيحة وعلامة خطأ X أمام الجمل الخاطئة:

صواب √ / خطأ X	الجمل
	1. موقعة الجمل تُشير إلى الهجوم على الشرطة.
	2. أتى البلطجية على ظهور الجمال والأحصنة.
	3. البلطجي هو المساند السّياسي والأخلاقي لِثوار التحرير.
	4. استخدم النظام البلطجية مرات عديدة.
	5. البلطجية هي فئة موجودة فقط كأسطورة من أساطير الاستبداد

ب.

1. ما معنى "موقعة الجمل" في تاريخ الانتفاضة المصرية؟

2. ماذا يقصد الكاتب بهذه العبارة: " ومنذ موقعة الجمل أصبح «البلطجي» المُقابل السياسي والأخلاقي لثوار التحرير."؟

3. هل كان استخدام بلطجية كأدوات للقمع أسلوباً جديداً على النظام؟ لم أو لم لا؟

الآن اقرأوا النص التالي ثم أجيبوا عن أسئلة الفهم:

*أول القصيد: وعود الرئيس وأحداث الأربعاء 2 فبراير

نحن محتجون منذ 25 يناير الماضي، ومعتصمون في ميدان التحرير، ندين بشدة الاعتداء الغاشم الذي نفذته مرتزقة الحزب الوطني علينا في مقر اعتصامنا يوم الأربعاء 2 فبراير تحت غطاء المظاهرة المؤيدة للرئيس لمبارك ويستمر العدوان يوم الخميس 3 فبراير. ونأسف لدخول البعض من شباب مصر مع البلطجية والمجرمين ممن اعتاد الوطني تأجيرهم في الانتخابات، وساقوهم علينا بعد أن أشاعوا أكاذيب عديدة يروجها النظام وإعلامه بخصوصنا وبخصوص اهدافنا المنادية بتغيير للنظام السياسي يكفل لنا ولجموع المواطنين الحرية وكرامة العيش والعدالة الاجتماعية، والتي هي ايضا من اهداف هذا الشباب، ولذلك نريد توضيح الاتي:

أولا، نحن مجموعة من شباب مصر مسلمين ومسيحيين، أغلبيتنا الكاسحة لا تنتمي لأحزاب سياسية ولا لها نشاط سياسي من قبل. حركتنا ضمت شيوخا وأطفالا، فلاحين وعمال ومهنيين، طلبة وموظفين على المعاش. حركتنا لا يمكن تصنيفها على أنها مدفوعة أو محركة من قلة بحكم الملايين الذين استجابوا لشعاراتها بإسقاط النظام، وانضموا اليها يوم الثلاثاء الماضي في القاهرة والمحافظات، في حدث لم يشهد حالة عنف واحدة أو اعتداء على الممتلكات أو تحرش من أحد بأحد.

ثانيا، حركتنا متهمة بأنها ممولة من الخارج، وتمدها الولايات المتحدة، وأنها قامت بتحريض من حماس، وبأنها تحت قيادة وبتنظيم رئيس الجمعية الوطنية للتغيير محمد البرادعي، وأخيرا وليس آخرا، بأنها موجهة من قبل الاخوان المسلمين. وتعدد الاتهامات بهذا الشكل في حد ذاته

يثبت زيفها. المحتجون كلهم مصريون أهدافهم أهدافا وطنية واضحة ومحددة. المحتجون ليس لديهم لا سلاح ولا معدات أجنبية كما يدعي المحرضين. واستجابة الناس الواسعة لها تكشف أنها هي ذاتها أهداف جموع المصريين عموما، وليس أي فصيل أو كيان داخلي وخارجي.

ثالثا، يلقي النظام وإعلامه المأجور زورا وبهتانا بالمسئولية عن التوتر وعدم الاستقرار الذي شهدته شوارع مصر في الأيام الماضية، وبالتالي عما يسببه ذلك من أضرار لمصالحنا ومصالح أمتنا ولأمننا جميعا، على الشباب المتظاهر. فليس المتظاهرون سلميا هم الذين أخرجوا المجرمين من السجون ليخلقوا حالة السلب والنهب في شوارع المحروسة. ليس المتظاهرون هم الذين فرضوا حظر تجول يبدأ من الثالثة وأوقفوا العمل في البنوك والمخابز ومحطات الوقود. وحين نظم المتظاهرون مظاهرتهم المليونيرة خرجت في أحلى حلة وأفضل تنظيم، وانتهت سلميا. المتظاهرون ليسوا هم من قتلوا 300 شخص بعضهم بالرصاص الحي، وجرحوا أكثر من ألفي شخص في الأيام الماضية.

رابعا، خرج الرئيس مبارك علينا مساء الثلاثاء ليعلن عدم ترشحه في الانتخابات الرئاسية المقبلة وتعديله لمادتين في الدستور، وخوض حوار مع المعارضة. وقد هاجمنا الاعلام الرسمي عندما رفضنا «تنازلاته» وقررنا المضي في حركتنا. إن مطلب التنحي الفوري لمبارك ليس مسألة شخصية. لكننا نستند في ذلك على أسباب واضحة من بينها:

الوعد بعدم الترشح ليس جديدا. فقد وعد مبارك عندما جاء رئيسا في 1981 بعدم الترشح لأكثر من فترتين، ليستمر بعدها لأكثر من 30 عاما. كما أن الخطاب لم يضع أي ضمانات لعدم ترشح ابنه جمال، الذي يظل حتى هذه اللحظة عضوا في الحزب الحاكم، ويستطيع ترشيح نفسه في انتخابات لن تتم تحت اشراف قضائي، إذ تجاهل الخطاب الاشارة الى تعديل المادة 88 في الدستور. كما اعتبر الخطاب حركتنا مؤامرة من قوى تعمل ضد مصالح الوطن، وكأن الاستجابة لمطالب الجماهير عار وعيب. وأما فيما يتعلق بالحوار مع المعارضة فكم من حوارات ادعى النظام انه سيقوم بها خلال السنوات الماضية وانتهت بمضي دولة مبارك في طريق المصالح الضيقة لمن يسيطرون عليها.

وجاءت أحداث الأربعاء لتثبت صحة موقفنا. فبينما كان خطاب الرئيس يوعد، كانت قيادات نظامه ترتب مع البلطجية مؤامرة الاعتداء الوحشي في التحرير بالسنج والمطاوي وقنابل المولوتوف، يصاحبهم أعضاء الحزب الوطني بإطلاق الأعيرة النارية بالبنادق الآلية على المتظاهرين العزل المحاصرين في الميدان، الذي أدى إلى مقتل سبعة على الأقل وإصابة المئات، منهم بإصابات بالغة، وذلك لإنهاء حركتنا الشعبية الوطنية والتمهيد لبقاء الحال على ما هو عليه.

حركتنا مصرية – حركتنا مشروعة -حركتنا مستمرة

*شباب معتصم بالتحرير February 3, 2011

أسئلة الفهم:

1. ماذا يقصد الكاتب بهذه العبارة: « أشاعوا أكاذيب عديدة يُروّجها النظام وإعلامه بخُصوصنا وبخُصوص اهدافنا المُنادِية بتغيير للنظام السياسي...»؟

2. من يكون هؤلاء الشباب المعتصمون؟

3. لماذا تعدَّدَت الاتّهامات ضد هؤلاء الشباب؟

4. ما هي أدلّة المتظاهرين على أنّ النظام هو المسؤول عن التوتّر وعدم الاستقرار؟

5. ما هي أسباب رفض الشباب تنازُلات مبارك؟

نشاط استماع:

ما قبل الاستماع:

شعار من الثورة بالصورة

ما هي الرسالة التي يحاول رسام الصورة نقلها؟

يا مْبارك صحّ النُّوم

النَّهارْدة آخِر يُوم

مصر بتغْتي

الكليب الأول:

الآن، استمعوا إلى الكليب وأجيبوا عن الأسئلة التالية. تجدون الفيديو على هذا الرابط الالكتروني:

http://www.youtube.com/watch?v=QEDhil9rDLI

1. لماذا يُعتبَر اليوم التاسع يوما مختلفا عن باقي أيام الثورة؟

2. لماذا تحدث مبارك عن الخيار بين الفوضى والاستقرار؟ ما هي أساليب السلطة في إحداث الفوضى؟

3. ما هي نتيجة المُواجهات بين مؤيّدي ومعارضي مبارك؟

4. من هم المُحتجَزون الذين قُبِضَ عليهم المحتجّون المعارضون لمبارك؟

5. ما موقف الجيش تجاه هذا الاشتباك بين المجموعتيْن؟

ما بعد الاستماع:

في مجموعات ثنائية، قوموا ببثّ برنامج (Radio Show) مُصطنع في الصف أو حقيقي في محطة إذاعة جامعتكم حول أحداث اليوم التاسع ومستقبل نظام مبارك. استخدموا مفردات الوحدة الثامنة والمفردات القديمة. ستجدون التعليمات في آخر الكتاب وعلى الرابط الإلكتروني للكتاب.

الكليب الثاني:

في الكليب التالي، سنستمع إلى خيارات الرئيس مبارك أمام الوضع المتردي في مصر. في رأيك، ما هي القرارات التي يمكن أنْ يتخذها مبارك في الأيام القادمة؟

الآن، استمعوا إلى الكليب وأجيبوا عن الأسئلة التالية. تجدون الفيديو على الرابط الالكتروني للكتاب:

http://www.youtube.com/watch?v=Cs5yx5tXO-M

1. ما هو التنازل الأول الذي قدمه مبارك؟

2. ماذا قال الدكتور بدراوي عن الإصلاحات؟

3. ما هو الخيار الآخر الذي لدى مبارك؟

4. ما هي خطوة مبارك القادمة، في رأيك؟

ما بعد الاستماع:

في مجموعات ثنائية، قوموا ببث برنامج راديو حول أحداث اليوم التاسع ومستقبل نظام مبارك. استخدموا مفردات الوحدة الثامنة والمفردات القديمة. ستجدون التعليمات في آخر صفحات الكتاب وعلى الرابط الإلكتروني للكتاب.

<table>
<tr><td>

Student Writing Sample

Personal Dictionary:

</td><td>

نموذج كتابيّ لأحد الطلاب

قاموس الطالب الشخصي:

</td></tr>
</table>

المعنى	الفصحى
كَرِه	قَرَفَ مِن
to take revenge	اِنتقم مِن
Amnesty International	مُنظمة العفو الدُولية
المعنى	**العامية المصرية**
لقد يئِسنا مِنهُ وكرهناه	احنا قِرِفنا مِنُّه
يبدو	يِظهَر
may God protect us	ربِّنا يستر
المشاكل	اِلبلاوي
الرئيس	الرَّيِّس
شُجاع	جدع

الشخصية: ليلى القبطية

ليلة أمس، مزاج البيت كان هادئا بسبب خطاب الرئيس المبارك الذي قال فيه إنّه لن يترشّح للرئاسة. ناقشنا قرار مبارك.

- الحمد الله! ممكن دي نهاية العنف في بلدنا. مصر حيرجع فيها الأمان بعد الايام السّودة اللي عدِّينا عليها! قالت أمي لوالدي.

- ممكن صحّ، بس الناس في الميدان عايزين مبارك يرحل، وهو مش عاوز يمشي.

شربنا قهوتنا عندما جاء جارنا أبو خالد إلى شقتنا وجلس معنا.

- الرِّيِّس ما فُهمش إنّ احنا قِرِفنا مِنُّه لقترة طويلة جداً.

ثم سمعنا ضجيجا في الشارع. ظهر الشارع مثل ساحة المعركة في الحرب. بدا الأمر وكأنّ الحكومة توظّف بعض البلطجية، وبدأ الهجوم على المتظاهرين في الشوارع وميدان التحرير.

نشاهد العنف في حالة رعب وخوف، بينما الموالون لمبارك يضربون المحتجين، روّع البلطجية الناس بالسّكاكين وبالعصي. الوضعية كانت أسوأ من الفوضى عندما أمرت الحكومة الجيش بإرسال الدبابات إلى ميدان التحرير. رأيت رجالاً على أحصنة وجمال بدأوا يروّعون المتظاهرين بحجارتهم. حاول المتظاهرون أن يتجمّعوا بعد تسلّل الجمال والأحصنة في وسط المجموعات.

أم خالد، التي كانت تشاهد التلفزيون مع أمي داخل الشقة، جاءت وأخبرتنا:

- ربِّنا يستر! البلاوي بتزيد في البلاد دي! يِظهَر إنّ المجرمين والبلطجية بيمرّوا عبر نقاط التفتيش بجمالهم ويقتّلوا الناس العُزَّل!

- أيوه يا أم خالد، بنِتفرّج على الجزيرة دلوقتي. قال أبي.

- والبلطجية بيهاجموا الصحفيين والمحتجين.

ثم بدأنا نسمع إطلاق نار كثيف.

- ربِنا ينتِقِم منهم. قالت أمي.

- ده من عمل الرّيس! هو فاكِر إنّ الناس عايزينُه يِحميها.

- أبدا! قلت.

- هو عارف إنّ العالم كلّه عاوزينه يرحل، وحيرحل بإذن الله...بالخصوص بعد الحادثة دِيّه. منظمة حقوق الإنسان ومنظمة العفو الدولية والناس في الفيسبوك وتويتر كلهم بيتابعوا اللّي يجرى في مصر.

ومن أسفل، أوقفني صراخ.

- يا بو خالد!

كان هذا ابن عمي أحمد، وكان يحمِل ابن جارنا خالد على ذراعيه.

- ابني! صاح أبو خالد وركض بسرعة من الشقة الى باب البناية.

كنا قلِقين جداً. ماذا حدث لخالد؟ أخيراً وصلوا الى الشقة ووضع أبو خالد ابنه على أريكتنا.

- حصلُّه إيه؟ سأل والدي أحمد.

- كنا في الزحمة ورايحين ع الّبيت، بس جا بلطجي عنده عصا، وضرب خالد على راسُه.

خالد سقط وحاول بلطجي آخر إنّه ياخد خالد ع السجن، بس رمِتهم بالحجارة، وبعدين جِبت خالد لهنا. قال أحمد.

حاول أبو خالد إيقاظ ابنه ببعض الماء، وبعد عدة محاولات استيقظ خالد.

- يا احمد، إنت راجل جدع، وخوفتهم كلهم؟ قال خالد. كلنا ضحكنا، ونحن ما زلنا متأثرين بإصاباته.

- إيه اللي حصل؟ سأل خالد.

- الحمد لله! مش مُهِمّ، يا ابني. استريّح دِلوقتي. قال أبو خالد.

استمرّ العنف طوال الليل، وناقشنا الأنباء عن قرارات الدول الغربية ضد مبارك وانتهاكه لحقوق الإنسان.

أسئلة الفهم:

1. لماذا كان مزاج البيت هادئا؟

2. لماذا ظهر الشارع مثل ساحة معركة؟ صف المشهد!

3. لماذا كان البلطجية يهاجمون الصحفيين والمحتجين؟

4. من هو خالد وماذا تعرّض إليه؟

5. في رأيك، كيف ستترُّد الحكومات الأخرى على عنف «موقعة الجمل»؟

التمثيل المسرحي: ACT IT OUT!

اختر سيناريو من السيناريوهات المقترحة أدناه ومثِّل دورا من الأدوار مع زميل أو زميلين. على المجموعة أن تقوم بأداء التمثيلية للصف.

1.ليلى تجد نفسها بين المحتجين والبلطجية في ميدان التحرير. أبو خالد يراها من بعيد.

2. رجلان من البلطجية يُطاردان خالد ويحبِسانه لِيطلبا فِدية من أبي خالد، الرجل الفقير.

3. بينما خالد مجروح، يُصرّح لِأمّه أنّه يريد أن يطلب يد ليلى من أبيها.

نموذج كتابيّ لأحد الطلاب — **Student Writing Sample**

Personal Dictionary: — قاموس الطالب الشخصي:

المعنى	الفصحى
to push one's way	شقّ طريقا
war	حرب
to lose	خسِر
the scene	المشهد
المعنى	**العامية المصرية**
هم تابعون لوزارة الداخلية ومباحث أمن الدولة	هم تَبَع الداخلية
أين هم؟	فين هُمَّ؟

الشخصية: نادية، صحفية

عندما سمعت عن وصول المتظاهرين الموالين لمبارك إلى ميدان التحرير على الجمال، أنا وزملاء عملي اندفعنا إلى ميدان التحرير، ولأننا كنا صحفيين، كان بإمكاننا الدخول إلى المشهد. كان هناك عدد كبير جدا من الناس في الشوارع، واضطررنا لِشقّ طريقنا لِرؤية ما يحدث. أخيرا، فهمنا الفوضى. كان هناك مؤيدو الحكومة مثلما جرى في المظاهرات السابقة، ولكن هذه المرّة، معظمهم ركضوا على الجمال والأحصنة. في حين كانوا على الجمال، هاجم هؤلاء الرجال المتظاهرون -الذين كانوا في الشوارع-بالعصي والسكاكين. حاولوا أن يجرحوا الأبرياء عن طريق العنف والترويع. هذه المعارك تحولت في ميدان التحرير إلى منطقة حرب. كان هناك مجروحون كثيرون، وبعضهم إصاباتهم خطيرة.

بدأ زميلي المُصوّر يسجّل الأحداث بالكاميرا، وبثتنا بثأ قصيرا لأخبار المساء ولكن يوجد كثير من الضجيج، ومُنتج برنامجي شجّعنا على أن نترك المكان لأنّ موالي الحكومة يبحثون عن الصحفيين. عرفنا أنّه إذا لم نترك الميدان فسيكون هناك استفزاز. بسرعة، أنا وزملائي في الفريق انتقلنا من تلك المنطقة ومشينا إلى منطقة أخرى حيث قلّ عدد الناس وانعدم الخطر. في الساعات القليلة القادمة، جلسنا في المقهى، وناقشنا ما رأينا.

- أنا حاسّة بالخوف هِنا...يعني البلد رايحة فين؟ مفيش نظام ولا هيكل. البلطجية اللّي نِزِلِت ما نزلتش صدفة...هم تَبَع الداخلية والحزب الوطني. فين هُمَّ الناس اللّي بِحمونا؟ فين الجيش بتاعنا؟ قلت.

وأضاف أحد زملائي:

- بتّفق معك يا نادية. أظن إنّ دِلوقتي بنحتاج لمساعدة من المجتمع الدولي. أظنّ إنّه مع العنف الجديد ده حتِتأثّر الثورة. الغرب حيشوف إنّ نظام مبارك ما عَندوش دعم شعبي. كل العالم بيشوف بأنّه ما فيش استقرار والفوضى في كل مَصر.

وقال صديق آخر:

- معاك حقّ. أظن إن اللّي جرى اليوم، وفي الأسبوع كله، يْبَيِّن إنّ مبارك ونظامه خايفين. في الماضي كان عندهم القوة والسلطة، بس هم بيخسروا كلِّ ده، ومِش عارفين يعملوا إيه.

واستمررنا في المناقشة في المقهى لساعتين. أحيانا خلال المناقشة، رأينا أشخاصا يركضون. رغم أنى أردت أن أكون هناك، علمت أنّ المشهد خطير جدا.

أسئلة الفهم:

1. ماذا فعلت نادية عندما سمعت بِقُدوم مؤيّدي مبارك إلى الميدان؟

2. ماذا طلب المُنتج من نادية؟

3. أين ذهبت نادية وبقية الصحفيين بعد الخروج من الميدان؟

4. عمّا كان يدور حوار الصحفيين؟

5. ماذا كانت تأمل نادية فعله في الحقيقة؟

ACT IT OUT! التمثيل المسرحي:

اختر سيناريو من السيناريوهات المقترحة أدناه ومثِّل دورا من الأدوار مع زميل أو زميلين.
على المجموعة أن تقوم بأداء التمثيلية للصف.

1. يهاجم البلطجية الصحفيين.

2. تبقى نادية في الميدان.

3. أخو نادية من المصابين في وسط الميدان.

Student Writing Sample

نموذج كتابيّ لأحد الطلاب

Personal Dictionary:

قاموس الطالب الشخصي:

المعنى	الفصحى
familiar	مألوفة
frantic	مسعورة
to turn around	اِلْتَفَتَ
to evade	التملُّص
unbearable	لا يُطاق
tied up	مكتوف
nervous	عصبيّ
determined	مُصمِّمة
to pick up	اِلْتَقَطَ

الشخصية: عاصم، طالب جامعي

كنت في الطريق إلى بيتنا بعد الظهر، وكنت أفكر في أهلي ووجهات نظرهم عن الثورة المصرية. لا أفهم كيف يستطيعون أن يتجاهلوا نضال المصريين ضد النظام وألاّ يشعروا بالغضب والشغف لحرية مصر عندما يرون الاحتجاجات والعنف ضد المصريين. يبدو أنّه صعب عليّ أن أشاهد الاحتجاجات من دون الاشتراك فيها.

بعد وقت قصير، سمعت الأصوات المألوفة من الاحتجاجات. لذلك، غيّرت وجهتي وبدأت أمشي في اتجاه الأصوات. فجأة، سمعت صوت خطى كبيرة ومسعورة خلفي. التفتُّ ورائي فرأيت 21 شخصا على الأقل على الجمال والأحصنة. كان بأيديهم العصي والسّكاكين. ردّ فعلي الأول كان التملُّص من أسلحتهم، ولكنّي أدركت أنهم لم يكونوا مطارِدين لي. كانوا يسيرون باتجاه الحشد. من بعيد، رأيت محتجين مُسلَّحين بالحجارة، ومستعدّين للاشتباك. شاهدت المشهد من مكاني في الشارع القريب.

البلطجية على أحصنتهم يهاجمون شعبي. بينما أنا أشاهد الصراع، تصاعدت أعمال العنف وأصبح المشهد لا يُطاق. فكرت أنّي لا أريد أن أدخل في الاشتباك لأنّي لا أريد أن تقلق أمي أو أضع عائلتي في خطر، ولكن كيف أستطيع أن أقف مكتوف الأيدي في حين أنّ الحكومة تدمّر شعبي وأحلامنا. كان من المستحيل. لذلك وجدت نفسي أمشي إلى الاحتجاجات خائفا وعصبيا، ولكن فخورا ومُصمِّما على أن أكون طرفاً نشِطاً من أجل الحرية في مصر. من اللازم أنّي أدعم بلدي وشعبي عندما أقدر على ذلك.

مشيت إلى الحشد واِلْتقطت حجارة في الطريق. دخلت الاحتجاجات وحاربت جنبا إلى جنب مع المحتجين.

أظنّ أنّ كل المصريين يفكرون كذلك. إن هذه الأعمال العنيفة من قِبَل الحكومة تُظهر أنّها خائفة من قوة الشعب وأنها تحاول أن تتدخّل في الاحتجاجات لتخويف الشعب، ولكن الشعب المصري عانى من عنف وظلم الحكومة لوقت طويل. هذه الأعمال لن توقف الثورة بالتأكيد. في الواقع، جهود الحكومة لقمع أصوات التغيير لن تكون إلا بِمثابة أكبر إلهام للشباب. بالإضافة إلى ذلك فإنّ معظم البلدان الأخرى ستقف إلى جانب المصريين بعد هذه الأعمال العنيفة ضد الاحتجاجات السلمية لأن الحكومة انتهكت حقوق الإنسان الأساسية للمصريين.

أسئلة الفهم:

1. ما هو صوت الخطى الذي سمعه عاصم؟
2. لماذا كان يحمل البلطجية العصي والسكاكين؟
3. هل شارك عاصم إلى جانب المحتجين ضد نظام مبارك؟ كيف؟
4. لماذا قامت الحكومة بتلك الأعمال العنيفة ضد المتظاهرين؟
5. ماذا كنت ستفعل إن كنت في مكان عاصم؟

التمثيل المسرحي: ACT IT OUT!

اختر سيناريو من السيناريوهات المقترحة أدناه ومثِّل دورا من الأدوار مع زميل أو زميلين.
على المجموعة أن تقوم بأداء التمثيلية للصف.

1. عاصم يقبض على أحد البلطجية.
2. عاصم يتعرّض للضرب ومُلاحَق من قبل بلطجي.
3. عاصم واقف على باب عمارته ينظر إلى اشتباك مناصري ومعارضي مبارك.

Creative Writing Resources and Activities:

القواعد

The verb رأى – يرى (to see) has an irregular conjugation. Note that the present tense of this verb is يرى (he sees). The hamza has been omitted because originally the present tense was يرأى. It is easier to pronounce يرى than يرأى in this case. See the table below:

المضارع المجزوم Jussive	المضارع المنصوب Subjunctive	المضارع المرفوع Indicative	الماضي Past tense	الضمير Subject
يَر	يَرى	يَرى	رأى	هو
يَرَيا	يَرَيا	يَرَيانِ	رأيا	هما
يرَوْا	يرَوْا	يرَوْنَ	رأوْا	هم
تر	ترى	ترى	رأت	هي
تريا	تريا	تريانِ	رأتا	هما
يريْنَ	يريْنَ	يريْنَ	رأيْنَ	هنّ
تر	ترى	ترى	رأيْتَ	أنتَ
تريا	تريا	تريان	رأيتُما	أنتما
تروْا	تروْا	تروْنَ	رأيْتُم	أنتم
تريْ	تريْ	تريْنَ	رأيْتِ	أنتِ
تريا	تريا	تريان	رأيتُما	أنتما
تريْنَ	تريْنَ	تريْنَ	رأيْتُنَّ	أنتنّ
أَر	أرى	أرى	رأيْتُ	أنا
نر	نرى	نرى	رأيْنا	نحن

We add a long vowel و when the object pronoun is attached to the verb رأى conjugated in the past tense with the subject pronoun أنتم:

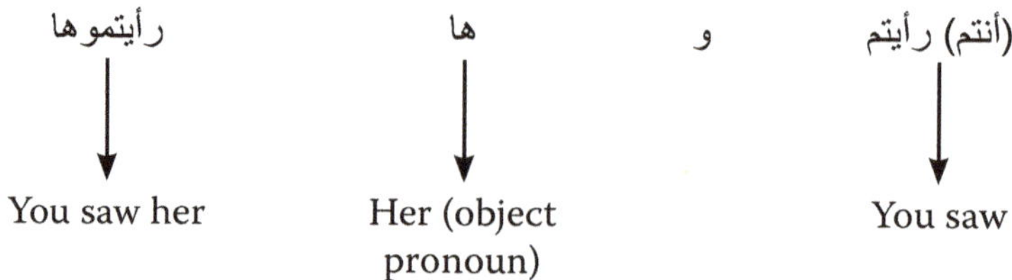

المفاعيل الخمسة:

المفاعيل الخمسة are nouns that occur in the accusative المنصوب case.

Example	Definition	
أخذ الطالب كتاباً	refers to the object of a transitive verb	المفعول به – "ماذا؟"
مشيت صباحا داخل الجامعة الأمريكية بالقاهرة	refers to the time and place of the verb/action	المفعول فيه – "متى؟" و "أين؟"
ثار حُبًا في الحرية	expresses emphasis or intensity of the action (see next page for more details)	المفعول المطلق
خرج قاصدا المطار	refers to the noun for which the action was performed	المفعول لأجله – لماذا؟
تكلم و (مع) الرجل	refers to the object of accompaniment	المفعول معه

المفعول المطلق is generally a مصدر of the main verb, and it is used to emphasize the meaning of the verb. المفعول المطلق and the verb share the same root.

المفعول المطلق is always in the المنصوب and is usually indefinite in the singular.

Here are the uses of المفعول المطلق

لتأكيد المعنى

- To emphasize the meaning. It is often followed by an adjective.

هاجموهم هجوماً عنيفاً

They attacked them fiercely.

لبيان العدد

- To specify the number

رمى الحجر رمْيَتَيْنِ

He threw the stone twice.

لبيان النوع

- To specify the type of action

سار سيرَ الخائف

He walked wearily.

المصدر النائب عن فعله

- Could act as a substitute for its verb

(اصبروا) صبراً أيُّها الشباب فالظلم لا يدوم

Be patient, young men. Injustice will not last.

تمرين 1:

ضعوا سطرا تحت المفعول وبيّن نوعه في الفراغ.
1. جرى جرياً سريعا. _______________
2. مشى وصديقه في حشد عظيم. _______________
3. عاد إلى بيته ليلا . _______________
4. ساعد محتجاً جريحاً أمام البناية. _______________
5. تظاهر احتجاجاً على القمع. _______________

تمرين 2:

استخدموا الكلمات التالية في فقرة كاملة مع إضافة مفردات الوحدة الثامنة.

ماشياً	وابنه	ضجيجا	استفزّ
حشد	اتّهم	البلطجية	تجمع
الجار	جريحا	هجوماً	رأى

....
....
....
....
....
....
....
....
....
....

كلمات/عبارات أكثر من العامية المصرية   Colloquial Resources

إضافة إلى كلمات العامية التي تعلمتموها من النماذج الكتابية، ستجدون هنا كلمات وعبارات أكثر بالعامية المصرية يمكنكم أن تستخدموها في كتابة قصصكم.

كلمات مفيدة من العامية المصرية

الذي دفع لنا المال	إللّي قبّضنا الفلوس
الذي حرّضهم على	إللّي حرّضهم على
خناجر وسكاكين	مطاوي
pistols	طبنجات
في طريقه	في سكِّتُه
يكفي هذا حرام عليكم	كفاية بقى حرام عليكو
they're not in uniform	مش لابسين ميري
البلطجية أحاطوا بالميدان	البلطجية حاوطو الميدان
brick / stone	طوب

شعار من الثورة

ما رأيك في هذه الشعارات؟ اكتب شعارك أنت يعبر عمّا يجري من حولك، وله علاقة بموضوع الوحدة!

علّي صُوتك يا بطل...انت بتْحرّر وطن

ايدى فى ايدك للحريه...مش حراميه وبلطجيه

Wake up, Mubarak   يا مْبارك صحّ النُّوم

Today is your last day   النَّهارْدة آخِر يُوم

Egypt is mine   مصر بتِعْتي

Write your own story!!

اكتب قصتك الآن!!

....
....
....
....
....
....
....
....
....
....
....
....
....
....
....
....
....
....
....
....
....
....
....
....
....
....

قاموسك الشخصي:

المعنى	الفصحى

المعنى	العامية المصرية

الوحدة التاسعة
المرأة تسمع صوتها

لمحة مسبقة عن الوحدة التاسعة

خلفية تاريخية — Historical Background

المرأة المصرية، مثل أخيها الرجل، حملت الدعوة إلى التظاهرات، وكانت من بين الأوائل تلبية للنزول إلى شوارع القاهرة. لقد عبرت النساء المصريات عن أملهن في إرساء نظام ديمقراطي قائم على المساواة والعدالة الاجتماعية، وقد ضحّت بعضهن بأنفسهن في سبيل هذا المبدأ.

الأسئلة الرئيسية: ما هو دور المرأة ووضع المساواة بين الجنسين في مجتمع مصري مُتغيّر؟ كيف ينبغي على المجتمع المصري أن يتصدّى لقضايا التحرش بالمرأة؟ كيف قد تُغيّر الانتفاضة الشعبية أوضاع المرأة في المجتمع المصري؟

Unit 9 Scenario — سيناريو الوحدة التاسعة

المرأة تسمع صوتها

أنت تشاهد/ين أو تشترك/ين في احتجاجات حاشدة في شوارع القاهرة حيث يكون للمرأة فيها دور نشِط. مجموعة من البلطجية تبدأ بالمضايقة والاعتداء جسديا على هؤلاء النساء. ماذا تفعل؟ ما هو ردّ فعل الشعب؟ ماذا يحدث للنساء؟

ما رأيك ولماذا؟ برر إجابتك!

• في رأيك، ما هو الدور الذي يجب أن تقوم به المرأة في الانتفاضة المصرية؟

• في رأيك، ما هي الإنجازات التي تحاول المرأة تحقيقها من خلال المشاركة في الاحتجاجات؟

• هل تعتقد أنّ الانتفاضة سوف تؤثّر على تمكين المرأة ومشاركتها في الحياة السياسية المصرية؟

• ما هي نظرة المجتمع المصري لهؤلاء النساء المشاركات في هذه الاحتجاجات؟

• في رأيك، كيف يجب على المجتمع المصري أنْ يُواجه المضايقة والاعتداء على النساء المشاركات في الانتفاضة؟

• صف وجهات نظرك حول كيفية توحيد النساء و الرجال المصريين في مواجهة الظلم والعنف.

مفردات مفيدة:

to organize	نظَّم يُنظِّم تنظيم
to speak out	التعبير عن النفس
equal	مُتساوٍ/المُتساوي
women	النساء
to support	دعَّم يدعِّم تدعيم
to nurse/to care for	رعى يرعى رعاية
to warn	حذَّر يحذِّر تحذير
threatened	مُهدَّد/ة
unmolested	غير مُضايقة/غير مُتحرش بها
unprecedented	لم يُسبق له مثيل
vital	حيويّ/ة
women's rights	حقوق النساء
to volunteer	تطوَّع يتطوَّع تطوُّع
retribution	عقوبة
feminist movement	الحركة النِّسوية
to lead	قاد يقود قيادة
independent	مُستقل/ة
justice	العدالة
danger	الخطر
human race	الجنس البشري
to stand up (for the right thing)	الوُقوف إلى جانب الحق
to value	قَيَّم
importance	أهمِّية

بحث تمهيدي لموضوع الوحدة:

قم ببحث قصير عن هذه الشخصيات. ما دور هؤلاء النساء في النشاط السياسي:

1. أسماء محفوظ   3. دينا عبد الرحمن

2. جيهان إبراهيم   4. جميلة إسماعيل

تمرين 1:

قراءة قصيرة:

دور المرأة

انضمت المرأة من مختلف قطاعات المجتمع للانتفاضة، ولعبت نساء وفتيات كثيرات أدواراً قيادية في عملية الحشد. وسواء كانت المرأة صغيرة أم كبيرة، محجبة أم سافرة، متعلمة أم أمية، فقد كانت تهتف وتغني من أجل التغيير وتقف في مواجهة قوات الأمن وتنام في خيام المحتجين وفي كثير من الأحيان بصحبة أطفالها. ودافعت النساء والفتيات عن ميدان التحرير وشاركن في النقاش حول الخطوات التالية للمتظاهرين.

وتطوعت طبيبات مثل منى مينا لعلاج المتظاهرين الجرحى في المستشفى الميداني بالقرب من ميدان التحرير كما إن هيئات التمريض بالمستشفيات، ومعظمها من الإناث، ساعدت الأطباء في أعمالهم. ولم يقف الأمر عند معاناة المرأة المصرية، مثلها مثل الرجل، طوال عقود من القمع السياسي والصعوبات الاقتصادية، بل كان عليها أن تتعايش مع قوانين تنطوي على التمييز ضد المرأة ومن إرث كبير من عدم المساواة بين الرجل والمرأة. وفي هذا الإطار ذكر تقرير صدر عام 2010 عن المنتدى الاقتصادي العالمي حول الفجوة بين الرجل والمرأة في العالم أن مصر تحتل المركز 125 من مجموع 134 دولة من ناحية المساواة بين الرجل والمرأة، ويعود ذلك بالأساس لنقص المشاركة السياسية والاقتصادية ولنقص الفرص المتاحة.

وطوال الأحداث، كانت المرأة جزءاً لا يتجزأ من الانتفاضة وسبباً رئيسياً لنجاحها، ولقيت عديد من النساء والفتيات مصرعهن نتيجة لاستخدام قوات الأمن القوة المفرطة، ومن بينهن مهير خليل زكي ورحمة محسن أحمد وأميرة سمير السيد وماجدة عوض على عبد الرازق.

أجيبوا عن الأسئلة التالية:

1. كيف انضمّت المرأة المصرية للانتفاضة؟

2. في الفقرة الثانية، يذكر النص أنّ هناك قوانين تنطوي على التمييز ضد المرأة. كيف؟

تمرين 2:

أكملوا الجمل الآتية باستخدام الكلمات التالية:

العدالة	حقوق النساء	خطر	نظم
مستقل	التعبير عن النفس	أهمِّية	الوقوف إلى جانب الحق

1. ذكرت الأنباء ____________ الخسائر التي تكبدها الاقتصاد المصري.
2. الدفاع عن ____________ واجب على كل فرد في المجتمع.
3. الجهاز القضائي ____________ في النظام الديمقراطي.
4. ____________ يتطلب شجاعة كبيرة.
5. ____________ مهمّ في العملية التعليمية.
6. قُدّم الرئيس مبارك وابنيه إلى ____________.
7. ____________ت الحكومة احتفالات شعبية.
8. أنقذ الرجل الطفل من ____________ وشيك.

تمرين 3:

ضعوا الكلمات الآتية في جمل مفيدة:

1. الحركة النِّسوية

____

2. قيادة

____

3. النساء

____

4. تطوع

____

5. قيّم

____

6. مُهدَّد

____

7. لم يسبق له مثيل

____

تمرين 4:

ضعوا دائرة حول الكلمة الغريبة:

أيَّد	كبح	ساند	1. دعّم
سِلمِي	دون دعم من	حر	2. مستقل
الشجاعة	المُجازفة	التحذير	3. الخطر
حكم	الطبقة الاجتماعية	رئاسة	4. قيادة
القمع	التعبير عن النفس	التكلم	5. التحدث
دفع الثمن	الفرح	الجزاء	6. العقوبة
ليس كمثله شيء	ليس له شبيه	لم يسبق له مثيل	7. تحدّى

تمرين 5:

كوّنوا مجموعات ثنائية وتناوبوا على طرح الأسئلة التالية والإجابة عنها. يجب على الطالب المجيب استخدام مفردات الوحدة التاسعة وقائمة المفردات الرئيسية.

1. كيف ترى حالة حقوق النساء في بلدك؟ هل تحسّنت أم ساءت؟ أعط أمثلة مع البراهين.

2. ما أهمّية حرية التعبير في نظام ديمقراطي؟

3. هل تطوّعت من قبل في مدينتك أو في أيّ بلد آخر؟ هل تفكّر في التطوّع في المستقبل؟

4. يعتقد البعض أنّ العدالة الإنسانية محدودة وأنّه يجب اللجوء إلى العدالة الإلهية. ما رأيك؟

5. ما هي الأشياء التي ترتكز عليها في انتخاب رئيس يقود بلدك؟

6. هل تعتبر أنّ دول إفريقيا الشمالية أصبحت أكثر استقلالا بعد تحرُّرها من الاستعمار الغربي؟

7. صف لنا نظام الرعاية الصحّية في بلدك. ما هي محاسن ومساوئ هذا النظام؟

تمرين 6:

تَأَمَّلُوا في الموضوع المحوري ثم خَمِّنُوا وتفكَّروا في الكلمات التي لها صلة بذلك الموضوع. أُكتبوا بعد ذلك فقرة مُتضمِّنة كلماتكم الجديدة. لقد وضعنا كلمتيْن لهما صلة بالموضوع المحوري.

مثال:

الحقوق المدنية

التعليم

الانتخاب

حقوق النساء

نشاط قراءة:

ما قبل القراءة:

أجيبوا عن الأسئلة التالية:

1. ما الذي يلفت انتباهك في هذا الكاريكاتور؟

2. ما الذي يُفاجِئك؟

3. هل غيّرت رأيك عن الثقافة أو الناس من خلال رؤيتك لهذا الكاريكاتور؟

4. ما أوجه الشبه بين ما يجري في هذا الكاريكاتور وما يجري في حيّك، مدينتك، بلدك؟

من خلال قراءتكم لعنوان النص، تكهّنوا المحتوى. ما رأيكم؟

الآن اقرأوا النص التالي ثم أجيبوا عن أسئلة الفهم:

جدلية «المرأة.. الاستعمار» في منظور الربيع العربي

نوال السباعي

الإثنين 19 ربيع الثاني 1433هـ -12 مارس 2012م

لا تتمتع ثورة «الربيع العربي» بكثير من المقاييس العلمية، التي يحددها «مصطلح» الثورة سياسياً واجتماعياً، ولا ترمي فقط إلى إسقاط النظام السياسي، الذي تجذر في المنطقة العربية بالفساد والطغيان، ولكن ـوأيضا ـإلى إحداث ثورة اجتماعية إنسانية، في منطقة ما زالت تعاني من «الاستعمار» بصورة غير مباشرة.

وقد "سرقت" الأنظمة السياسية فيها نتائج مخاضات الاستقلال، كما استأثرت بتجميد وتأطير رؤى التفكير العام في الحياة الاجتماعية وفهم احتياجات الإنسان رجلاً كان أم امرأة، مما انعكس عليه بأسوأ النتائج في موطنه وفي المهاجر.

بعد أشهر على اندلاع الثورة، كتبت "ألمودينا غرانديس" في صحيفة الپايس تقول: "أين المرأة في ثورات الربيع العربي؟؟، إنني أبحث بين الرؤوس فلا أرى "شَعرا"، وأبحث في الوجوه فلا أرى «مكياجا»، ربما في ميدان التحرير، بعض العيون المكحلة المختفية وراء نظارات شمسية سميكة!! أما في اليمن والبحرين وسوريا فلا وجود بالمطلق ـ! ـ للعنصر النسائي؛ لأنه يُحرم في تلك البلاد على المرأة أن تدوس الشارع»!!.

"سيرين إدلبي" الباحثة الإسبانية السورية في شؤون "المرأة والتوجهات النسوية في الحركات الإسلامية" في جامعة الأوتونوما في مدريد، ردّت، فقالت: "لا تتركز مشكلة الكاتبة "غرانديس" في أنها لم تر.. ولم تجد نساء ثائرات، مشكلتها أنها كانت تبحث في شوارع الثورة عن نساء مسلمات يدخلن من ثقب إبرة فهمها للمرأة وللحجاب!!... بينما تثبت مئات آلاف الصور والتقارير الإخبارية من تونس ومصر واليمن وسوريا وليبيا، وجود النساء جنباً إلى جنب مع الرجال في هذه الثورة... في مصر الملايين من النساء من كل انتماء ودين وطبقة اجتماعية، تظاهرن، هتفن، نظفن الشوارع، قمن بإعداد الطعام، أسعفن الجرحى، نظمن السير، ضبطن الأمن، جُرحن، واعتقلن، وسقطن شهيدات.

من المؤسف أن تتساءل بعض كاتبات الغرب «أين المرأة في الثورات العربية!؟»، لكنه الاستعمار الفكري والثقافي الذي لا يستطيع أن يرى إلا من خلال «رؤيته الخاصة» للأحداث والبشر. منكراً على الآخرين حقهم في التعبير عن أنفسهم ومعتقداتهم بالشكل الذي يريدونه ويرونه.

آلاف من نساء العرب والمسلمين في أوروبا من الكاتبات والصحافيات والباحثات، يمررن في حاضر أوروبا كالأشباح، لا وجود لهن في وسائل الإعلام، ولا في الرأي العام الأوروبي، ولا في التصور الإنساني الاجتماعي إلا في بلدان قليلة وعلى أضيق نطاق - .. وقد جاء «الربيع العربي» يعيد إليهن اعتبارهن، ويرغم «الغرب» على الاعتراف بوجودهن فيه..

إنها ثورة جاءت لقطع رؤوس الفساد السياسي والاقتصادي، ولكنها في نفس الوقت، تريد إعادة رسم معالم إنساننا.. تحرره، وتمنحه كرامته.. رجلاً كان أم امرأة، وفي كل مكان يتواجد فيه! لأن حرية المرأة ليست إلا جزءا من حرية الإنسان، ولا يجب أن تُرى إلا بمنظور «إرادتها» وبمنطق «هويتها»، لا بمنطق ثقافة المستعمر، ولا بمنظور رؤية المستبد، وسلطاته «الأبوية» التي تخالف روح الإسلام وأخلاقياته الحضارية البناءة. سيكون من أولى أولويات هذه الثورة إعادة النظر في المنظومة غير الإنسانية، وغير الأخلاقية، وغير الإسلامية، التي حكمت بلادنا وحياتنا، وحرمت إنساننا من حقه في أن يكون الإنسان الذي «يريد».

ليست المسألة، ولم تكن، قضية "امرأة" مجتثة عن سياقها الحضاري والإنساني، ولا قضية "امرأة" يريد البعض معالجتها بالنظرات النسوية الاستعمارية القاصرة عن الإحاطة بمعاناة المواطن في أوطانٍ مُستلَبة، المسألة كانت، وستبقى، مشكلة "المرأة" التي دخل بها علينا الاستعمار من أبوابٍ، انهمكنا بمناوشته عليها، حتى إننا لم نلتفت لارتكاسنا وتلبسنا بمشكلة حقيقية داخلية ذاتية، علينا أن نعالجها "نحن"، من منظورنا "نحن"، ومن ثوابتنا وقناعاتنا، ضمن نسيجنا الاجتماعي والضرورات الملحة لإحداث ثورة اجتماعية لا تقل أهمية وخطورة عما يحدثه الربيع العربي اليوم من زلازل سياسية رنانة.

أسئلة الفهم:

1. ما هدف ثورة "الربيع العربي"؟

2. ماذا تعني الكاتبة بقولها: "وقد «سرقت» الأنظمة السياسية فيها نتائج مخاضات الاستقلال"؟

3. ماذا قالت غرانديس عن دور المرأة في ثورات الربيع العربي؟

4. ما هي مشكلة غرانديس، حسب سيرين إدلبي؟

5. لماذا ذكرت الكاتبة أنّ الاستعمار الفكري والثقافي لا يستطيع أن يرى إلاّ من خلال "رؤيته الخاصة" للأحداث والبشر؟

6. كيف أعاد "الربيع العربي" اعتبار النساء العرب والمسلمات في أوروبا؟

7. تقول الكاتبة إنّ حرية المرأة يجب أن تُنظر إليها بمنظور إرادتها وهويتها لا بمنظور المستعمر أو السلطة الأبوية. ماذا تقصد من هذا؟ ما رأيك؟

8. ما هي المشكلة الحقيقية الداخلية الذاتية التي تتحدث عنها الكاتبة؟

نشاط استماع:

ما قبل الاستماع:

لماذا يحتفل العالم بعيد المرأة كل عام؟ ما دورها في المجتمع والسياسة والاقتصاد؟
الآن، استمع إلى الكليب من الدقيقة 3:50 إلى الدقيقة 6:30 وأجب عن الأسئلة التالية. تجدون الفيديو على هذا الرابط الالكتروني:

http://www.youtube.com/watch?v=qT8QulSsdpA

1. لماذا تقول الناشطة السياسية إنّه كان هناك تطور قشري لدور المرأة من قبل والآن هو تطور جذري؟ كيف ذلك؟
2. لماذا تقول السيدة إنّ المرأة العربية كانت «وهج رقمي»؟
3. كيف كانت الثورات أوسع؟
4. ما هي أحد مؤشرات الثورات العربية؟
5. لماذا كان فيه تراجُع عن الدور المجتمعي للمرأة؟
6. كيف كانت الثورات عابرة للإيديولوجيات والتمييز الجنسي والديني؟

ما بعد الاستماع:

ابحث دور المرأة المصرية بعد الثورة. ما حالتها الآن؟ هل تراجَع دورها أم تقدَّم؟

Student Writing Sample	نموذج كتابيّ لأحد الطلاب

Personal Dictionary: | ## قاموس الطالب الشخصي:

المعنى	الفصحى
بقي	مكث
to allow	سمح
to become accustomed to	اعتاد على

المعنى	العامية المصرية
لا تتْرُكُها	متخَليهاش
النساء	السِتّات
داخل	جُوَّه
لا	لأً

الشخصية: ليلى القبطية

- مريم، من فضلك، روحي جيبلنا اللبن من الـ "مترو ماركت. طلبت أمي مني.

كنت آكل فطوري بينما كانت أمي تطبخ. قد مضى منذ أسبوع معركة الجمل، واستمر العنف في الشوارع.

- متخليهاش تروح لوحدَها، يا عادل! روح مع أختك للسوق يا ابني.

في الحقيقة، ما كنت أذهب إلى الـ "مترو ماركت". نويْت حضور مظاهرة للنساء مع صديقاتي وأخي. أخي سعيد بالذهاب معي ولم يمكث في البيت. أنا وأمي ناقشنا المظاهرة، وهي تشجّعني على الاشتراك فيها. الآن فقط، أمي تدعم الاحتجاجات. الليلة الماضية، طلبت من أمي لماذا هي تسمح لي بحضور المسيرة.

أجابت أمي:

- يا حبيبتي، أنا ما بَحِبّش الطريقة اللي بنِتْعامِل بها كسِتّات. مع إنّي قلقانة علِيك، حيكون معك أخوك لحمايْتك، وإذا كُنتو في خطر، إرجعوا حالاً ع البيت.

تركنا البيت وبدأنا نمشي في اتجاه الـ "مترو ماركت» الذي هو قرب المدرسة التي اعتدْتُ على الدراسة فيها. كانت الشوارع هادئة حتى الْتفتْنا الى ناصية قرب المكان ورأينا ميدانا مزدحما بالنساء. بعضهن صغيرات في السنّ وأمهات كبار، وبعضهن يلبسن الحجاب او العبايات أيضاً. هناك عدد قليل من الرجال مع النساء وهم ربما الابن أو الزوج أو أصدقاء الناشطات. الحشد كبير، والنساء بدأنَ المسيرة الى ميدان التحرير حيث ستجتمع أكثر النساء.

خلال المسيرة، شكّل الرجال حلقة حولنا، وردّدوا هتافات النساء للثورة: «الشعب يريد إسقاط النظام». عند بعض النساء لافتات كتبنَ عليها: «أقطع إيدك» وصورة يد رجل ينوي لمس امرأة.

- ليه انتو هنا؟ طلبَت مني امرأة كبيرة في السِنّ.

- منظمة نسوية نظمت المظاهرة دي، كل السِتّات جُوَّه يدعموها في الميدان، ويقولوا لأ لحكومة مبارك.

في الحشد، وجدنا، امبر ومختار وهما اثنيْن من أصحابي. امبر من كندا وهي مصرية كندية، ومختار من الفيوم. كلنا استمرّينا في السير حتى وصلنا إلى ميدان التحرير.

في ميدان التحرير، كان هناك ناس كثيرون، ووصل الرجال الذين يروّعون النساء. البلطجية يستفزّون الرجال الذين يدعمون النساء، والذين يدافعون عنا.

رفضت معظم النساء ترك ميدان التحرير، واستمرت في الاشتراك في المسيرة. تَصَعَّد الموقف الى فوضى واعتدى البلطجية على النساء والرجال! لجأنا إلى القهوة بجانب الجامعة الأمريكية في شارع محمد محمود، وجلسنا فيها حتى نهاية الاشتباك. كنت أشعر بغضب وثورة في نفسي.

أسئلة الفهم:

1. لماذا سمحت أم ليلى لها بحضور المسيرة؟

2. ماذا لو تَفطّن لهما أبو ليلى؟ كيف تكون العاقبة؟

3. ماذا رأت ليلى عندما وصلت إلى الميدان؟ من كان هناك؟

4. لماذا حملت بعض النساء لافتات كتبن عليها "أقطع إيدك"؟

5. من نظمت تلك المظاهرة في ذلك اليوم؟

6. ماذا لو لاحق البلطجية ليلى إلى المقهى التي لجأت فيه مع أصدقائها؟

ACT IT OUT! التمثيل المسرحي:

اختر سيناريو من السيناريوهات المقترحة أدناه ومثِّل دورا من الأدوار مع زميل أو زميلين. على المجموعة أن تقوم بأداء التمثيلية للصف.

1. يرى أبو ليلى ابنته في المسيرة.

2. أم ليلى تقرّر أنْ تذهب إلى المسيرة، وليلى خائفة عليها.

3. أبو خالد ومجموعة من رجال الحيّ يقرّرون الالتحاق بزوجاتهم في الميدان. يحدث اشتباك بينهم وبين البلطجية.

نموذج كتابيّ لأحد الطلاب   **Student Writing Sample**

قاموس الطالب الشخصي: **Personal Dictionary:**

المعنى	الفصحى
effectiveness	فعّالِية
to broadcast	بثّ
to complete or achieve	حقَّق
المعنى	**العامية المصرية**
ما زلتم تأتون إلى هنا	ما زلتُو تيجو على هِنا؟
كل الذي تقولينَهُ	كل اللّي بتقوليه
سيدتي	حضرتِك

الشخصية: نادية، صحفية

واحدة من أفضل الأشياء في الثورة المصرية كانت النساء اللاتي شاركن فيها. في حياتي لم أرى أبدا ذلك العدد من النساء يعبّرن عن أنفسهن ضد الحكومة، ويطالبن بحقوقهن. أتذكّر بوضوح ذلك الحدث. في هذا اليوم، تلقيت مكالمة من منتجي الذي قال لي: «يا نادية أنا في ميدان التحرير ولازم تيجي بسرعة. السِتّات في كل الشوارع.. ممكن أكثر من الرجال... وجيبي معك الكاميرا.» انطلقت بسيارتي إلى الميدان أو أقرب ما استطعت. عندما دخلت الميدان، ومثلما قال مديري، كان هناك عدد كبير من النساء. مباشرة، أصبحت خائفة وقلقة لأنّه، في الماضي، عندما كانت تقع أحداث مثل هذه، يهدّد الرجال النساء، ولذلك لا تشارك النساء فيها، ولكن في هذا المشهد، الرجال والنساء عملوا معا. هم تحدثوا مع بعضهم البعض وكان المشهد سلميا. كنت سعيدة وفخورة بمصر وناسها. في النهاية كل الناس أرادوا وقيّموا حقوقهم والعدالة. كانوا متّحدين ومع النساء، كان هناك أعداد من المتظاهرين. كانت المظاهرات أكثر فعالية مع عدد النساء المتزايد، وأيضا مع الاهتمام الذي تلقّوه من قِبَل الإعلام الغربي.

لأنّي لم أظنّ أنّه كان هناك أيّ خطر، بقيت وسألت بعض النساء أسئلة لبثّ المقابلة على برنامج التلفزيون فيما بعد. في الأول، رأيت امرأة واحدة كانت تقف بعيدة عن الميدان: ذهبت إليها، ووافقت على الاجابة عن أسئلتي.

ـ فيه سِتّات كثير هِنا، وإحنا نعرف إنه في سنة 2008، عملنا دراسة علمية، ولِقينا إنّه أربعة من أصل خمسة من السِتّات المصريات بيتعرضوا للتحرش الجنسي. بالرغم من كل ده، ليه انتِ وكل الستات هِنا ما زلتُو تيجو على هِنا؟ سألتها.

فأجابت:

ـ أيوه، أنا عارفه كل اللي بِتْقوليه حضرتِك، بس مِش خايفة. ما حبتش أبقى في البيت وجوزي هنا. الناس خوفوني بس ولا حاجة حصلِت. بالعكس، الرجال هِنا مسلمين، وفي منتهى اللطف

والأدب. كلِّنا فاهمين إنّنا هِنا لنفس الهدف. بس بالرغم من كل ده، ما أعتقِدْش إنّ المظاهرات دي حَتْحِلّ كل مشاكل عدم المساواة بين السِتّات والرجال في مصر. بعد نهاية الاحتجاجات، نحتاج إنّنا نفتِكِر مشاركة المرأة في الأحداث دي لأنُّه لو نِسِي المجتمع المصري وكمان الدولي دُور الستات في مصر، فكأنّنا ما حَقَّقْناش كل مطالبْنا.

أسئلة الفهم:

1. كيف علمت نادية بخبر وجود حشد نسائي في الميدان؟
2. لماذا كانت نادية خائفة وقلقة؟
3. لماذا أصبحت نادية فخورة وسعيدة؟
4. لماذا يهتمّ الإعلام الغربي بهذه المظاهرة؟
5. ما رأي المرأة التي حاورتها نادية في هذه المظاهرة؟

التمثيل المسرحي:

ACT IT OUT!

اختر سيناريو من السيناريوهات المقترحة أدناه ومثِّل دورا من الأدوار مع زميل أو زميلين.
على المجموعة أن تقوم بأداء التمثيلية للصف.

1. زوج وبنت نادية معها في الميدان.

2. نادية والمصوّر في خيمة مع نساء أخريات من المتظاهرات.

3. الشرطة تهاجم النساء في الميدان.

نموذج كتابيّ لأحد الطلاب

Student Writing Sample

قاموس الطالب الشخصي:

Personal Dictionary:

المعنى		الفصحى
jealous		غَيور
	أريد	أودّ
behavior		تصرُّف
excitement		الإثارة
malicious		خبيث
المعنى		العامية المصرية
	قلِقة	قلقانة
	دائماً	دائْماً

الشخصية: عاصم، طالب جامعي

- أيوه أيوه، أنا هرجع قبل حظر التجول. قلت لأمي عندما نزلت من البيت.

كنت أذهب لأساعد المرأة التي اختبأت في بيتنا منذ أسبوع. بعد أن نزلت الشرطة من بيتنا، تكلمت معها وسألتها عن حياتها ودورها في الاحتجاجات. قالت لي إنّ أسرتها لها دور كبير في الثورة، ويذهب كل أفراد عائلتها إلى ميدان التحرير كل يوم للمشاركة في المظاهرات. كنت غيور منها لأنني أودّ لو أنّ أبي وأمي وعائلتي يؤيّدونني في المشاركة في الثورة، ولكنهم لا يريدون الدخول في السياسة المصرية لأنهم خائفون.

قالت لي المرأة:

- عِيلتَك ما بتدعِمَكش لأنها قلقانة عليك، ودا طبيعي لأنه من الأحسن إنك متدخلش في القضايا دي لإنّها دائْما خطيرة.

لم أحب ذلك لأنني علمت أنّها خاطئة. نزلت من بيتنا بعد العشاء ومشيت معها إلى الباب الخارجي. قالت لي إنّها ستبحث عن عائلتها في وسط المدينة لأنّهم كانوا مُنفصِلين بعد الاحتجاجات. قلت لها:

- أظنّ إنّ دي فكرة وَحشة لأنّ الوقت مِتأخَّر، وحظر التجول هَييجي بسرعة.

ولكن رفضت أن تبقى لأنّها شعرت أنها كانت غير مُرحّبا بها في بيتنا، وهذا، ربما، بسبب تصرفات أمي. انتهى حوارنا في هذا الوقت، ولكنّي أعطيتها رقم هاتفي حتى تستطيع الاتصال بي في حالة الطوارئ ثمّ رجعت إلى بيتي.

اتصلت بي بعد خمس دقائق، وأظنّ أنّها في مكان خطير لأنّي سمعت أصواتا وضجيجا كثيرا في الهاتف. خرجت من البيت فورا، وقلت لأمي إنّي نسيت واجباتي في بيت صديقي. لا أعرف إنْ كانت تصدّقني أو أنها تعرف أنّي كاذب، ولكن كان من اللازم أنْ أساعد المرأة

ولذلك ذهبت إلى ميدان التحرير. عندما وصلت، رأيت مظاهرة كبيرة، ولكن أهم شيء فيها هو أنها كانت مظاهرة نسائية. في البداية، ظننت أنّه كان غريبا جدا لأنّ الاحتجاجات في مصر دائما تبدأ من قِبَل الرجال. كنت أفكر في هذا عندما سمعت إحداهن يناديني باسمي. وجدت مريم وامتلأ وجهها بالإثارة والحماس. مشينا مع الحشد وتكلمنا عن المظاهرات اليوم وكيف بدأت. قالت إنّها بدأت كيوم عادي. شارك الرجال والنساء في المظاهرة كالعادة وبعد قليل، تعرضت النساء للمضايقة من قبل بلطجية خُبثاء. كانت النساء مُهدّدات، وما كان لديهن أيّ وسائل للدفاع عن أنفسهن. لذلك تطوّع بعض الرجال للوقوف إلى جانب الحق والعدالة والمساواة، وهكذا بدأت هذه الحركة النسوية في ميدان التحرير.

بالنسبة لي، هذه القضية مُهمّة جدا ويجب على كل الأشخاص أنْ يطالبوا بالمساواة وليس فقط للنساء ولكن للجنس البشري أجمع. يجب أن تكون مصر نموذجا لكل العالم العربي في حقوق النساء، وهذه الثورة فرصة لتغيير وضع النساء في مصر ودورهن في السياسة الوطنية والحياة العامة. في الواقع يعاني المصريون، بشكل عام، من مشكلة واحدة وهي القمع من قبل الحكومة. لكن النساء المصريات تعانين من أمر ثان وهو ظلم عدم المساواة، ولذلك عندهن سبب أكبر وأهمّ للاحتجاج ضد الحكومة وضد الظلم الاجتماعي بشكل عام.

أسئلة الفهم:

1. لماذا قال عاصم لأمه: "أيوه أيوه، أنا هرجع قبل حظر التجول."؟

2. من هي المرأة التي ذهب عاصم لرؤيتها؟

3. لماذا غار عاصم من المرأة؟

4. بماذا نصحت المرأة عاصم؟

5. لماذا ظنّ عاصم أنّ الاحتجاجات في ذلك اليوم غريبة؟

6. لماذا قال عاصم إنّ قضية الحركة النِّسوية مُهمّة جدا؟

التمثيل المسرحي: ACT IT OUT!

اختر سيناريو من السيناريوهات المقترحة أدناه ومثِّل دورا من الأدوار مع زميل أو زميلين. على المجموعة أن تقوم بأداء التمثيلية للصف.

1. يُقبض على عاصم والمرأة التي أخفاها في وسط الميدان.

2. لا تسمح أم عاصم له بالخروج من البيت.

3. تُصاب المرأة ولا يجد عاصم من يساعده.

Creative Writing Resources and Activities:
القواعد

المفعول لأجله:

المفعول لأجله is a المصدر in accusative case ending used to describe the reason or purpose for an action:

ذهبت المرأة إلى المظاهرة مُطالِبةً بحقها

The woman went to the demonstration demanding her rights.

Some forms of المفعول لأجله are:

المصدر القلبي: as a verbal noun that expresses emotions or feelings:

وقف احتراما لها

He stood up out of consideration for her.

مصدر معرّف جُرَّ باللام: as a verbal sentence preceded by the preposition لام

أكافح للحفاظ على استقلاليتي

I struggle to keep my independence.

إضافة: as an 'iDaafa phrase

توقف عن مكالمة المرأة رغبةً احترام حياتها الخاصة

He refrained from calling the woman out of a desire to respect her privacy.

تمرين 1:

ضعوا خطا تحت المفعول لأجله والمفاعيل الأخرى (مع تبيين أنواعها) التي درستموها سابقا ثم ضيفوا فقرة أخرى مستخدمين المفاعيل الخمسة حول دور المرأة في المجتمع وفي التغيير الاجتماعي.

وكانت هناك نساء وفتيات أيضاً ضمن الجرحى والمصابين من ضحايا قوات الأمن والبلطجية، وضمن من تعرضوا للتعذيب في المعتقلات. فعلى سبيل المثال، صاحت مهير خليل زكي من بولاق الدكرور بمحافظة الجيزة على رجال الشرطة بعد أن رأتهم من على سطح منزلها وهم يقتلون رجلاً بالشارع، فعاجلوها بطلقة نارية على الفور وتوفيت لاحقاً على أثرها. كما كانت المرأة حاضرة بقوة بين الناشطين ومنظمي الأحداث على الإنترنت. فعلى سبيل المثال نشرت أسماء محفوظ، وهي من الأعضاء المؤسسين في «حركة شباب 6 إبريل/نيسان» لقطات فيديو كجزء من مبادرة على الإنترنت لحث الناس على الانضمام للاحتجاجات في الشارع. أضيفوا فقرتكم هنا:

....

....

....

....

....

....

....

....

....

....

....

....

....

....

....

....

كلمات/عبارات أكثر من العامية المصرية   Colloquial Resources

إضافة إلى كلمات العامية التي تعلمتموها من النماذج الكتابية، ستجدون هنا كلمات وعبارات أكثر بالعامية المصرية يمكنكم أن تستخدموها في كتابة قصصكم.

كلمات مفيدة من العامية المصرية

مكسوفة = مستحية

يْعاكِس = يتحرَش

إتخضِّيت = صدمت من المفاجأة

إنت قليل الأدب = أنت رجل غير مُخلَّق

ضربْها بالقلم = صفعها على وجهها

أقطع إيدك

شعار من الثورة

ما رأيك في الشعار؟ اكتب شعارك أنت يعبر عمّا يجري من حولك، وله علاقة بموضوع الوحدة!

التحرش مِش حيْفيدك...جرَّب تاني وانا اقطع ايدك

Write your own story!! اكتب قصتك الآن!!

قاموسك الشخصي:

المعنى	الفصحى

المعنى	العامية المصرية

قاموسك الشخصي:

الوحدة العاشرة
الأخوة والتضامن

خلفية تاريخية Historical Background

اليوم الثالث عشر – الأحد 6 فبراير/شباط: في القاهرة، استمر المتظاهرون في احتلال ميدان التحرير وأقام المسيحيون القداس في الميدان بينما وقف مسلمون لحمايتهم، كما أُقيمت الصلاة على أرواح «شهداء» الانتفاضة. ولأول مرة منذ أيام استأنفت البنوك نشاطها لساعات قليلة إلا إن شركات الصرافة ظلت مغلقة. وبدأت النيابات والمحاكم في العمل مجدداً، كما بدأ الحوار بين الحكومة وجماعات المعارضة، ومن بينها جماعة «الإخوان المسلمين» المحظورة، ولكن سرعان ما انهار الحوار.

الأسئلة الرئيسية: ما هو الدور الذي يلعبه الدين في الحركة الشعبية؟ كيف يمكن للتضامن بين الأديان أنْ يؤثِّر على الاتجاه المستقبلي للمجتمع المصري؟

Unit 10 Scenario   **سيناريو الوحدة العاشرة**

الأخوة والتضامن

أ. يمكنك رؤية المسيحيين والمسلمين معا في مسيرة متعددة الأديان في ميدان التحرير. صف الوضعية والتفاعل بين المجموعتيْن الدينيتيْن. ما هي القضايا التي تُناقِشها وما هو الحوار الذي تشهده بين المشاركين؟ ما هي الانطباعات التي تتكوّن عندك عند مُعايَنة هذا الحدث؟ أو

ب. تشاهد وسائل الإعلام الدولية وترى المسيحيين والمسلمين معا في مسيرة متعددة الأديان في ميدان التحرير. ما هي آراءك حول هذا الحدث وأهميته بالنسبة لك؟ ما هي وجهة النظر التي تُقدِّمها وسائل الإعلام الدولية عن هذا الحدث؟

ما رأيك ولماذا؟ برّر إجابتك!

• كيف تنظر إلى المستقبل بين الطائفتيْن المسلمة والمسيحية؟ هل تعتقد أنّ هذا التجمّع يمكنه أنْ يُساهم في استمرارية وتحسين العلاقات بين الجماعتيْن الدينيتيْن؟

• كيف يمكن لنظام مبارك أنْ يستفيد من الفتنة بين المسلمين والمسيحيين؟

• هل تعتقد أن هذا التجمع قد يمكن التلاعب به من قِبَل جماعات المصالح السياسية لتحقيق أجندة خاصة؟ إذا كان الأمر كذلك، صف وجهات نظرك. ما هي الإجراءات التي يتوجّب على القادة الدينيين اتِّخادها؟

مفردات مفيدة:

solidarity	تضامُن
brotherhood	الأخوة
church	الكنيسة
mosque	المسجِد
Christians	المسيحيون
Copts	الأقباط
multi-faith	مُتعدِّدة الأديان
rally	اِحْتِشاد
Sunday Mass	قُدّاس الأحد
to guard	حرس يحرس حراسة
Christ	المسيح (عليه السلام)
candle	الشّمعة ج. الشّموع
martyr	الشهيد ج. الشهداء
division	التفرقة
sect	الطائفة ج. الطوائف
community / society	الأُمَّة/المجتمع
sectarian violence	العنف الطائفي
a call to reason	التَّعَقُّل
religious speech	الخِطاب الدِّيني

تمرين 1:

أكملوا الجمل الآتية باستخدام الكلمات التالية:

المسيحيون	تضامن	احتشد	حراسة
شموع	الأمة	الأقباط	التعقّل

1. ________________ ________________ مع المسلمين في ثورة مصر.
2. يُحيي ________________ مولد المسيح عليه السلام كل عام.
3. تحتفل ________________ الإسلامية بعيد الفطر بعد رمضان.
4. ________________ الناس مطالبون بإصلاحات سياسية.
5. قام الجيش المصري بـ ________________ المتحف الوطني.
6. نحتاج إلى ________________ كثيرة عند انقطاع الكهرباء.
7. نادى علماء الأزهر الرئيس المصري بـ ________________ في قراراته.

تمرين 2:

أكملوا الجمل الآتية باستخدام مفردات الوحدة العاشرة:

بالنسبة للمسلمين ....

يوجد في المجتمع الهندي..

الشباب في العالم العربي يكوّنون ....

إبّان الحضارة الإسلامية في الأندلس..

في أمريكا طوائف ....

تمرين 3:

ضعوا دائرة حول الكلمة الغريبة:

1. مظاهرة	تفرّق	تجمّع	احتشاد
2. الشهيد	الناشط	الميّت	القتيل
3. البلد	الوطن	الأمة	الأمن القومي
4. التعقّل	الحكمة	الرزانة	الحيوية
5. استفزّ	حمى	حافظ على	حرس
6. الجماعة الدينية	الطائفة	الشيعة	الوزارة

تمرين 4:

التعليمات:

كوّنوا مجموعات ثنائية وتناوبوا على طرح الأسئلة التالية والإجابة عنها. يجب على الطالب المجيب استخدام مفردات الوحدة العاشرة وقائمة المفردات الرئيسية.

1. كيف كان تضامن الشعب الأمريكي مع سكان نيو أورلينز بعد إعصار كاترينا في 2005؟ ما رأيك في ردّة فعل إدارة بوش في ذلك الوقت؟

2. ما هو دور الخطاب الديني في تأجيج الحماسة في صفوف الشباب العربي الثائر؟

3. ما رأيك في أزمة بناء مسجد قرب المركز التجاري العالمي في نيويورك في سنة 2010؟ هل تُأيّد أم ترفض بناء مساجد في أمريكا؟

4. هل هناك عنف طائفي في البلد الذي تعيش فيه؟ ما هي أسباب ذلك العنف؟

5. كيف يستخدم أيّ استعمار عُنصر التفرِقة بين أبناء الشعب الواحد في مستعمراته؟

تمرين 5:

أجيبوا عن الأسئلة التالية:
1. ما هي قصة هذه الصورة؟ ناقش/ي: الخلفية، وجهة النظر، والموضوع.

2. في رأيك، ماذا سيحدث بعد ذلك؟

نشاط قراءة:

ما قبل القراءة:

من خلال عنوان النص التالي، تكهنوا المحتوى. ما رأيكم؟

اقرأوا النص التالي ثم أجيبوا عن أسئلة الفهم:

الطائفية الدينية ومشكلاتها

محمد عمارة*

الطائفة هي الجماعة التي تطوف أو تدور حول محور واحد، حول زعيم أو حول قائد، أما الطائفية في مصطلحنا المعاصر فهي التعصب للطائفة إذن فارق بين الطائفة وبين الطائفية التي تمثل تعصباً لطائفة من الطوائف مثل المذهب والمذهبية، المذهب شيء مشروع فيه تنوع، فيه اختلاف أما المذهبية فتعني أحيانا التعصب للمذهب، هذا عن مصطلح الطائفة والطائفية...

تراث الإسلام لم يعرف مصطلح الأقلية ومن ثمة لم يعرف مصطلح الطائفية. الإسلام يعرف أمة ،في داخل هذه الأمة تنوع واختلاف وتمايز. التنوع قد يكون تنوعاً دينياً وفي الشرائع وهذه آية من آيات الله سبحانه وتعالى، قد يكون تنوعاً لغوياً أي قومياً وهذه آية من آيات الله سبحانه وتعالى، قد يكون تنوعاً في الأعراق والاثنيات كما يقولون، وهذه آية من آيات الله سبحانه وتعالى.

إذن تنوع داخل الأمة هو الموقف الإسلامي الذي يجعل كل هذه الألوان من التنوعات شيء طبيعي بل سُنَّة من سُنن الله الذي لا تبديل لها ولا تغيير ولا تحويل. نرى في دستور دولة المدينة الذي وضع سنة واحد هجرية أي قبل 14 قرناً رسول الله صلى الله عليه وسلم ينص في مواد هذا الدستور: المؤمنون أمة من دون الناس واليهود والمؤمنون أمة. إذن الأمة جمعت في دولة المدينة تنوعاً في الديانات وفي القبائل، إذن التنوع في إطار الأمة فيما يتعلق بنظرة الإسلام إلى النصرانية في عهد رسول الله صلى الله عليه وسلم لنصارى نجران ينص على أن هذا العهد هو لنصارى نجران ولكل من يتدين بالنصرانية عبر الزمان والمكان يقول: لهم ما للمسلمين وعليهم ما على المسلمين وعلى المسلمين ما عليهم حتى يكونوا للمسلمين شركاء فيما لهم وفيما عليهم إذن تنوع الدين...

يعني أنا أقول أن الأنظمة الاستبدادية هي صانعة الطائفية ولعبت بورقة الطائفية لكي تهمش النهضة الإسلامية والمشروع الإسلامي. حسني مبارك كان يعطي تعليمات لكل أقسام الشرطة في مصر إذا كان هناك نزاع بين مسلم ومسيحي، ضابط الشرطة يقف مع المسيحي ضد المسلم، هذا يُحدِث ردود أفعال طائفية لا علاقة لها بالإسلام ولا بالعروبة. كل النظم الاستبدادية تلعب بورقة الطائفية. حسني مبارك الذي اعتبره الإسرائيليون كنزا استراتيجيا للأمن الإسرائيلي هو الذي جمع الكتب الإسلامية من مكتبات المدارس والأندية وأشعل فيها النيران، وهذا لم يحدث في تاريخ مصر الإسلامية، هو الذي أغلق المساجد بعد الصلوات بينما الكنائس مفتوحة أربعة وعشرين ساعة، أمم منابر المساجد وجعل الأمن يتحكم فيها بينما منابر الكنائس حرّة، إذن أنا أقول الاستبداد

يلعب بورقة الطائفية لِيُلهي الشعب بهذه الطائفية عن محاربة الاستبداد...

الأمر الثاني: الغرب لم يعرف المواطنة إلا على أنقاض الدين وأنقاض اللاهوت وأنقاض المسيحية، أما نحن في الحضارة الإسلامية والتاريخ الإسلامي، الذي علّمنا المواطنة هو رسول الله صلى الله عليه وسلم. هي جزء من إسلامنا عندما يقرّر الرسول صلى الله عليه وسلم أنّ غير المسلمين لهم ما للمسلمين وعليهم ما على المسلمين، وعندما يقول صلى الله عليه وسلم: (وأن أحميهم وأحمي كنائسهم وبيعهم وصلبانهم وبيوتهم ورهبانهم بما أحمي به نفسي وأهل الإسلام من ملتي) قمة المواطنة العميقة منذ 14 ألف قرنا، أما الذين يريدون علمنة المواطنة كما هو الحال في الغرب فإنهم ينزعون القداسة، الحماية الإسلامية لهذه المواطنة...

نحن أبناء حضارة إسلامية لم تعرف التفرقة؛ لا العنصرية، ولا القومية، ولا الطائفية والمذهبية. عاشت كل المذاهب حتى الديانات الوضعية الزرادشتية والهندوسية والكونفوشيوسية في ظل الحضارة.

أسئلة الفهم:

1. ما رأيك في تعريف الطائفة والطائفية في هذا النص؟

2. لماذا يقول الكاتب إنّ الأنظمة الاستبدادية هي صانعة الطائفية ولعبت بِورقة الطائفية؟

3. ما الاختلاف بين مفهوم المُواطنة في التاريخ الغربي والإسلامي؟

4. كيف تتمّ علْمنة المُواطنة، في رأي الكاتب؟

نشاط استماع:

ما قبل الاستماع:

أجيبوا عن الأسئلة التالية:

ما هي أبرز سِمات هذا الكاريكاتور؟

ما هي بعض تأثيرات هذا (الموضوع) على حياة الناس؟

الآن، استمع إلى الكليب وأجب عن الأسئلة التالية. تجدون الفيديو على هذا الرابط الالكتروني:

http://www.youtube.com/watch?v=WOhIuUNFZzo

1. ما هو الاحتِقان التي تتحدّث عنه المُذيعة؟

2. ماذا حدث في الإسكندرية؟

3. ما هو الواقع التي فرضته الثورة على الشارع المصري؟

4. ما هي العلاقة الحقيقية التي أظهرتها الثورة بين المسيحيين والمسلمين؟

5. ماذا سيكتشف المستقبل، في رأي الأستاذ زاخر؟

6. لماذا كانت الكنائس أكثر أمْناً في غياب الأمن؟ على ماذا يدلّ هذا الأمر؟

ما بعد الاستماع:

أسئلة للمناقشة:

1. ما هي المشاكل الطائفية التي توجد في بلدك؟

2. هل أنت مع أو ضد استخدام الدين في السياسة؟ لِمَ أو لِمَ لا؟

3. كوّنوا مجموعات ثنائية وقوموا بمناظرة دفاعا عن رأيين متضادين حول دور الدين في المجتمع والسياسة وقدموا حججكم وبراهينكم.

عبارات مفيدة:

أودّ أن أضيف شيئا...	هذا صحيح لكن ...
السبب هو ...	ولكن ما يقلقني هو أنّ...
لماذا تعتقد أنّ...؟	على سبيل المثال:
خلاصة القول...	باختصار...
بدلاً من...	عموما...

Student Writing Sample   **نموذج كتابيّ لأحد الطلاب**

Personal Dictionary: **قاموس الطالب الشخصي:**

المعنى	الفصحى
pessimistic	متشائم
we live freely	نحيا أحرارا
المعنى	**العامية المصرية**
إلى متى؟	لإمْتى
هذا يُظهِر أنَّ	دا بيبيّن إن
ليس فيها	مفيهاش

الشخصية: ليلى القبطية

كالعادة، جلست أسرتي وأسرة خالد معا، وأكلنا الفطور وشربنا بعض القهوة. منذ أيام، جُرِح خالد، وأصبحنا أحسن جيران. خلال فطورنا، شاهدنا التليفزيون واستمعنا الى أخبار الاحتجاجات في ميدان التحرير. استطعنا أنْ نجد قناة غربية غير مصرية. الأخبار المصرية ما زالت تسيطر عليها الحكومة.

كنت أستعدّ لأقرأ كتابا عندما رأينا صورا جديدة على تلك القناة:

صلّى المسلمون في ميدان التحرير، والمسيحيون يحمونهم من قوات مبارك وخاصة البلطجية، ثم أظهر تقرير الاخبار المسيحيين يقومون بقداس الأحد في ميدان التحرير أيضا. قام المسلمون بحراسة إخوانهم المسيحيين.

قالت أمي لنا:

– أوّل مرّة أشوف ده!

أجاب أبو خالد:

– ده يوم عظيم! بحِسّ بالأمل لمصر بسبب الأخوة دي.

قال أبي:

– أنا متفقش معك في رأيك. كويّس إننا نشوف التضامن ده، وبدون تمييز بس لإمْتى حيستمر الحال ده؟ نحتاج إننا نفكر في اللّي حيحصّل بعد الثورة.

– ليه إنت متشائم؟ ده كويس! دا بيبيّن إنّ أمِّتْنا مفيهاش طائفية. احنا مجتمع فيه أديان مختلفة ومفيش فرقة لما نكون إيد واحدة. قلتُ لوالدي.

– بس، بعدِ ما يرحل مبارك، المجتمع حينقِسِم. نحتاج إنّنا نفتكر دور الإخوان المسلمين وإنّهم ممكن يسيطِروا على الحكومة والسياسة في المستقبل، وما دمنا إحنا أقباط فهويتنا وولائنا للدِّين والأمة القبطية في الأوّل.

ـ أنا بختلف معك، يا بابا. لمجرّد أنّي أشوف الناس متجمّعين مع بعض، بيثبت إنّ الناس مش عايزين شهداء ولا فُرقة.

بدأنا نستمع إلى الأخبار ثانياً. قال شخص لصحافي: «هذا الاحتشاد لنتذكر كل الشموع التي قُتلت من أجل أن نحيا أحرارا، ولا يهمّ إذا كانوا مسلمين أو مسيحيين.» واصلنا مشاهدة الأخبار طوال اليوم...

أسئلة الفهم:

1. ما تعليق أبي خالد على وجود المسلمين والمسيحيين في الميدان؟
2. ماذا كان ردّ فعل أبي ليلى؟
3. كيف تختلف ليلى مع أبيها؟
4. لماذا ذكر أبو ليلى الإخوان المسلمين؟

التمثيل المسرحي: ACT IT OUT!

اختر سيناريو من السيناريوهات المقترحة أدناه ومثِّل دورا من الأدوار مع زميل أو زميلين. على المجموعة أن تقوم بأداء التمثيلية للصف.

1. يذهب أبو ليلى وأبو خالد مع أسرتهما إلى الميدان، ويلتقيان في الطريق بالقسيس.

2. رجل مخابرات يريد أن يُوقع بين مسلمي ومسيحيي الحيّ الذي تسكن فيه ليلى.

3. يعتصم أبو ليلى مع المحتجين في ميدان التحرير ليلا.

4. تطبخ أم ليلى أكلا لذيذا وتذهب به مع ابنتها ليلى لحضور القداس. يقطع طريقها عصابة من اللصوص قرب ميدان التحرير.

Student Writing Sample

نموذج كتابيّ لأحد الطلاب

Personal Dictionary:

قاموس الطالب الشخصي:

المعنى	الفصحى
urgent	عاجِلة
discrimination	التمييز
minority	أقليّة
extremist	مُتطرّف
idealistic	مِثاليّ
optimistic	مُتفائل

الشخصية: نادية، صحفية

كان يوم 2 فبراير يوما سعيدا. في ذلك اليوم، كانت هناك وحدة مدهشة بين المسلمين والمسيحيين الأقباط في ميدان التحرير. بالرغم من العنف في المظاهرات في كل البلد وأيضا التاريخ الطويل بينهم، هم عملوا معا للحصول على السلام والعدالة لكل المصريين، وليس فقط لمجموعة واحدة فقط.

سأبدأ من البداية: كنت في الاستوديو حيث أعمل، وبقيت 20 دقيقة على بداية بثّي التلفزيوني ولذلك كنت أجلس في مكتبي لمشاهدة التلفزيون. فجأة، ظهرت أنباء عاجلة عن المظاهرات في ميدان التحرير: انضمَّ معا المسلمون والأقباط في الميدان. في الأنباء، شاهدت المجموعتيْن تقبضان بأيدي بعضهما البعض وتهتفان: "المسلمين والمسيحيين إيد واحدة." في مصر هاتان المجموعتان بينهما مشاكل كثيرة متعلقة بالتمييز والكراهية والعنف. المسيحيون الأقباط أقليّة في مصر، ولذلك يواجهون قضايا كثيرة.

شهدت هذا عندما كان عمري 7 سنوات. كنت أمشي إلى المدرسة عندما رأيت 10 رجال مُتطرّفين تجمعوا أمام الكنيسة القبطية. عندما اقتربت من المكان، أدركت أنّ الكنيسة أُحرقت بالنار من قبل هؤلاء الرجال. كان المبنى يحترق عن أكمله. كنت خائفة لذلك ركضت بعيدا عن المشهد ولكن ليس قبل أن أسمع: «مش عايزينكوا هنا.» صُدمت بهذا الحدث لكن أظنّ أنّهم مجموعة قليلة لا تمثّل كل المسلمين.

أستطيع أنْ أرى كيف أنّه، في الماضي، كان يمكن لمبارك استغلال هذا التوتّر والخلافات بين المسلمين والمسيحيين الأقباط. لم توجد وحدة بين الناس وبالتالي لم تنشأ معارضة قوية ضد الحكومة. الآن نرى وحدة بين المجموعتيْن، وعندهما نفس الرؤية والموقف تجاه مبارك.

أتذكر هذا الحدث بوضوح ولذلك فتلك الظاهرة الجديدة في ميدان التحرير تجعلني أشعر بالسعادة، وأنا متحمسة لمستقبل مصر حيث أنّ كل الناس يمكنهم أنْ يعيشوا معا في سلام بغضّ النظر عن دينهم ومعتقداتهم.

أظنّ أنّ هذه المظاهرة المتوحِّدة تستطيع أن تقود إلى مستقبل مشرق لمصر بالرغم من التاريخ الطويل والبشِع بين المسلمين والمسيحيين الأقباط. سيتذكر الناس هذا اليوم. لن يكون الوضع مثاليا، وربما أنا متفائلة جدا، ولكن أعتقد أنّ التقدُّم يبدأ مع الناس مثلما شاهدناه هذا اليوم.

أسئلة الفهم:

1. ماذا تتذكر نادية في صغرها؟

2. لماذا لم تنشأ معارضة قوية ضد الحكومة في الماضي؟

3. لماذا هي متحمّسة لمستقبل مصر؟

4. في رأيك، هل ستدوم علاقة الأخوة بين المجموعتيْن؟

التمثيل المسرحي: **ACT IT OUT!**

اختر سيناريو من السيناريوهات المقترحة أدناه ومثِّل دورا من الأدوار مع زميل أو زميلين. على المجموعة أن تقوم بأداء التمثيلية للصف.

1. أحد رجال مبارك يُشعل الفتنة بين الأقباط والمسلمين في الميدان.

2. تُجري نادية حوارا مع إمام وأب مسيحي.

3. المصوّر في المقهى يتبادل الحديث مع شباب أقباط ولكن من بينهم رجل مباحث.

Student Writing Sample

نموذج كتابيّ لأحد الطلاب

Personal Dictionary:

قاموس الطالب الشخصي:

المعنى	الفصحى
عانى من	قاسى من
تساوٍ	تكافُؤ
loyalty	ولاء
political tool	أداة سياسية
to promise	وعد
to remain	ظَلَّ

الشخصية: عاصم، طالب جامعي

اليوم هناك احتشاد متعدّد الأديان في ميدان التحرير، ويشمل كُلا من المسيحيين والمسلمين وأيضا كل الطوائف التي تشتبك عادة مع بعضها البعض ولكنهم اليوم يتجمّعون كلهم في تضامن على الرّغم من أديانهم وأفكارهم المختلفة. إنّ هذه ظاهرة نادرة وخاصّة جدا، بالنسبة لي، هنا، في الاحتجاجات، ليس هناك تفرقة ولكن، بدلا من ذلك، هناك الأخوة بسبب النضال للصالح العام والحرب ضد النظام الذي نقاسي منه كلّنا بنفس الطريقة. ولذلك في البدء ونحن الآن ما زلنا في بداية الثورة، توحِّدنا نفس الأفكار ونفس الرؤى لمستقبل مصر. اليوم في مدينة القاهرة، أرى المسلمين والمسيحيين، وكل الأفراد من طوائف متعددة وهم يصيحون بنفس الشعارات ويطالبون بنفس التغييرات. يريدون تكافؤ فرص العمل، وأنْ يعيشوا في مجتمع لا يوجد فيه سبيلا للمحسوبية لحشد الدعم السياسي وخلق انقسامات الولاء.

بالطبع هناك إمكانية أنْ تصبح هذه الثورة منقسمة على طول الخطوط الطائفية. المسؤولون السياسيون قد يستخدمون المحتجين كأداة سياسية كالعادة. مثلا، إذا وعدت الحكومة بالفوائد لمجموعات معينة فستتحول الجماعات ضد بعضها البعض وسيستمر الفساد والظلم في الحكومة المصرية. لذلك فإنّه من اللازم أن يظلّ الجميع متضامنين ويدعمون بعضهم البعض، وأن يكونوا مُصرّين على مطالبهم.

في الحقيقة، أنا لا أرى أنّ الثورة ستصبح صراعا طائفيا. الصحفيون يسألون دائما: « الثورة المصرية ثورة إسلامية؟» وأنا أجيب: «لأ» لأن المشاكل التي يعاني منها كل المصريين ليست مشاكل دينية أو معنوية. هي مشاكل اقتصادية واجتماعية، ولذلك فالمصريون؛ بما فيهم المسيحيون والمسلمون واليهود، يريدون نفس التغييرات ونفس المطالب.

هناك أدلة إضافية على أنّ الثورة المصرية لن تصبح ثورة إسلامية لأنّ الحكومة الأمريكية تدعم الحركات المتعددة الأديان وتدعم المصريين في هذه الثورة حتى الآن. إذن إذا دخل الإخوان المسلمين فيها، فالأمريكيون سيرفضون دعمهم للمصريين خوفا من الثورة الإسلامية.

أسئلة الفهم:

1. بماذا يتميّز احتشاد اليوم؟
2. لماذا كانت ظاهرة اليوم نادرة بالنسبة لعاصم؟
3. بماذا يطالب المسلمون والمسيحيون على السواء؟
4. كيف يستخدم السياسيون الطائفية الدينية؟
5. ما هي نتائج هذه التفرقة الطائفية على المجتمع؟

ACT IT OUT!

التمثيل المسرحي:

اختر سيناريو من السيناريوهات المقترحة أدناه ومثِّل دورا من الأدوار مع زميل أو زميلين.

على المجموعة أن تقوم بأداء التمثيلية للصف.

1. صديق عاصم القبطي يرسل له رسالة نصية وهو في الميدان.
2. يتعرّض عاصم لمضايقات بسبب حمله الإنجيل في يده.
3. يحاور عاصم صحفيّ من قناة السي ان ان.

Creative Writing Resources and Activities:

القواعد

المبني للمجهول

Here are some rules about the passive voice in Arabic.
Please consult Arabic grammar books for more details.

- Some verb أوزان such as انفعل، إفعلَّ cannot be formed in the passive voice.
- Vowels change in the passive voice according to the verb أوزان (see two tables below)
- The object in the active voice takes the role of the subject in the passive voice. It is called نائب الفاعل "the vice subject", and it takes المرفوع case ending:

يُحاكِم القاضي المجرمَ
يُحاكَم المجرمُ

مثال	الماضي المجهول	الماضي المعلوم	الوزن
قَضى قُضِيَ	فُعِلَ	فَعَلَ / فَعِلَ	I
جمَّد جمِّدَ	فُعِّلَ	فَعَّلَ	II
حاكم حُوكِم	فوعِل	فاعَلَ	III
أقنَع أُقنِع	أُفعِلَ	أفعَلَ	VI
تقبّل تُقُبِّل	تُفُعِّلَ	تَفَعَّلَ	V
تبادل تُبودِل	تُفوعِلَ	تَفاعَلَ	IV
-X-	-X-	إنْفَعَلَ	IIV
إتَّهَم أُتُّهَم	أُفتُعِلَ	إفتَعَلَ	IIIV
-X-	-X-	إفْعَلَّ	XI
إستدعى أُستُدعِيَ	أُستُفعِلَ	إسْتَفْعَلَ	X

تمرين 1:

حَوِّل من المعلوم إلى المجهول:

1. قبضت الحكومة على مبارك ---> ________________________________

2. استدعى القاضي المحامي ---> ________________________________

3. استمع الدفاع للتّهم ---> ________________________________

4. إتّهمت النيابة العامة العادلي بقتل المتظاهرين ---> ________________________________

5. قضت المحكمة على الرجل بالسجن ---> ________________________________

كلمات/عبارات أكثر من العامية المصرية   Colloquial Resources

إضافة إلى كلمات العامية التي تعلمتموها من النماذج الكتابية، ستجدون هنا كلمات وعبارات أكثر بالعامية المصرية يمكنكم أن تستخدموها في كتابة قصصكم.

كلمات مفيدة من العامية المصرية

ما تِفْرقُش معاي إذا كان مسلم ولا مسيحي = لا يهمني إن كان مسلما أو مسيحيا

ما انا طول عُمْري حواليَّ اصحاب مسيحيين = طوال حياتي وأنا محاط بأصحاب مسيحيين

بنْعالج الأمور غلط = نتناول الأمور بطريقة خاطئة

ذول على جَنْب وذول على جنب = هؤلاء في ناحية وأولئك في ناحية أخرى

الخطة اللّي رسْمِهالْنا إنّنا نُوقع في بعض = الخطة التي رسموها لنا هي أننا نقع في خصام فيما بيننا

المسيحيين فيهم ناس عاقْلة وبِتقول الحق

هاوْقَف معاك وَاحْميك = سأقف معك وأحميك

فاتِت = مرَّت

حسيت = شعرت

صغَيْرين = صِغار السِّن

هؤلاء ناس = دول ناس

أمنحه ثقتي = اديله ثقتي

من صفحة المدونة الإلكترونية MonaSosh

الثلاثاء، فبراير 08، 2011

شاركونا الثورة

الاصدقاء و الزملاء

الفترة اللي فاتت كانت اكتر فترة مكثفة بالاحداث في حياتي, بس كمان كانت اكتر فترة حسيت فيها بانتماء و حب للبلد دي.

لو كنتوا موجودين يوم الأربعاء و انا شايفة شباب صغيرين بيمشوا بشجاعة يواجهوا رصاص حي و هم كل اللي في ايديهم حجارة وخردة مرمية بيحاولوا يحموا نفسهم بيها كنتو اكيد هتتأكدوا ـ لو كنتوا شاكين ـ ان دول ناس نازلة تجيب حقها و حق اهلها باستماتة.

وانا هناك 5 ماتوا . ده يوم الأربعاء, يعني بعد خطاب مبارك بساعات.

مافيش حاجة عملها مبارك في حياته تخليني للحظة اديله ثقتي, بس في ليلة واحد الشباب والعائلات اللي هناك في ميدان التحرير عملوا حاجات كتيرة تخليني اثق فيهم لاخر الطريق انا عشت هناك طول الفترة اللي فاتت فمش محتاجة دليل على ان الناس اللي في ميدان التحرير مش عملاء, و مش مضحوك عليها, و مش بيدعوا لخراب البلد, دول ناس رايحة تثور على الفساد اللي كلنا بنشتكي منه من زمان و تجيبلنا حقوقنا.

لو ماكنتوش اتفرجتوا على العاشرة م النهاردة اللي استضافت الشاب وائل غنيم اللي كان محتجز لمدة 12 يوم و لسة خارج. و هو المسئول عن صفحة « كلنا خالد سعيد » على الفيسبوك و اللي ابتدت منها الدعوة ليوم 25 يناير, يا ريت تشوفوها

Write your own story!!

اكتب قصتك الآن!!

....

....

....

....

....

....

....

....

....

....

....

....

....

....

....

....

....

....

....

....

....

....

....

....

....

....

....

قاموسك الشخصي:

المعنى	الفصحى

المعنى	العامية المصرية

قاموسك الشخصي:

الوحدة الحادية عشر
القوة للشعب!

لمحة مسبقة عن الوحدة الحادية عشرة

خلفية تاريخية Historical Background

11 فبراير 2011:

نظم مئات الآلاف من المتظاهرين في أرجاء البلاد مظاهرات فيما عُرف باسم «الجمعة الأخيرة»، وفي حوالي السادسة مساءً أعلن عمر سليمان نائب الرئيس أن حسني مبارك تنحى عن منصبه وسلم سلطاته إلى الجيش ممثلاً في المجلس الأعلى للقوات المسلحة الذي يرأسه المشير محمد حسين طنطاوي.

الأسئلة الرئيسية: ما هي مجموعة العوامل التي أطاحت بنظام مبارك؟

هل يمكن لموجة النشاط الشعبي الناتجة عن الانتفاضة أن تستمر؟ هل يمكن لها ان تؤدي الى تغييرات سياسية جِدرية في مصر؟

Unit 11 Scenario   سيناريو الوحدة الحادية عشرة

القوة للشعب!

أ. أنت في شقة جارك أو جارتك وفجأة تسمع هتافات وأصوات الاحتفالات. تشغل جهاز التلفاز وتكتشف أن مبارك قد استقال من منصبه. صف لنا مشاعرك وردود فعلك على هذه الأنباء.

أو

ب. أنت في ميدان التحرير حين تسمع أنباء استقالة مبارك. صف لنا مشاعرك والمشهد الذي كنت موجودا فيه. ماذا تعني هذه الأنباء بالنسبة لك؟

ما رأيك؟ ولماذا؟ برّر إجابتك!

• في رأيك، ما العناصر التي ساهمت في سقوط نظام مبارك؟ ناقش دور المتظاهرين، الجيش المصري، المجتمع الدولي، ووسائل الإعلام . هل هناك عوامل أخرى؟

• في رأيك، كيف قد تتغيّر الأمور بعد استقالة الرئيس مبارك؟

• هل تعتقد أنّه ينبغي اتِّخاذ خطوات محدّدة من أجل ترسيخ الديمقراطية في البلاد؟ إذا كانت الإجابة بنعم فما هي هذه الخطوات؟

• هل تعتقد أنّه سيتِّم تفكيك النظام القديم تماما؟

• هل تعتقد أنّ الشباب لديهم أجندة أعمال سياسية شاملة لتوجيه البلاد في الاتِّجاه الصحيح؟

مفردات مفيدة:

concessions	التنازُلات
people	الشعب
to resign	إستقال يستقيل إستقالة
celebrations	الاحتِفالات
to pressure	الضّغط على
to anger	أغضب
news	خبر ج. أخبار
to cry	بكى يبكي بُكاء
happiness, joy	الفرحة
hope	الأمل ج. الآمال
feelings	شُعور ج. مشاعِر
face (of a person)	وجه ج. وُجوه
to express	عبّر يعبّر تعبير
to announce	أعلن يُعلن إعلان
will (of the people)	إرادة
power, strength	القُوة
statement	بيان ج. بيانات
slogan	الشِّعار ج. الشِّعارات
leave!	إرحَل!
to transform	تحوَّل يتحوَّل تحوُّل
president	الرَّئيس ج. الرُّؤساء
presidency	رِئاسة

تمرين 1:

استمعوا إلى الكليب وأجيبوا عن الأسئلة التالية:

http://www.youtube.com/watch?v=OIpiD5urh7w

1. ماذا قرّر الرئيس مبارك؟
2. من تكفّل بتسيير البلاد؟

تمرين 2:

أكملوا الجمل الآتية باستخدام الكلمات التالية:

الشِّعارات	الفرحة	استقال
إرادة	بكى	مشاعر
	الأمل	وجه

1. ـــــــــــــــ العامل من منصبه احتجاجا على قانون العمال الظالم.
2. زرع الرئيس أوباما ـــــــــــــــ في صفوف الشباب الأمريكي.
3. ـــــــــــــــ الناس عندما تنحّى الرئيس مبارك عن السلطة.
4. ـــــــــــــــ الشعب لا تُقهَر.
5. بدت على ـــــــــــــــ هذا الطفل علامات السعادة.
6. سأحاول أن أكون صادقا في ـــــــــــــــ ـي.
7. لقد تعب الناس من ـــــــــــــــ الزائفة.
8. هناك كتب كثيرة حول موضوع "ـــــــــــــــ".

تمرين 3:

ضعوا الكلمات الآتية في جمل مفيدة:

1. تنازلات

———————————————————

2. الضغط على

———————————————————

3. استقالة

———————————————————

4. عبَّرت

———————————————————

5. أعلنت

———————————————————

6. بيان

———————————————————

7. الرئيس

———————————————————

8. القوة

———————————————————

تمرين 4:

تعليمات:

كوِّنوا مجموعات ثنائية وتناوبوا على طرح الأسئلة التالية والإجابة عنها. يجب على الطالب المجيب استعمال مفردات الوحدة الحادية عشرة وقائمة المفردات الرئيسية.

١. صف لنا مشاعرك عندما وصلتك رسالة القبول من جامعتك المفضلة؟

٢. بعد ثورتي تونس ومصر، أعلنت بعض الحكومات العربية عن قيامها بإصلاحات سياسية واقتصادية في بلدانها استجابة للمطالب الشعبية. ما رأيك في هذه الإصلاحات؟ ما هي الصعوبات التي ستتلقاها هذه الحكومات في تنفيذ هذه الإصلاحات؟

٣. ما رأيك في التحوُّلات التي شهدها العالم العربي منذ ربيع ٢٠١١؟

٤. ما المشاكل الاجتماعية التي تغضبك؟ ما اقتراحاتك لحلّ هذه المشاكل؟

٥. هناك مقولة تقول إنَّ إرادة الشعب لا تُقهَر. ما رأيك في معنى هذه المقولة؟ هل تتَّفِق معها؟ أعط أمثلة تاريخية لها صلة بهذه المقولة.

٦. تمنع دساتير بعض الدول على المرأة أن تكون رئيسة دولة. ما رأيك؟ علِّل!

تمرين ٥:

ضعوا دائرة حول الكلمة الغريبة:

١.	أغضب	أسخط	فرح	ضايق
٢.	ترشَّح	ترك	تنحَّى	استقال
٣.	تنازل	تمسّك ظالِم	أقرّ بالهزيمة	تخلّى
٤.	احتفال	مظاهرة	حفلة	مهرجان
٥.	اختار	ألحّ	أجبر	ضغط على
٦.	الأمل	اليأس	التفاؤل	الرجاء
٧.	قانون	تصريح	بلاغ	إعلان
٨.	ارحل!	اذهب!	اسكن!	غادِر!

تمرين 6:

تأمَّلُوا في الموضوع المحوري ثم خَمِّنُوا وتفكَّروا في الكلمات التي لها صلة بذلك الموضوع. أُكتبوا بعد ذلك فقرة مُتضمِّنة كلماتكم الجديدة. لقد وضعنا كلمتيْن لهما صلة بالموضوع المحوري.

مثال:

النِضال

الإصرار

النصر

نشاط قراءة:

ما قبل القراءة:

أجيبوا عن الأسئلة التالية:

1. ما هو تعريفك الخاص للاستبداد والدكتاتورية؟

2. ما هي صفات الحاكم الدكتاتوري؟ هل قرأت من قبل عن حكومات دكتاتورية في بلد من بلدان العالم العربي؟ كيف كانت نهاية هذه الحكومات؟

الآن اقرأوا النص التالي ثم أجيبوا عن أسئلة الفهم:

تعريف بالكاتب

عبد الرحمن الكواكبي (1854–1902) مفكر ورائد من رواد الإصلاح في العالم العربي.

ما هو الاستبداد

الاستبداد في اصطلاح السّياسيين هو: تَصَرُّف فرد أو جمع في حقوق قوم بالمشيئة وبلا خوف تبعة، وقد تَطرُق مزيدات على هذا المعنى الاصطلاحي فيستعملون في مقام كلمة (استبداد) كلمات: استعباد، واعتساف، وتسلُّط، وتحكُّم. وفي مقابلتها كلمات: مساواة، وحسّ مشترك، وتكافؤ، وسلطة عامة. ويستعملون في مقام صفة (مستبدّ) كلمات: جبّار، وطاغية، وحاكم بأمره، وحاكم مطلق. وفي مقابلة (حكومة مستبدّة) كلمات: عادلة، ومسؤولة، ومقيّدة، ودستورية. ويستعملون في مقام وصف الرّعية (المستَبَدّ عليهم) كلمات: أسرى، ومستصغرين، وبؤساء، ومستنبتين، وفي مقابلتها: أحرار، وأباة، وأحياء، وأعزّاء.

وأشدّ مراتب الاستبداد التي يُتعوَّذ بها من الشّيطان هي حكومة الفرد المطلق، الوارث للعرش، القائد للجيش، الحائز على سلطة دينية. ولنا أن نقول كلّما قلَّ وَصفٌ مِنْ هذه الأوصاف؛ خفَّ الاستبداد إلى أنْ ينتهي بالحاكم المنتخب الموقت المسؤول فعلاً. وكذلك يخفُّ الاستبداد طبعاً كلّما قلَّ عدد نفوس الرّعية، وقلَّ الارتباط بالأملاك الثّابتة، وقلَّ التّفاوت في الثّروة وكلّما ترقّى الشّعب في المعارف.

إنَّ الحكومة، من أيّ نوع كانت، لا تخرج عن وصف الاستبداد ما لم تكن تحت المراقبة الشّديدة والاحتساب الّذي لا تسامح فيه، كما جرى في صدر الإسلام في ما نُقِم على عثمان، ثمّ على عليّ رضي الله عنهما، وكما جرى في عهد هذه الجمهورية الحاضرة في فرنسا في مسائل النّياشين وبناما ودريفوس.

ومن الأمور المقرَّرة، طبيعةً وتاريخاً، أنّه ما من حكومة عادلة تأمن المسؤولية والمؤاخذة بسبب غفلة الأمّة أو التَّمكُّن من إغفالها إلاّ وتسارع إلى التَّلبُّس بصفة الاستبداد، وبعد أن تتمكّن فيه لا تتركه وفي خدمتها إحدى الوسيلتين العظيمتين: جهالة الأمّة، والجنود المنظّمة،

وهما أكبر مصائب الأمم وأهمّ معائب الإنسانية. وقد تخلَّصت الأمم المتمدُّنة نوعاً ما ـ من الجهالة، ولكنْ بُليت بشدة الجندية الجبرية العمومية، تلك الشّدة التي جعلتها أشقى حياةً من الأمم الجاهلة، وألصق عاراً بالإنسانية من أقبح أشكال الاستبداد، حتّى ربّما يصحّ أن يقال: إنّ مخترع هذه الجندية إذا كان هو الشّيطان فقد انتقم من آدم في أولاده ما أعظم ما يمكنه أنْ ينتقم! نعم؛ إذا ما دامت هذه الجندية التي مضى عليها نحو قرنَيْن إلى قرن آخر أيضاً تنهك تجلُّد الأمم وتجعلها تسقط دفعة واحدة. ومن يدري كم يتعجب رجال الاستقبال من تَرَقّي العلوم في هذا العصر ترقّياً مقروناً باشتداد هذه المصيبة التي لا تترك محلاً لاستغراب إطاعة المصريين للفراعنة في بناء الأهرامات سخرة، وأمّا الجندية فتُفسد أخلاق الأمّة حيثُ تُعلِّمها الشّراسة والطّاعة العمياء والاتّكال، وتُميت النّشاط وفكرة الاستقلال، وتُكلِّف الأمّة الإنفاق الذي لا يطاق؛ وكُلُّ ذلك منصرف لتأييد الاستبداد المشؤوم: استبداد الحكومات القائدة لتلك القوّة من جهة، واستبداد الأمم بعضها على بعض من جهة أخرى.

وقد تكلَّم بعض الحكماء، لا سيَّما المتأخِّرون منهم، في وصف الاستبداد ودوائه بجمل بليغة بديعة تُصوِّر في الأذهان شقاء الإنسان كأنّها تقول له: هذا عدوُّك فانظر ماذا تصنع، ومن هذه الجمل قولهم:

«المستبدّ: يتحكَّم في شؤون النّاس بإرادته لا بإرادتهم، ويحكمهم بهواه لا بشريعتهم، ويعلم من نفسه أنّه الغاصب المتعدِّي فيضع كعب رجله على أفواه الملايين من النّاس يسدُّها عن النّطق بالحقّ والتّداعي لمطالبته».

«المستبدّ: عدوّ الحقّ، عدوّ الحّية وقاتلهما، والحق أبو البشر، والحرّية أمّهم، والعوام صبية أيتام لا يعلمون شيئاً، والعلماء هم إخوتهم الرّاشدون، إنْ أيقظوهم هبّوا، وإنْ دعوهم لبّوا، وإلا فيتّصل نومهم بالموت».

«المستبدّ: يتجاوز الحدّ ما لم يرَ حاجزاً من حديد، فلو رأى الظّالم على جنب المظلوم سيفاً لما أقدم على الظّلم، كما يقال: الاستعداد للحرب يمنع الحرب».

«المستبدّ: إنسانٌ مستعدٌ بالطّبع للشّر وبالإلجاء للخير، فعلى الرّعية أنْ تعرف ما هو الخير وما هو الشّر فتلجئ حاكمها للخير رغم طبعه، وقد يكفي للإلجاء مجرَّد الطَّلب إذا علم الحاكم أنَّ وراء القول فعلاً. ومن المعلوم أنَّ مجرد الاستعداد للفعل فعل يكفي شرَّ الاستبداد».

«المستبدّ: يودُّ أنْ تكون رعيته كالغنم درّاً وطاعةً، وكالكلاب تذلُّلاً وتملُّقاً، وعلى الرّعية أنْ تكون كالخيل إنْ خُدِمَت خَدمتْ، وإنْ ضُربت شَرست، وعليها أن تكون كالصقور لا تُلاعب ولا يُستأثر عليها بالصّيد كلّه، خلافاً للكلاب التي لا فرق عندها أُطعِمت أو حُرمت حتّى من العظام. نعم؛ على الرّعية أن تعرف مقامها: هل خُلِقت خادمة لحاكمها، تطيعه إنْ عدل أو جار، وخُلِق هو ليحكمها كيف شاء بعدل أو اعتساف؟ أم هي جاءت به ليخدمها لا يستخدمها؟ والرّعية العاقلة تقيّد وحش الاستبداد بزمام تستميت دون بقائه في يدها؛ لتأمن من بطشه، فإن شمخ هزّت به الزّمام وإنْ صال ربطتْه».

ما أليقَ بالأسير في أرضٍ أن يتحوّل عنها إلى حيث يملك حرّيّته، فإنَّ الكلب الطّليق خيرُ حياةً من الأسد المربوط.

أسئلة الفهم:

1. ما هي العوامل التي تؤدي إلى زيادة حدَّة الاستبداد؟

2. كيف نحدّ من طغيان الحكومة المستبدة؟

3. ذكر الكاتب وسيلتين في يد الحكومة. ما هما وكيف تستعملهما هذه الحكومة في التسلّط على الناس؟

4. كيف تستبدّ الأمم بعضها على بعض؟

5. ما هو دور العلماء في دفع ظلم المستبد؟

6. هل صحيح أنّ «المستبدّ مُستعد بالطبع للشر»؟ ناقش.

7. ماذا يعني الكاتب بهذه العبارة: «فإن الكلب الطليق خير من الأسد المربوط»؟ ما رأيك؟

سؤال للمناقشة:

اذكر نماذج من الاستبداد التي عرفتها الإنسانية في القرن العشرين.

نشاط استماع:

ما قبل الاستماع:

أجب عن الأسئلة التالية:

ما هي قصة هذه الصورة؟ ناقش/ي: الشخصية/ات، الخلفية، وجهة النظر، والموضوع.
في رأيك، ماذا حدث قبل الْتِقاط هذه الصورة؟
ما رأيك فيما سيحدث بعد هذا؟ لماذا؟

http://www.youtube.com/watch?NR=1&v=YGEaBUxs9aY

1. كيف كان ردّ فعل الشعب المصري بعد تخلّي مبارك عن السلطة؟
2. ما كان شعار الشعب آنذاك؟
3. كيف كانت صلاة الجمعة؟
4. ماذا حدث بعد الصلاة؟

http://www.youtube.com/watch?v=NhHN4qqwDaQ

أسئلة الفهم:

1. لماذا مصير مبارك مثله مثل مصير زين العابدين بن علي؟
2. كيف بدأ حكم مبارك ومتى؟
3. كيف كان مبارك يتداول على السلطة؟
4. كيف كان يسيطر مبارك على الدولة؟
5. لماذا أبقى مبارك على قانون الطوارئ؟
6. ما هي أهداف التعديلات الدستورية في 2007؟
7. كيف كان يعيش الشعب في ظل حكم مبارك؟
8. ما هي أثمان الدعم المالي الدولي لنظام مبارك؟
9. ما هو الدرس الذي لقّنَهُ الشعب المصري لباقي الزعماء العرب؟

ما بعد الاستماع:

1. قم بتحضير برنامج تلفزيوني عن يوم سقوط مبارك.

2. حضّر في البيت ثم قدّم في الصف مشروع Digital Storytelling حول الانتفاضة المصرية من 25 يناير إلى 11 فبراير. ستجد التعليمات في آخر الكتاب وعلى الرابط الإلكتروني للكتاب.

نموذج كتابيّ لأحد الطلاب   **Student Writing Sample**

قاموس الطالب الشخصيّ:   **Personal Dictionary:**

المعنى	الفصحى
report	التقرير
assignment	تكليف
ظُلم	قهر
المعنى	**العامية المصرية**
يُخلّصنا مما نحن فيه	يْخلّصنا من اللّي احنا فيه
نقِف	نِوْقَف
وجه	وِش

الشخصية: ليلى القبطية

عندما استيقظت من نومي، لم أفكّر أنّ هذا اليوم سيكون مُهمّا. كالعادة، جلسنا أنا وأسرتي في غرفة الجلوس في شقة أم وأبي خالد. في الشرفة، شرب أبي وأبو خالد قهوتيهما. شاهدت أمي وأم خالد التليفزيون، وكنت أنا وخالد وأخي نناقش الأحداث المصرية.

– يا الله! إمتى تِنتِهي الفوضى دي؟ باتمنّى أنّ ربّنا يسمع صلواتي اليوم، ويْخلّصنا من اللّي احنا فيه! قال أبو خالد لوالدي.

– ربنا ما يسمعش لصلوات مثلك، يا بو خالد. أجابه والدي.

استمرّا في إهانة بعضهما البعض، واستمعنا إلى الأخبار في التليفزيون التي كانت تنشر التطورات الاخيرة في مصر.

فجأة، قال التقرير إنّ هناك أخبارا عاجلة ثم ظهر عمر سليمان أمام الكاميرا. أعلن عن استقالة مبارك، وتكليف المجلس الأعلى للقوت المسلحة المصرية بتسيير البلاد.

كان كل منّا في ذهول ودهشة. أكانت هذه أخبارا حقيقية؟

– الحمد الله وسمع الله دعواتي، ولأنّي عارِف إني مش عاصي!

ثم سمعنا أصواتاً في الشوارع. كل منا ذهب الى الشرفة، ورأينا الحيّ مزدحما بالناس. كانوا يصرخون تعبيرا عن فرحتهم، وكان بعض الناس يبكون وبدأت احتفالاتهم. بالرغم من أنّ الاحتفالات كانت في الخارج فإنّ الاحتفالات تأخرت في شقتي ومع أسرتي.

– الأخبار دي جديدة! بس إيه اللّي غيّر كلِّ ده؟ دلوقتي القوات المسلحة هي الحكومة. ده مش كويِّس. قال والدي.

– يا صديقي! لازم تفرح! الحدث ده مُهمّ جدا جدا! المُهمّ إنّ مبارك استسلم لإرادة الشعب... يعني احنا كشَعب مصري عندنا قوة لتغيير بلادنا، ومستوى معيشتنا. قال له أبو خالد.

- يعني إيه ده؟ ما زلنا نحتاج لتغيير في الحكومة. اللّي حصل مجرد استبدال بسيط من قوة واحدة فاسدة بأخرى. دلوقتي، المجلس الأعلى للقوات المسلحة في السلطة وحنكون تحت قهرهم، وكمان مافيش لا أمن ولا أمان في شوارعنا.

- ممكن، بس فيه أمل. يعني إحنا أثبتنا اننا قادرين نِوْقَف في وش قوة استبدادية، ونبني الديمقراطية في بلادنا ونحافظ على حقوقنا الإنسانية والقبطية.

بالرغم من حجج أبي خالد، فإنّ والدي كان لا يزال مُشكِّكا في كل ما حدث. هو هكذا دائما ولن يتغيّر.

أسئلة الفهم:

1. ماذا كانت تفعل أسرة ليلى وخالد في الصباح؟

2. لماذا قال أبو ليلى: "ربّنا ما يسمعش لصلوات مثلك، يا بو خالد.»؟

3. هل كان كل من في شقة أبو خالد فرحا بأخبار خلع مبارك؟ كيف كان الاختلاف ولماذا؟

4. ما رأيك فيما قاله أبو ليلى من أن ما حدث مجرد استبدال سلطة فاسدة بأخرى مثلها؟

5. تخيل أنّك في الشّقة. كيف كنت ستتعامل وتتصرف مع شخصيات القصة؟

التمثيل المسرحي: ACT IT OUT!

اختر سيناريو من السيناريوهات المقترحة أدناه ومثِّل دورا من الأدوار مع زميل أو زميلين. على المجموعة أن تقوم بأداء التمثيلية للصف.

1. يغضب أبو خالد من أبي ليلى، ويبدأ خصام بينهما.

2. خالد يغيّر موقفه ويدافع عن مبارك ويحزن عند سماع أخبار رحيل مبارك عن السلطة.

3. الكلّ في الكنيسة مع ناس آخرين حين يسمعون أنباء الاستقالة.

4. تُقام حفلة في الحيّ، والأسرتان تنْضمّان إلى باقي الناس للاحتفال معهم. جماعة قبطية من مُوالِيّ مبارك تمرّ عليهم.

نموذج كتابيّ لأحد الطلاب   **Student Writing Sample**

قاموس الطالب الشخصي: **Personal Dictionary:**

المعنى	الفصحى
to appoint	عيّن
to hug	عانق
to kiss	قبّل
to instill hope	زرع الأمل
the future is bright	المستقبل مُشرق

الشخصية: نادية، صحفية

عرفت أن ذلك اليوم سيكون يوما مُهمّاً. لم أعرف لماذا أو كيف ولكني عندما استيقظت في صباح 11 فبراير، كان عندي شعور مختلف عن كل الأيام السابقة. بدأت يومي كالعادة: ذهبت إلى الاستوديو حيث كنت أراسل من ميدان التحرير لأنه في الأسبوعين الماضيين، حدثت تطورات جديدة في الساحة المصرية: عيّن الرئيس مبارك أول نائب رئيس له، وأعلن الجيش المصري أنه لن يستخدم العنف لوقف المظاهرات. قال مبارك أيضا أنه سيستقيل بحلول الانتخابات القادمة. مع كل هذه الأنباء، نحن في القناة 5، والناس عموما في كل البلد، نشعر بالأمل ولذلك ذهبت إلى ميدان التحرير حيث يحدث كل شيء وعدد كبير من الناس معتصمون هناك.

في ذلك اليوم، قضينا كل وقتنا في ميدان التحرير، وفي الساعة التاسعة، احْتَجْت أنْ أعطي تقريري الصحفيّ على القناة: « أهلا وسهلا من جديد ونرحب بكم مباشرة من ميدان التحرير. حتى الآن، مفيش أشياء غير عادية هنا. مثل كل يوم، مئات الآلاف من الناس هنا: الستّات والرجال، الأطفال، المسلمين والقبط. مثلما يمكنكم سماعه، أغلبية الناس هنا بيعبروا عن شعورهم بالإحباط والغضب و...استنى! استنى! عندي رسالة من الاستوديو. الحمد لله، الحمد لله، مبارك استقال، مبارك استقال. "

أظنّ أنّ أيّ شخص يشاهدني في تلك الدقيقة، يمكنه سماع الضجيج والصراخ العالي في ميدان التحرير. من هواتفهم والفيسبوك والتوتر، كل الناس في الميدان اكتشفوا أنباء تنحي مبارك. بالكاميرا، نشاهد هذه الدقيقة التاريخية: سجد المتظاهرون على رُكَبِهم وصلُّوا. آخرون صرخوا وعانقوا وقبّلوا بعضهم البعض. أقوم بعمل رديء لوصف المشهد لأني لا أجد الكلمات. كنت صامتة، وما زلت صامتة. في كل السنوات التي سكنت فيها هذه الأرض، وفي تلك اللحظة بالذات، أدركنا أن لدينا تأثير ضخم على مصر والحكومة، وزرع الأمل في حياة الكثيرين. لاأعرف مستقبل مصر، ولكن أعرف أن هذا البلد سيتغيّر.

من السهل علينا أن ننسى المستقبل. ماذا سيحدث مع الحكومة المصرية؟ هذه الثورة كانت ناجحة لأننا كنّا متّحدين وكان عندنا نفس الأهداف: وضع اقتصادي أفضل وحقوق إنسانية. حاربنا معا كـكُتلة واحدة: الصغير والكبير، الأساتذة والأطباء، الفقراء والأغنياء، المسلمون

والمسيحيون، إلى آخره. كان جانبنا هو الأقوى ضد مبارك، ولكن ماذا عن المستقبل؟ كيف ستتغيّر الأشياء؟ هل سنبقى متّحدين؟ كيف ستصبح الحكومة الجديدة بدون مبارك؟ من يمكنه قيادة البلد؟ هذا يوم سعيد جدا. نحن أحرار من الدكتاتور. المستقبل لمصر مُشرق إذا بقينا متّحدين، وركّزنا ونحن مُصمِّمون.

أسئلة الفهم:

1. لماذا كان شعور نادية مختلف في ذلك اليوم؟

2. ما هي التطورات الأخيرة التي حدثت في الساحة المصرية؟

3. بينما كانت نادية تراسل من ميدان التحرير، وقع شيء لم تتوقعه. ما هو؟

4. كيف كان المزاج في ميدان التحرير؟

5. ما هي التساؤلات التي تطرحها نادية؟ ما إجابتك عنها؟

ACT IT OUT! التمثيل المسرحي:

اختر سيناريو من السيناريوهات المقترحة أدناه ومثِّل دورا من الأدوار مع زميل أو زميلين. على المجموعة أن تقوم بأداء التمثيلية للصف.

1. نادية في شقة جارتها حين يعلن نائب الرئيس عن تنحي مبارك.

2. زوج نادية موجود في السجن حين إعلان استقالة مبارك.

3. نادية في الاستوديو مع صحافيين آخرين.

| | Student Writing Sample | **نموذج كتابيّ لأحد الطلاب** |

Student Writing Sample **نموذج كتابيّ لأحد الطلاب**

Personal Dictionary: **قاموس الطالب الشخصي:**

المعنى	الفصحى
vice president	نائب الرئيس
أعلن	أصْدَرَ
branch	الفَرْع

الشخصية: عاصم، طالب جامعي

ظننت أنه سيكون يوما مثل أيِّ يوم في الاحتجاجات. قلت لأمي إنِّي سأذهب إلى بيت زميلي للعمل على مشروعنا لصف الاقتصاد. كان فقط حُجَّة للذهاب إلى بيته. لم نعمل عليه، وذهبنا إلى الاحتجاجات بدلا من ذلك. كنا نغني شعارات مثل «ارحل يا مبارك» و «الشعب يريد الحرية»، وفجأة، سمعت من شخص في الحشد أنّ نائب الرئيس سيتكلم بعد نصف ساعة. قلت لأمي إني سأعود قبل غروب الشمس، وقد اقترب الوقت. أعلم أن أمي ستشعر بالقلق، ولذلك قلت لصديقي إنه من الضروري أن أعود إلى بيتي، ولكنه رفض أن يسمح لي بالمغادرة.

ـ إنت مجنون؟ نائب الرئيس هيتكلم دلوقتي. ده هيكون أهمّ يوم في الثورة.

أدركت أنّه على حق، فقررت أن أبقى حتى يتكلم نائب الرئيس. شعرت بالذنب، وقد تعبت من الكذب كل يوم. بعد وقت قصير، نسيت معظم مشاعري السلبية لأنه وصل ناس كثيرون إلى ميدان التحرير. قد نشرت الأخبار أن نائب الرئيس سيصدر إعلانا. رأيت العديد من الناس الذين كنت أعرفهم، بما في ذلك الأساتذة والجيران والزملاء. شعرت كما لو جُمِعت كل مصر معا في هذا المكان، وأحسست بمشاعر الأمل والقوة. الشيء الوحيد الذي قد يحسن هذه الليلة هو وجود عائلتي. وصل نائب الرئيس في الساعة السادسة وزاد صراخ المحتجين في ميدان التحرير. أخيرا أعلن عمر سليمان؛ نائب الرئيس، عن استقالة حسني مبارك. كانت هذه اللحظة انتصارا كبيرا ومهمّا للمصريين. أخيرا تغلبت إرادة الشعب على فساد الحكومة، وبكى المصريون من الفرحة. أشعر أن كل الكذب والذنب يستحقان ذلك بسبب هذه الليلة وهذه اللحظة في تاريخ مصر.

كان هناك عوامل كثيرة عجلت في سقوط النظام مبارك، بما في ذلك المحتجون ووسائل الإعلام بالإضافة إلى المجتمع الدولي. بالنسبة لي، كانت الاحتجاجات في داخل مصر أكبر قوة الثورة

المصرية لأنها كانت ثابتة ولا تلين، ولكن طبعا كان ضغط ودعم المجتمع الدولي مهمّان جدا في نجاح المصريين.

أظن أن أصعب شيء قد يأتي الآن. يجب علينا أن نتداول ونتفق على شكل جديد للحكومة المصرية، ومن الضرورة بمكان أن تشمل الفرع القضائي، والفرع القانوني، وأخيرا الفرع الرئاسي. اتحد المصريون ضد النظام المصري الحالي، ولكنهم كانوا متفرقين في رُؤاهم. من المؤكد أنه عندما يجتمع المصريون للمفاوضات، سيكون هناك انفصال وخلافات كثيرة، ويجب علينا أن نحافظ على السلام والتضامن في وجه هذه الصعوبات.

أسئلة الفهم:

1. لماذا ظنّ عاصم أنّ اليوم مثل أي يوم من الاحتجاجات؟ هل أصاب في ظنه؟

2. لماذا كذب عاصم على أمه؟ أين ذهب؟

3. لماذا قرر عاصم أن يبقى في ميدان التحرير؟

4. كيف كانت مشاعر عاصم في ذلك الحين؟

5. ما هو الشيء الوحيد الذي افتقده عاصم في ذلك اليوم؟

6. ما هي العوامل التي أدّت إلى سقوط مبارك؟

7. ما هو أصعب شيء بعد تنحي نظام مبارك على حسب عاصم؟

8. كيف قد تكون مشاعرك إذا كنت مع عاصم في تلك اللحظة؟

ACT IT OUT!　　　　　　　　　　　　**التمثيل المسرحي:**

اختر سيناريو من السيناريوهات المقترحة أدناه ومثِّل دورا من الأدوار مع زميل أو زميلين.
على المجموعة أن تقوم بأداء التمثيلية للصف.

1. عاصم لا يعود إلى البيت بعد نصف ساعة.

2. أم عاصم مع ابنها في وسط الجماهير.

3. أبو عاصم في طريقه إلى ميدان التحرير.

Creative Writing Resources and Activities:
القواعد

الحال

الحال is a noun in accusative case used to describe the condition or state of another noun which is called صاحب الحال:

رأيت الشعب فَرِحًا في الشوارع

I saw people happy in the streets.

الحال is فَرِحًا, and صاحب الحال is الشعب that is describing the condition in which الشعب is.

Some of the common uses of الحال are:

مفردة: as a single word:

بات الشباب مُنتظِرا تنحي مبارك

The youth spent the night waiting for news of Mubarak's resignation.

جملة فعلية: as a verbal sentence with the verb in the present tense or in the past tense preceded by قد + واو الحال

جاء الولد إلى البيت يبكي

The boy came home crying.

عادت البنت وقد نجحت في الامتحان

The girl returned and she had succeeded in the exam.

تمرين:

كَوِّنوا جملاً مستخدمين الحال كما في المثال:

قعد في بيته – انتظر ما سيحدث في الأيام القليلة الآتية

قعد في البيت منتظراً ما سيحدث في الأيام القليلة الآتية

1. خرج من شقته – لم يكن يعلم أين يتّجه

....

2. اتّجَهَ إلى الميدان – يفكر في مستقبل أولاده

....

3. كان يتكلم مع أصدقائه – يحمل ابنه

....

4. عبّر عن فرحته – يسمع خبر تنحّي مبارك

....

5. بكى – يُسلِّم على أصحابه

....

كلمات/عبارات أكثر من العامية المصرية   Colloquial Resources

إضافة إلى كلمات العامية التي تعلمتموها من النماذج الكتابية، ستجدون هنا كلمات وعبارات أكثر بالعامية المصرية يمكنكم أن تستخدموها في كتابة قصصكم.

كلمات مفيدة من العامية المصرية

عاوزين نضع إيدينا في إيد بعض علشان نِبني ونعمّر مصر = نريد أن أيدينا في أيدي بعضنا البعض لكي نبني مصر

أنا كنت اتْنَطّط من الفرحة = كنت أقفز من الفرحة

نِزِلنا الشوارع جبنا اعلام وفِضِلنا نغنى ونْسَقَّف = نزلنا الشوارع وأخذنا معنا الأعلام وبقينا نغني ونصفق

رِجْعِت الابتسامة عالوِّش (الوجه)

انا فضَّلت ازغرد زيّ المجنونة = بقيت أزغرد مثل المجنونة

ارفع راسك فُوق انت مصري

مصر حرّة ...حسني برّة

يا شهيد نام وارتاح.... خدنا حقّك من السّفاح

قالو الناس مجانين.......وخلعنا حسني مبارك في اسبوعين

شعار من الثورة بالصورة

ما رأيك في الشعار؟ اكتب شعارك أنت يعبر عمّا يجري من حولك، وله علاقة بموضوع الوحدة!

Write your own story!!　　　　　　　　　　　　اكتب قصتك الآن!!

....
....
....
....
....
....
....
....
....
....
....
....
....
....
....
....
....
....
....
....
....
....
....
....
....
....
....

قاموسك الشخصي:

المعنى	الفصحى

المعنى	العامية المصرية
	قاموسك الشخصي:

Predictions توقّعات

ماذا تتوقّع/ تتوقّعين أن يحدث بعد تنحّي مبارك في السنوات الخمس القادمة أو أكثر؟

الوحدة الثانية عشر

After the Fall of Mubarak's Regime

ما بعد سقوط نظام مبارك

الأحداث المتتالية:

2018–2014

• استفتى الشعب المصرى على دستور جديد فى 14 و 15 يناير 2014.

• مايو 2014: يفوز السيسي في الانتخابات الرئاسية دون منافس حقيقي

• 29 نوفمبر 2014: بُرِّئ مبارك من جميع التهم المنسوبة إليه

• 2015–2017: موجة من الهجمات الإرهابية كان أقواها ما حدث فى أواخر عام 2017 من هجوم دام على مسجد الروضة بمنطقة بئر العبد، وقبلها إسقاط طائرة روسية في سيناء

• زار الرئيس عبد الفتاح السيسى فى 6 إبريل 2017 الولايات المتحدة الأمريكية فى زيارة رسمية استغرقت 6 أيام

• مارس 2018: فوز السيسي بعُهدة رئاسية ثانية

2013

• دعت حركة «تمرّد» المعارضة للرئيس المصري محمد مرسي لمظاهرات 30 يونيو مُنادِيةً بسحب الثقة من مرسي ومُطالبةً بانتخابات رئاسية مبكرة

• 3 يوليو 2013: ينقلب الجيش على الرئيس محمد مرسي ويُعلن وزير الدفاع عبد الفتاح السيسي عن تعليق العمل بالدستور وحل البرلمان. وبحضور ممثلين عن ضباط وهيئات سياسية ودينية، يعلن السيسي عن خطة خارطة المستقبل لمصر ويجزم بعدم تدخل الجيش في السياسة. وتفوض سلطات مرسي مؤقتا إلى رئيس المحكمة الدستورية عدلي منصور

• أغسطس 2013: الجيش يقتحم اعتصامات مؤيّدي مرسي في رابعة العدوية والنهضة ويقتل المئات

2013–2012

• مايو 2012: حالة الطوارئ السائدة منذ عهد السادات تنتهي

• 2 يونيو 2012: يتمثّل حسني مبارك، ووزير داخليته؛ حبيب العادلي، مع أربعة من المساعدين، أمام القضاء لمحاكمتهم بتهمة التآمر في قتل المتظاهرين خلال الانتفاضة الشعبية في العام الماضي، ويواجه حسني مبارك أيضا اتهامات منفصلة باستغلال نفوذه لجمع الثروة، مع نجليه؛ علاء وجمال مبارك

• يونيو 2012: فوز مرشح الإخوان المسلمين، محمد مرسي في أول انتخابات رئاسية حرة

• أغسطس 2012: يُعَيّن الرئيس مرسي عبد الفتاح السيسي كوزيراً للدفاع

• ديسمبر 2012: يُصادق المصريون على الدستور في استفتاء شعبي

بعد الاطّلاع على التسلسل الزمنيّ أعلاه، ما هي حصيلة توقعاتك في صفحة 317 وهل تحقّقت؟ كيف اختلفت وما هي الوضعية الآن؟

....
....
....
....
....
....
....
....
....
....
....
....
....
....
....
....
....
....
....
....
....
....
....
....
بعد الاطّلاع على التسلسل الزمنيّ أعلاه، ما هي حصيلة توقعاتك في صفحة 317 وهل تحقّقت؟ كيف اختلفت وما هي الوضعية الآن؟

مفردات مفيدة:

constitution	الدُّستور
freedom of press	حرية الصحافة
freedom of religion	حرية الدين
separation of power	الفصل بين السُّلطات
freedom of speech	حرية التعبير
freedom of association	حرية التجمع
executive power	السُّلطة التنفيذية
judicial power	السُّلطة القضائية
development	التطوُّر
trust	الثِّقة
economy	الاقتصاد
uncertainty	الشَّكّ
change	التغيير
to amend	عدّل يعدّل تعديل
reform	الإصلاح ج. الإصلاحات
reconciliation	المُصالحة
civil unrest	الاضطراب المدن
stability	الاستقرار
debate	الحِوار
infrastructure	البنية التحتية
to elect	إنتخب ينتخِب إنتِخاب
elections	الانتِخابات
ballot	الإقتِراع
council	المجلِس
referendum	الاستفتاء
multi-party system	التعددية الحزبيّة
to ally (a political party with another)	تحالف يتحالف تحالُف
excited	مُتحَمِّس
legitimacy	الشَّرعية
parliament	البرلمان
transition	الإنتقال
wisdom	الحِكمة
civil society	المجتمع المدنيّ

التمرين 1:

ما هي أبرز سِمات الكاريكاتورات التالية؟ هل تشاطر رأي الرّسام؟ لِمَ أو لِمَ لا؟
ما هي الفترات التاريخية التي يتطرّق إليها الرّسام؟

الرجوع للمستقبل من خلال مكنة زمن الانتخابات المصرية
مرسي :
اِديني صُوتَك
أنا حَرَّجَعك للعصور الوسطى
شفيق :
اِديني صُوتَك
أنا حَرَّجَعك لستين سنة من الاستبداد والفساد
عندك اختيار التقدُم للأمام؟
Forward Gears
دي قديمة واتعمِلت كَده مَرّة

بِيْنُط من القلاية ع النار
العسكر
مرسي

صندوق النقد الدولي
إلّا إذا كانت 4.9 مليار دولار قرض من صندوق النقد الدولي
بوسة
بوسة
بوسة
بوسة
بوسة
بوسة
بوسة
بوسة
بوسة
لفايدة إنك لفتّ نظره
القُروض للفقراء والشركات والمحلات الصغيرة ممنوعة
الرّبا = حرام
مرسي

مسابقة الجمال في البلدان العربية
حيث مترشح للرئاسيات في مصر يحصل على 95,3 % من الأصوات
اِنتظر نتيجة الانتخابات السورية
نتائج باهرة لم يُسبق لها مثيل
حيث الأغلبية الساحقة لبشار الأسد
95,3 %
الله أكبر

أكمل الجمل الآتية باستخدام الكلمات التالية:

المستقبل	تغيير	التطور	تحالف
البنية التحتية	السلطة القضائية	حرية الدين	الحوار

1. شرعت الجزائر ببناء ________________ لاقتصادها بعد الاستقلال.

2. ينص الدستور على ______________ لكل المواطنين.

3. ________________ حلف الناتو مع الثوار الليبيين في ثورتهم ضد القذافي.

4. الشباب هم جيل ________________.

5. تطالب الشعوب العربية بـ ______________ أوضاعهم الاقتصادية.

6. جرى ________________ حول الدستور المصري بين مختلف فئات الشعب.

7. تحسم ____________________ في قضايا الناس.

8. ساهم البترول في __________ اقتصاديات دول الخليج.

تمرين 3:

ضع الكلمات الآتية في جمل مفيدة:

1. الثقة

____

2. الاقتراع

____

3. الإصلاح

____

4. حرية التجمع

____

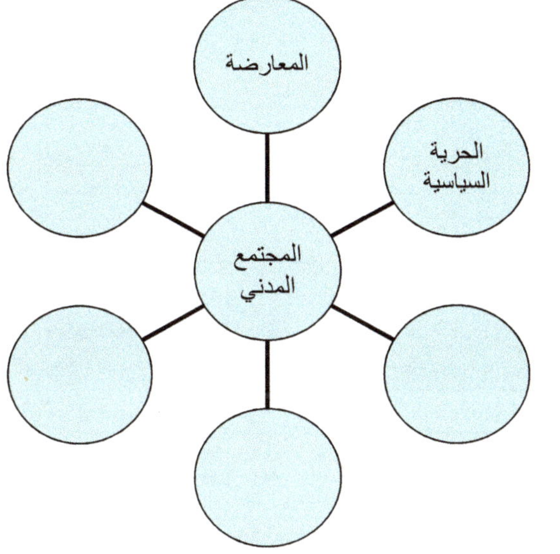

تمرين 4:

تأمَّلُوا في الموضوع المحوري ثم خَمِّنُوا وتفكَّروا في الكلمات التي لها صلة بذلك الموضوع. أُكتبوا بعد ذلك فقرة مُتضمِّنة كلماتكم الجديدة. لقد وضعنا كلمتيْن لهما صلة بالموضوع المحوري. مثال:

....

....

....

....

....

....

....

....

....

....

....

....

....

....

....

....

....

....

نشاط قراءة:

ما قبل القراءة:

في النص التالي، سوف تقرأون مقالة لكاتب مصري حول مستقبل مصر بعد الانتفاضة. كيف يكون مستقبل مصر، في رأيك؟ ما هي التحدّيات السياسية والاقتصادية التي تواجه مصر؟

تعبيرات	مفردات
إخافة (to scare) من أخافهم	الشركس
مملكة (kingdom) مبارك الجمهورية	الإسلاموفوبيا
الإقطاع الجديد the new feudalism	"صداع" = وجع رأس
ذوو الـ "طموح" = those who have ambitions	إقليمية regional
بعض الخبراء (experts) البيروقراطيين	
على المدى الوسيط	
عندما تكون ثقة المصريين في أنفسهم مطلقة فلا ينتظرون موافقة	

الآن اقرأ النص التالي مرتين ثم أجب عن أسئلة الفهم:

مصر بعد الثورة

بقلم د. أحمد عاطف أحمد، أستاذ في قسم الدراسات الدينية في جامعة كاليفورنيا سانتا بربرة

قامت ثورة تونس في أواخر سنة 2010 وانتهت بهروب الرئيس زين الدين بن علي في يناير سنة 2011. بعدها بدا الكثيرون في مصر فرحين ومذهولين وحاسدين لإخوانهم التونسيين لنجاحهم في إخافة من أخافهم ولانتصارهم على ظلم رئيس أذلهم واستأثر لنفسه ولأسرته بكل شيء. لكن ظل المصريون في شك في قدرتهم على هدم مملكة مبارك الجمهورية. ثم كان أن ثاروا في 25 يناير وتخلى مبارك عن منصب الرئيس بعد 18 يوماً.

عندها تذكر المصريون أن مصر ثارت ضد احتلال نابليون سنة 1799 ثم سنة 1800 وضد سيطرة الشركس على الجيش سنة 1882 ثم ضد الإنجليز سنة 1919 وضد الملك سنة 1952 وأخيراً ضد حكم مبارك سنة 2011 وأدركوا أنّ الثورة في نفسها ليست إنجازاً.

ثم بدأ البحث في أسباب الثورة. قال البعض إن ثورة 2011 المصرية ثورة ضد الإقطاع الجديد والشركات المتعددة الجنسيات التي تسيطر على اقتصاد مصر. وقال آخرون إن الثورة ثورة إسلامية قامت ضد الإسلاموفوبيا المتوغلة حتى في الإعلام المصري. وقال البعض إنها ثورة ليبراليين أو ثورة ضد المبادئ الإسلامية التي تمنع التقدم. وتوقف كثيرون ليقولوا إن هذه الآراء كلها مخطئة لأن الثورة جمعت أنواعاً مختلفة من الناس تأثروا بالتنوع الموجود في العالم اليوم وينطلقون من مبادئ مختلفة.

المصريون اليوم يتحاورون وأحياناً يتحاربون بحثاً عن طريق يسيرون فيه. وهم متشائمون بشكل مبالغ فيه لأن الشعب في الواقع منقسم وإحساس الناس أنهم أمة واحدة ضعيف. لكن المصريين يعلمون أن طاقات الأفراد في بلادهم هائلة وهذا يثير حيرة كبيرة. يسأل كثيرون

منهم: لماذا لا تُوَجّه طاقات المصريين لخدمة المصريين أنفسهم؟ ولماذا لا يكون واضحاً لهم أن أصدقاءهم هم العرب والمسلمون أولاً ثم غيرهم ممن يحترمون ثقافة العروبة والإسلام ولا يسعون إلى فصل مصر عن محيطها الطبيعي؟

ثقافة مصر اليوم معقدة ولابد فيها من احترام أصحاب العقائد المختلفة. ليس كل المصريين يؤمنون بالله ولذلك يجب احترام المؤمنين وغير المؤمنين ما داموا يلتزمون بأعراف المجتمع إجمالا. وأكثر الناس في مصر متفقون على أنه لا يصح أبداً قبول نماذج ما يسمى الحرية الدينية والاجتماعية التي بدأ تطويرها في أمريكا الشمالية لأنها نماذج خاصة بشعوب تشترك في احترام القيم الرأسمالية أكثر مما تشترك في الثقافة الاجتماعية وقيم الشرف والكرامة بمعناهما القديم وهي قيم لا يفهمها ذوو الـ«»طموح "من سكان الشمال الأمريكي عادة. يتفق الناس أيضاً على أن الأقليات في مصر يجب أن تبقى محترمة لكن خوف الأقليات الزائد لا يجب أن يصير سبباً لتنغيص عيش الأغلبية ليلاً ونهاراً.

ما هو دور العالم في هذه الثورة ومستقبل مصر بعد الثورة؟ كان العالم العربي والإسلامي سعيداً جداً بالثورة أما الأوروبيون والأمريكيون فكانوا يخافون منها وما زال اضطرابهم وتناقضهم منذ قامت الثورة حتى اليوم يدل على ذلك. واليوم تحاول الولايات المتحدة استعمال المؤسسات الدولية لمنع حدوث تغيرات كبيرة في المجتمع المصري تجعل التعامل معه مستحيلاً في المستقبل. يقول بعض الخبراء البيروقراطيين في مصر إن المؤسسات الدولية مصدر «صداع» لكن التعامل معها في هذه الفترة ضروري. والأمل على المدى الوسيط أو البعيد أن تقوم وحدات اقتصادية إقليمية في الشرق العربي الإسلامي تضعف سيطرة الاقتصادات الكبرى ---الأمريكية والروسية والأوروبية والصينية ---وتدعم الأسواق الإقليمية غير الاستعمارية كالبرازيل ونيجيريا.

الحس العاطفي ما يزال متحكماً في حركة المصريين والثورة عندهم لم تكتمل حتى الآن. على أن الأصوات تجمع على أن الثورة ستكتمل بالبحث عن طريق واضح للمستقبل والبحث عن طريقة يميّز بها المصريون عدوّهم من صديقهم فيتعاملون بحذر مع الأول ويقتربون من الثاني وأنها ستكتمل عندما تكون ثقة المصريين في أنفسهم مطلقة فلا ينتظرون موافقة من هذه القوة أو تلك وعندما يشعر الشباب بالخجل إذا أخطأوا ولا يتنظرون القانون ليذكرهم بخطئهم.

2 مارس 2013

أسئلة الفهم:

1. كم ثورة حدثت في مصر في التاريخ الحديث؟

2. من وجهة نظر الكاتب، ما هي أسباب ثورة 2011؟

3. لماذا المصريون اليوم متشائمون؟

4. ما رأي الكاتب في دور الولايات المتحدة في حياة المصريين؟

5. ما دور الاقتصاد في السياسة في رأيك، وفي رأي الكاتب؟

للمناقشة:

1. هل مشكلات مصر اليوم داخلية أم خارجية؟

2. ما دور القوى العظمى فيما يحدث في مصر وكيف يؤثر موقعها الجغرافي على السياسة الخارجية لمصر ولهذه القوى؟

نشاط استماع:

ما قبل الاستماع:

ما رأيكم في مستقبل مصر؟ هل قرأتم عن ثورات أخرى عبر التاريخ الحديث وما كان مصيرها؟

الآن، استمع إلى الكليب من الدقيقة 2:40 إلى آخر الفيديو ثم أجب عن الأسئلة التالية:

https://www.youtube.com/watch?v=OUgI-NSAQf0

1. لماذا يذكر الشاعر «الطفولة»؟

2. ما هي رمزية ذِكر بلدان عربية مختلفة؟

3. لماذا يقول الشاعر «سئِمنا من تشثُّتِنا وكل الناس تتكتَّل» في الدقيقة 32:4؟

4. عن أيّ شعب يتحدث الشاعر ولماذا يقول «أحذّركم! سنبقى رغم فتنتكم فهذا الشعب موصول»؟

5. كيف أنهى الشاعر القصيدة وكيف اختلفت عن بدايتها؟

ما بعد الاستماع:

قم بالتخمين في أسئلة مختلفة عن مستقبل مصر في المرحلة الراهنة واطرحها على مجموعتك المُتكوّنة من طالبيْن. حاوروا بعضكم البعض عن مستقبل مصر:

2.	1.
4.	3.

Postscript   ملحق

التسلسل الزمنيّ ما بعد 2018:
ما هي الأحداث الهامة التي حدثت من 2018 إلى يومكم هذا؟ املأوا الفراغات:

نموذج كتابيّ لأحد الطلاب

Student Writing Sample

عصام

حكومة مصر، ونظام الحقوق، ووجهة نظر المصريين عن دورهم في الحصول على حقهم تغيرت كثيراً في السنوات الأخيرة. بالنسبة لي، المستقبل المصريّ غير معروف وسيستمر في التغيّر. هناك حكومة جديدة ودستور جديد والإمكانية للشعب أن يشكّل الحكومة حسب رغباته بوسيلة الانتخابات ولكن شهدنا بعض العراقيل في انتقال الحكومات، ولقد عانى الشعب المصري من محاولات حكومية لبثّ سلطتها.

أعتقد أنَّ على الحكومة والشعب المصريَّيْن محاولة استعادة الثقة الدولية بأمن مصر لإحياء السياحة. ما درست الاقتصاد ولكن أشك أنه يمكننا إصلاح اقتصادنا بدون رجوع السياح إلى مصر. نظراً للثورات والعنف وانعدام الاستقرار في مصر في السنوات الماضية، فإنّ بقية العالم يشكّ في استقرار مصر ولا يريد أن يجازف بحياة مواطنيه أو عودة الشركات، و وجهة النظر هذه تضرّ بالاقتصاد المصريّ. في الحقيقة، سمعت من صديقي أحمد الذي يعمل في فندق في شرم الشيخ أنّ عدد السيّاح ارتفع في الشهرين الماضيَّيْن ولكن لم يعد إلى ما كان عليه من قبل 25 يناير 2011.

لا أعرف بالتحديد الطرق الممكنة لنا أن نحمي بها حقوقنا لأنني لا أريد المطالبة بسقوط النظام مرة ثانية ولكن يمكننا أن نطلب تعديلا للدستور الجديد لكي نحمي حقوقنا أكثر. كثير من أصدقائي يستخدمون وسائل التواصل الاجتماعي كما حدث في الثورات لكي يعلنوا عن تجاوزات الحكومة أو الشائعات عن التعذيب او ما شابه ذلك، ويحاولون أيضا استخدام وسائل التواصل الاجتماعي لكي يُظهروا للعالم أن مصر ليست منطقة حرب أو عنف أو ثورة مستمرة مثلما نشاهده في بعض القنوات الاخبارية الأجنبية.

في النهاية أعتقد أن مصر ستتّجه في طريق الاصلاحات ولكن الطريقة ستكون صعبة وطويلة ومن الضروريّ أن يساعد المصريون بعضهم البعض.

من تأليف الطالبة كايل بيلوتي

Write Your
Character's Reflections

في ظل الأحداث المتتابعة، وحتى يومك هذا، هل تغيّر واقع الشعب المصريّ عمّا كان عليه من قبل؟ كيف؟ ماذا عن الشباب الذي شارك في انتفاضة ميدان التحرير؟ أما زالوا ينشطون سياسيا؟ ما هي تخميناتك عن مستقبل مصر؟

....
....
....
....
....
....
....
....
....
....
....
....
....
....
....
....
....
....
....

Guided Reflection

Thanks for taking the time to provide feedback about Uprising in Tahrir Square. Your thoughtful remarks and critique will help improve future editions of this book.

What did you feel were the most valuable things you learned from working with *Uprising in Tahrir Square?*

How would you improve this book?

Please comment on how specific elements of the book (listed below) contributed to your learning.

- Chapter previews
- Timeline
- Historical background
- Invent your character
- Chapter exercises
- Grammar Tips
- Listening activities
- Colloquial Arabic
- Website
- Extended activities
- Student writing samples
- *Act it Out!* scenarios
- Write your own journal pages

What were your favorite and least favorite activities or elements?

List of Web and Video Resources

Wikispaces and blogs:
www.blogger.com
www.wordpress.com
http://www.youtube.com/watch?v=HqTvD29d1fc

From Al-Jazeera: من الجزيرة

- Fears of a 'counter-revolution' in Egypt
  http://english.aljazeera.net/indepth/opinion/2011/03/201132071452793639.html
- Women of the revolution
  http://english.aljazeera.net/indepth/features/2011/02/2011217134411934738.html
- Egyptian women describe the spirit of Tahrir and their hope that the equality they found there will live on.
  http://english.aljazeera.net/indepth/features/2011/02/2011217134411934738.html
- الفتيل التونسي والبارود المصري
  http://www.aljazeera.net/NR/exeres/36714329-2FB3-4DF7-B5EC-97A9C7D9AF54.htm
- Tunisian and Egyptian revolutions
  http://www.aljazeera.net/NR/exeres/93C24CC5-1D6E-453F-AEE2-8A40520B18EC.htm
- صراع الإرادات في ميدان التحرير
  http://www.aljazeera.net/NR/exeres/A8095EE7-DDDD-481F-A714-ECFD7742285B.htm
- بعد حريق تونس، الكل يعيد حساباته
  http://www.aljazeera.net/NR/exeres/FEC76A91-4C13-40D2-B688-004B07D56EA4.htm
- مظاهرات غضب بمصر الثلاثاء 11/23/1
  http://www.aljazeera.net/NR/exeres/EB4C2AC7-5F6C-4F10-903B-779247E89310.htm
- انطلاق مظاهرات يوم الغضب بمصر 11/25/1
  http://www.aljazeera.net/NR/exeres/018633CB-3A98-453E-B33E-2C692E0568B4.htm
- المصريون كسروا حاجز الخوف 11/26/1
  http://www.aljazeera.net/NR/exeres/217EC769-D2E5-49FA-86D2-A2EF54602138.htm

- متظاهرو مصر يلجؤون للإنترنت 1/26/11
  http://www.aljazeera.net/NR/exeres/A7A68F4B-63A8-4E95-87D3-F30405C40849.htm
- حجب تويتر بعد مظاهرات مصر 1/26/11
  http://www.aljazeera.net/NR/exeres/A9974DA1-C975-4496-866B-140E0DB93587.htm
- الأمن المصري يفرق آلاف المعتصمين 1/26/11
  http://www.aljazeera.net/NR/exeres/F0178AFC-9965-458E-BBEC-55AD7A200B61.htm
- احتجاجات «الغضب» تتواصل بمصر
  http://www.aljazeera.net/NR/exeres/DD9B783C-F88B-4DEC-8054-AC438D0950C7.htm
- مصر تغلق مكتب الجزيرة وتلغي البث
  http://www.aljazeera.net/NR/exeres/A4922A20-677D-4EFE-ABBD-07BF1BAF4E42.htm
- قتلى وجرحى بمظاهرات مصر 1/28/11
  http://aljazeera.net/NR/exeres/05BE58F8-F983-499F-AD77-46484B13C813.htm
- جيش مصر يتحرك لسد الفراغ الأمني 1/29/11
  http://www.aljazeera.net/NR/exeres/0F601F03-756E-450A-9CCF-4F8320F6CCF6.htm
- تضامن عربي رسمي مع مبارك 1/29/11
  http://www.aljazeera.net/NR/exeres/761D6AFF-B451-4188-8C39-F5B2DB98706E.htm
- جيش مصر يتحرك لسد الفراغ الأمني 1/29/11
  http://www.aljazeera.net/NR/exeres/0F601F03-756E-450A-9CCF-4F8320F6CCF6.htm
- احتجاجات «الغضب» تتواصل بمصر
  http://www.aljazeera.net/NR/exeres/DD9B783C-F88B-4DEC-8054-AC438D0950C7.htm
- غضب مليوني بمصر قبل العصيان 1/30/11
  http://www.aljazeera.net/NR/exeres/349F4BE2-42E3-45D8-A3DC-07DFF92B5782.htm
- أين اختفت الشرطة المصرية؟ 1/30/11
  http://www.aljazeera.net/NR/exeres/4932530E-F525-4152-BFA2-8C6FDC80BEB0.htm
- الملايين تتظاهر بمصر والجيش ينأى 1/31/11
  http://www.aljazeera.net/NR/exeres/4E4E7BD4-9CEA-4B86-876A-801E38DD09D1.htm
- مبارك يجتمع مع كبار أركان حكمه 2/7/11
  http://www.aljazeera.net/NR/exeres/4A0DFBAF-62E8-48D6-AFC8-FF3E3575CF43.htm
- مظاهرات مليونية بمصر تصعّد الضغط 2/8/11
  http://www.aljazeera.net/NR/exeres/789346B3-1C7E-408F-8F8B-13A8207298C5.htm

Blogs on the Egyptian revolution:

- http://ma3t.blogspot.com/search?updated-max=2011-02-23T01:31:00%2B02:00
- http://tahrirdiaries.wordpress.com/
- http://www.ahmedbasiony.com/about.html
- http://leganthawrya.blogspot.com/2011/03/blog-post.html
- http://www.egyptianrevolution.com/2011/02/egypts-last-pharaoh-the-rise-and-fall-of-hosni-mubarak/
- http://blogs.cornell.edu/mideastlibrarian/2011/02/11/egyptian-revolution-2011
- News Analysis: Tens of Thousands Of Egyptians Protest For Human Rights By Jessica Essayed
  http://youthjournalism.org/
- https://www.facebook.com/ElShaheeed
- http://www.linktv.org/mosaic/blog/keyword/uprising_2011
- Social justice or social media?
  http://www.huffingtonpost.com/jamal-dajani/tunisia-social-justice-or_b_809679.html
- http://tahyyes.blogspot.com/2011_01_01_archive.html
- انتخابات الرئاسة المصرية 2012: تسلسل زمني
  http://www.bbc.co.uk/arabic/middleeast/2012/04/120427_egypt_election_time_line.shtml
- Tracking tweets in Cairo:
  http://hypercities.com/blog/2011/02/08/new-project-hypercities-egypt/
- فيسبوك وتويتر مارد قوي ورأس حربة الثورة المصرية
  http://www.youtube.com/watch?v=ECJa-vJE7Lc
- Why Tunis, Why Cairo?
  http://www.lrb.co.uk/v33/n04/issandr-elamrani/why-tunis-why-cairo
- Imperial Feminism, Islamophobia, and the Egyptian Revolution
  http://www.jadaliyya.com/pages/index/616/imperial-feminism-islamophobia-and-the-egyptian-re
- Cairo protests: an interactive map
  http://www.guardian.co.uk/world/blog/interactive/2011/jan/27/egypt-protest-interactive?intcmp=239
- Arab spring: an interactive timeline of Middle East protests
  http://www.guardian.co.uk/world/interactive/2011/mar/22/middle-east-protest-interactive-timeline
- Egyptian anti-government protests – in pictures
  http://www.guardian.co.uk/world/gallery/2011/jan/25/egypt-protests-in pictures#/?picture=371076470&index=20
- Protests in Egypt - as they happened
  http://www.guardian.co.uk/news/blog/2011/jan/28/egypt-protests-live-updates
- http://www.jadaliyya.com/pages/index/506/the-poetry-of-revolt
- http://www.jadaliyya.com/pages/index/Poetry

Arab reaction toward Mubarak verdict:

http://www.bbc.co.uk/arabic/multimedia/2012/06/120603_egypt_arab_reax.
shtml

• اختلاف الآراء بشأن الاحكام الصادرة بحق مبارك ومعاونيه
http://www.bbc.co.uk/arabic/multimedia/2012/06/120603_egypt_newspaper.
shtml

Video links:

• Egypt: Thousands protest against President Hosni Mubarak
http://www.guardian.co.uk/world/video/2011/jan/25/
egypt-protest-president-murabak-video
• أنباء عن تجمع عشرات المحتجين المصريين في وسط القاهرة
http://www.bbc.co.uk/arabic/middleeast/2011/01/110125_egypt_demo_
crackdown.shtml
http://www.bbc.co.uk/arabic/middleeast/2011/01/110125_egypt_demo_
crackdown.shtml
• YouTube search engine on Egyptian revolution
http://www.youtube.com/results?search_query=%D8%AB%D9%88%D8%B1%D
8%A9+%D9%8A%D9%86%D8%A7%D9%8A%D8%B1+%D9%81%D9%8A+%D9%
85%D8%B5%D8%B1%D8%8C+%D8%A7%D9%84%D8%AC%D8%B2%D9%8A%
D8%B1%D8%A9+playlists&aq=f
• January 25 Activists Speak on Egypt's Path to Democracy AUC
http://www.youtube.com/user/arabianknightztv?feature=watch
• الولايات المتحدة والربيع العربي
http://www.youtube.com/watch?v=1ULQ2kM2Maw&list=ELDzAz9Lb9sFs&in
dex=1
• وجهة النظر الأمريكية بالنسبة للربيع العربي في جميع الدول العربية
http://www.youtube.com/watch?v=vXZ9yi1l-Fo

Colloquial Arabic:

• Words of Women from the Egyptian Revolution
http://www.egyptianrevolution.com/videos/?tubepress_page=1
http://www.egyptianrevolution.com/videos/?tubepress_page=2
http://www.egyptianrevolution.com/videos/?tubepress_page=5

Poetry:

• آخر كلام: تميم البرغوثي -ثورة مصر وبلاد العرب
http://www.youtube.com/watch?v=Jnk8bdee91Y

Music of the revolution:

• http://www.npr.org/2011/02/11/133691055/Music-Inspires-Egyptian-Protests
• http://www.linktv.org/mosaic/blog/post/672/the-soundtrack-of-the-revolution
• http://www.youtube.com/watch?v=Z696QHAbMIA   recorded by the Arabian
Knights during the first week of the Egyptian Revolution

- محمد حماقي: ثورة مصر خلقت نوعا جديدا من الموسيقى
  https://www.youtube.com/watch?v=x-cI48r4It8

Year 2012:

- h t t p : / / w w w . s h o r o u k n e w s . c o m / n e w s / v i e w .
  aspx?cdate=11012012&id=48cd6872-6130-4daa-bf8d-13a3c45d1d1f
- http://www.orbooks.com/catalog/tweets-from-tahrir/
- http://www.alarabiya.net/articles/2012/06/18/221407.html
- http://www.bbc.co.uk/arabic/middleeast/2012/06/120619_egypt_
  demonstration.shtml
- http://www.bbc.co.uk/arabic/multimedia/2012/06/120619_egypt_rep_
  abdelaqli.shtml
- http://www.bbc.co.uk/arabic/multimedia/2012/06/120616_egypt_secular_
  elections.shtml
- http://www.bbc.co.uk/arabic/multimedia/2012/06/120616_egypt_laws.shtml
- http://www.bbc.co.uk/arabic/middleeast/2012/05/120512_egypt_debate_
  reactions.shtml
- http://www.bbc.co.uk/arabic/middleeast/2012/05/120517_egypt_protests_
  policc.shtml
- http://www.bbc.co.uk/arabic/middleeast/2012/05/120518_egypt_first_lady.
  shtml
- http://www.bbc.co.uk/arabic/multimedia/2012/05/120515_egypt_copts.shtml
- نهاية مبارك تذكر العالم بنهايات مأساوية لقادة آخرين
  http://www.youtube.com/watch?v=7wMAWJCyKoQ&list=UUahpxixMCwoAN
  Aftn6IxkTg&index=9
- محاكمة مبارك بالأرقام
  http://www.youtube.com/watch?v=Ns7ARknaqM4&list=UUahpxixMCwoANA
  ftn6IxkTg&index=9
- وقائع جلسة النطق بالحكم على مبارك وبقية المتهمين
  http://www.youtube.com/watch?v=wgM_lZGectE&list=UUahpxixMCwoANAf
  tn6IxkTg&index=1
- مبارك يرتدي بدلة السجن الزرقاء ويتحول إلى "رقم"
  http://www.alarabiya.net/articles/2012/06/02/218181.html
- برنامج حوار العرب: وضع المرأة في العالم العربي
  http://www.youtube.com/watch?v=7FTDzTzOeWo
- حوار العرب: الثورات من قاع المجتمع الى قمة السياسة
  http://www.youtube.com/watch?v=mUyx9Pq4Hfo
- 1 yr. after the Egyptian uprising
  http://www.youtube.com/watch?v=xibQ63QZ5MI
  http://www.bbc.co.uk/arabic/middleeast/2012/06/120603_egypt_election_
  protests.shtml

Vocabulary Master List

	A
accept	تقبّل
to accuse	اتّهم يتّهم اِتّهام
to be accustomed to	اعتاد على
activist (s)	ناشِط ج. نشطاء
to advise	نصح بـ ينصح بـ نصيحة/نُصح
air space	مجال جوي
to allow	سمح
to ally	تحالف يتحالف تحالف
alternative	بديل
ambition	طموح
to amend	عدّل يعدّل تعديل
Amnesty International	مُنظمة العفو الدُّولية
anger	غضب (مصدر)
to anger someone	أغضب
to announce	أعلن يُعلن إعلان
issued	أصْدَرَ
it appears that	يبدو أنّ
to appoint	عيّن
to arrest	إعتقل يعتقِل إعتقال
assassin	سفّاح
assignment	تكليف
to attack	هاجم يهاجم هجوم
to attempt, to begin	شَرَعَ
attract international attention	جلب الاهتمام الدّولي
to avoid	تجنّب
to be aware	وعى يعي وعْي

	B
backward, underdeveloped, retarded	مُتخلِّفة
ballot	الاقتراع
to ban	حظر يحظر حظر
banners	لافِتات
barbed wire	سِلك شائِك ج. أسلاك شائِكة
barracks	ثَكنة عسكرية
battle	معركة
to beat up	ضرب يضرِب ضرب
to beg	تَوسَّل
behavior	تصرُّف
bloody	دموي
branch	الفَرْع
to broadcast	بثَّ
brotherhood	الأُخُوَّة
bullets	الرّصاص
to burn	أحرق يُحرق حرق

	C
cabinets	الخزائِن
call	دعوة
the call to reason	التعقُّل
camel	الجَمل ج. الجِمال
candidate	مرشح
candle	الشّمعة ج. الشّموع
to be careful	حذِر من يحذِر من حذر من
casualties	الخسائِر
caution	حِرص
cautions	إحتِياطات
celebrations	الاحتِفالات
censorship	الرقابة
to challenge	تَحَدّى

change	التغيير
chaos	فَوْضى
checkpoint	نُقطة تفتيش ج. نِقاط تفتيش
Christ	المسيح (عليه السلام)
Christians	المسيحيون
church	الكنيسة
civil rights	الحُقوق المدنية
civil society	المجتمع المدني
civil unrest	الاضطِراب المدني
civilian	مدني
to clash	اشتبك يشتبك إِشتباك
coercion	قهر
common	مُشتَرك
communication	الاتِّصالات
community / society	الأُمَّة / المُجتمع
to complete or achieve	حقَّق
to conceal	كتَم
concerns	المَخاوِف
concessions	التنازُلات
condemnation	الإدانة
condition	شرْط
to confess	إعترف بـ يعترِف بـ إعتِراف بـ
confidence	ثِقة
confident	واثِق
conflicted news	الأنباء المُتضارِبة
to confront	تصدّى
confusion	إرتِباك
constitution	الدُستور
consumer goods	السِلع الاستِهلاكِية
contradictions	التناقُضات
to be convinced	أيْقَنَ
to cooperate with	تعاون مع

Copts	الأقباط
corruption	الفساد
council	المجلس
courage	الشجاعة
to cover	أخفى يُخفي إخفاء
craziness	الجنون
crime	جريمة ج. جرائم
criminal	المُجرم ج. المجرمون
crisis	أزمة
to cry	بكى يبكي بُكاء
curfew	حظْر التجوُّل

D	
danger	الخطر
death	الموت
debate	الحِوار
to declare someone innocent	بَرَّأ من
to defend	دافع يدافع دِفاع
to defy	تحدّى يتحدّى تحدٍّ/ التحدّي
to demand	طالبَ بـِ يُطالِب بـِ مُطالِب بـ
democracy	الديمقراطية
demonstrations	المُظاهرات
to denounce	إستنكر يستنكر إستنكار
to deny	أنْكر ينكِر إنكار
to deploy	نشر ينشر نشر
to deserve or to merit	إستحقّ
destruction	تدمير
destruction	التخريب
to detain	إحتجز يحتجز إحتجاز
to deteriorate	تدهْوَرَ يتدهور تدهوُر
determination	عَزم
determined	مُصمِّمة
development	التطوُّر

dictatorship	الدكتاتورية
to die	لَقِيَ حتفه
difficulties	صُعوبات
dignity	كرامة
director	مُدير
dirty	القَذِر
to disappear	إختفى يختفي إختفاء
disappointment	خيبة أمل
discontent	الإستِياء
discontent	سُخط
to discover	إكتشف يكتشف إكتشاف
discrimination	التمييز
to disperse	تفرَّق
to disrupt	عطّل يعطّل تعطيل
distrustful	مُرتاب
disunity	الانقِسام
division	التفرِقة
to dominate	سيطر
doubtful	مشكوك فيه
to download	حَمّل

	E
economy	اقتِصاد
effectiveness	فعالية
to elect	انتخب ينتخب انتخاب
elections	الانتخابات
emergency law	قانون الطوارئ
to encourage	شجّع يشجّع تشجيع
equal	مُتساوٍ/ المُتساوي
equality	تكافُؤ
to erupt	إندلع يندلع إندلاع
escalation	تصعيد
to escape	فرّ يفِرّ فِرار

evacuation plan	خُطّة الإجلاء
to evade	التملُّص
event	حدث ج. أحداث
excited	مُتحمِّس
excitement	الإثارة
to exclude	أقصى يقصي إقصاء
executive power	السُّلطة التنفيذية
to expel	طرد
experience	تجربة
experts	الخُبراء
to express	عبَّر يعبِّر تعبير
She expresses herself	تُعبِّر عن نفسها
extremist	مُتطرِّف

F

face (of a person)	وجه ج. وجوه
Facebook	فيسبوك
facts	بيانات
fair	عادل
familiar	مألوفة
to fear	خشِي
fear	الخوف
feelings	شُعور ج. مشاعِر
feminist movement	الحركة النِّسوية
feudalism	الإقطاع
to fight	كافح يكافح مكافحة
first aid	الإسعافات الأولية
to follow	تبَع
foolish	أحمَق
footstep	الخُطى
to forbid	منع
to forbid	حرّم يحرِّم تحريم
to force	إجبار

to be forced to do something	اِضطرَّ يضطرّ اِضطرار
frantic	مسعورة
freedom	حرية
freedom of association	حرية التجمع
freedom of press	حرية الصحافة
freedom of religion	حرية الدين
freedom of speech	حرية التعبير
Friday prayer	صلاة الجمعة
future	المستقبل
future is bright	المستقبل مُشرق

G	
to give shelter	آوَى يأوي مأوى
government	الحكومة
to grow	نُمُو
to guard	حرس يحرُس جِراسة

H	
handle, door knob	مقبض
happiness, joy	الفرحة
harm	أذى
harshness	قَسوة
hate	قَرَفَ مِن
headache	صداع
heavy fire	إطلاق نار كثيف
to hide from someone	اختبأ يختبئ اختباء
hole	ثقب
honest	نُزهاء
hope	الأمل ج. الآمال
horrors	أهوال
horse	الحِصان ج. الأحصِنة
host country	البلد المُضيف
to hug	عانق
human race	الجِنس البشري

	I
idealistic	مِثاليّ
to ignore	تجاهل
immediately	فَوْراً
to immerse in	إنهمك في
impact	تأثير
importance	أهمِّية
impossible	مُستحيل
incident	حادِث ج. حوادث
to increase	زاد
independent	مُستقل / ة
to infiltrate	تسلَّلَ يتسلّل تسلُّل
to inform	بلَّغ
information	المعلومات
information	معلومات
infrastructure	البُنية التحتِية
injuries	الإصابات
injustice	ظُلم
inside	داخِل
to insist	أصرَّ
instead of	عِوَضَ
to instill hope	زرع الأمل
insult	إهانة
integrated	مُندمِج
interaction	تفاعُل
internet user	مُستخدم الإنترنت
to interrogate	إستجوب يستجوب إستجواب
to intervene	تدّخل
to intimidate	روَّع يروّع ترويع
isolation	الإنعِزال

J	
jealous	غَيور
to join	انضمّ إلى
journalist	صَحافيّ/ ة
judicial power	السُّلطة القضائية
justice	العدالة
justice prevails	تسود العدالة

K	
to kill	القَتل
to kiss	قبَّل
knife	السِّكين ج. السَّكاكين
to knock	طَرَقَ يطرُق طرق

L	
to lead	قاد يقود قِيادة
leader	زعيم ج. زعماء
to lean, recline	إتّكأ
to leave	مُغادَرة
leave!	ارحل!
legitimacy	الشرعِية
to let someone down	تخلّى عن
we live freely	نحيا أحرارا
to lock	أغلق
long term	على المدى البعيد
looting	نهب
to lose something	أضاع
to lose (a game)	خسِر
loyal	وفيّ
loyal (to Mubarak)	المُوالي ج. الموالون (لمبارك)
loyalty	ولاء

M	
to maintain order	الحِفاظ على النظام
malicious	خبيث
march	مسيرة
martyr	الشّهيد ج. الشُّهداء
media	وسائِل الإعلام
ministry of communications	وزارة الاتصالات
ministry of the interior	وزارة الداخلية
minority	أقليّة
mobile phone	الهاتِف المحمول
mobilization	التعبِئة
mosque	المسجِد
most of the time	غالباً
mourning	الحِداد
multi-faith	مُتعدِّدة الأديان
multi-party system	التعدّدية الحزبية

N	
national security	الأمن القَوْمي
to need	الحاجة
nervous	عصبيّ
neutral	مُحايِد
news	خبر ج. أخبار
noise	ضجيج
to nurse/to care for	رعى يرعى رعاية

O	
oblivious	غافِل
one-party system	نظام الحزب الواحد
opportunity	فُرصة
opposition	المُعارضة
optimistic	مُتفائل
ordeal, tribulation	مِحنة

to order someone to do something	أمر يأمُر أمر
to organize	نظّم يُنظِّم تنظيم
outside	خارِج

P

packed	مملوء/ مليء
pale	شاحِب
parliament	البرلمان
to participate	مشاركة /اشترك يشترك اشتراك
peaceful	سِلميّ/ ة
people	الشعب
perceptions	التصوُّرات
to persist	أصَرّ على
pessimistic	متشائم
to pick up	إلتَقَطَ
plainclothes	ملابس مدنية
police	الشرطة
police station	مركز الشرطة ج. مراكِز الشرطة
political tool	أداة سياسية
poverty	الفقر
power, strength	القُوة
preoccupied	مشغولة البال
prepare	إستعدّ
present time	الوقت الراهن
presidency	رئاسة
president	الرَّئيس ج. الرُّؤساء
to pressure	الضّغط على
pride	الاعتِزاز
principles	المبادئ
prison	السِّجْن ج. السّجون
prisoner	السَّجين ج. السُّجناء
promise	وعد
to protect	حَمَى يحمي حماية

to protect by covering/hiding	سَتَرَ
protester	مُحتَجّ
protests	احتجاجات
to provoke	إستفزّ يستفزّ إستفزاز
publicly, openly	علناً
to pursue	لاحق يُلاحق مُلاحقة
to push one's way	شقّ طريقا

R

rally	إحتِشاد
rare	نادِر
reaction	ردّ فِعل ج. رُدود فِعل
real estate	العقارات
reassure	طَمْأَنَ
rebellion	تمرُّد
to rebuke or object	نَدَّدَ
reconciliation	المُصالحة
referendum	الاستِفتاء
reform	الإصلاح ج. الإصلاحات
to refrain from	إمتِناع عن
to refuse	رفض يرفض رفض
to regroup	تجمَّع يتجمَّع تجمُّع
reinforcements	تعزيزات
to reiterate	ردّد
religious speech	الخِطاب الديني
reluctant	مُتردِّد
to rely on	إعتمد
to remain	ظَلَّ
to renew	تجديد
report	التقرير
to repress	قمع يقمع قمع
to rescue	إنقاذ
to resign	إستَقال يستقيل إستقالة

resignation	إِستِقالة
resistance	المُقاوَمة
to restrain	كبح يكبح كبح
restrictions	القُيود
retribution	عُقوبة
to revolt	ثورة ثار يَثور
right (human rights)	حقّ ج. حقوق
role	دَور ج. أدوار
rubber bullets	الرّصاص المطّاطي
rumors	الشائِعات

S	
savage	الوحشية
to say goodbye to	ودَّع
to scare	إخافة
to be scared	خائِف
scene	المشهد
to scream	صرخ
to search	التفتيش
secret	سِرِّيّ
sect	الطائِفة ج. الطوائِف
sectarian violence	العُنف الطائفي
secure	آمِن
security agents	رجال أمن
to seek refuge	لجأ يلجأ لُجوء
separation of power	الفصل بين السلطات
to be shocked	صُعِق
to shock	صدم يصدِم صدمة
short message service (sms)	رسالة نصِّية
short term	على المدى القصير
shouting	هتاف ج. هتافات
shutdown	قطع يقطع قطع
to silence	إسكات

silence, quiet	صمت
sit-in	الإعتِصام
situation	الوضعِية ج. الوضعِيات
slogan	الشِّعار ج. الشِّعارات
slowly	بِبُطء
social class	الطبقة الاجتماعية
social justice	العدالة الاجتماعية
solidarity	تضامُن
to speak out	التعبير عن النفس
spontaneity	العفوية
spontaneous	عفوية
to spread	انتشر ينتشر انتشار
stability	الاستقرار
to stand up (for the right thing)	الوُقوف إلى جانب الحق
to starve	جَوَّع
state security intelligence	مباحِث أمن الدولة
statement	بيان ج. بيانات
stationed	مُتمركِز
to stay	مكث
stick	العصا ج. العِصيّ
stone	حِجارة
to storm into	إندَفَع, إقتِحام
strategical	استراتيجية
to strengthen, to reinforce	تعزيز
struggle	النِّضال
stupidity	الغَباء
suddenly	فجأة
to suffer	عانى يُعاني مُعاناة
to suffer	قاسى من
Sunday mass	قداس الأحد
to support	دعّم يدعّم تدعيم
surprise	مُفاجأة
suspicion	إرتِياب

	T
to take revenge	إِنتقم مِن
tanks	الدبّابات
to target	إِستهدف يستهدِف إِستهداف
tear gas	الغاز المسيل للدموع
ten of thousands	عشرات الآلاف
tension	توتُّر
terrifying	مُرعِب
to terrorize	أرهب يُرهب إرهاب
thief	لِصّ ج. لُصوص
to threaten	التهديد
threatened	مُهدَّد/ة
thrilled	غامِرة بسعادة
thugs	البلْطجِية
thus	بالتالي
tied up, idle	مكتوف
tiredness	العَناء
torture	التعذيب
to touch	لمس
traffic	حركة المرور
to transform	تحوَّل يتحوَّل تحوُّل
transition	الانتقال
transparency	الشفافِية
trouble	ورطة
trust	الثِقة
to turn around	إِلْتَفَتَ
to turn into	انقلب
twitter	تويتر

	U
unbearable	لا يُطاق
uncertainty	الشك
unemployment	البطالة

uniform	الزيّ
unmolested	غير مُضايقة / غير مُتحرش بها
unprecedented	لم يُسبق له مثيل
urgent	عاجِلة

	V

to value	قَيَّم يقيّم تقييم
vice president	نائب الرئيس
to violate	إنتهك ينتهك إنتِهاك
violence	العُنف
virtual	الافتراضيّ
vital	حيويّ/ة
voice	صوت ج. أصوات
the voices became louder	تعالت الأصوات
to volunteer	تطوّع يتطوّع تطوّع

	W

to wait	تَرَقَّب
war	حرب
to warn	حذّر يحذّر تحذير
warning	تحذير
wealth	الثروة
weapons	الأسلِحة
to whisper	همس
will (of the people)	إرادة
wisdom	الحِكمة
witness	الشاهد ج. الشُهود
he witnessed the reality	شهِد الواقع
women	النساء
women's rights	حقوق النساء
worried	قلِق
I would like	أودّ

wounded	جريح ج. جرحى
youth movement	الحركة الشبابية

Z
zone, territorial, regional   إقليمية

Appendix A

Guidelines and Grading Rubrics for Arabic Podcast Project

A video podcast is a creative vehicle for portraying the events of the 2011 Egyptian uprising. Podcasts may combine video, scripting, music or sound, and narration.

Podcasts use a video camera and editing software to produce media files, which are delivered to subscribers and made available for downloading.

You and your classmates may collaborate to script, stage, perform, edit, produce and share your podcast projects online. Video podcast themes derived from *Uprising in Tahrir Square* might include stories from the provided writing samples or journal entries, dramatization of the *Act it Out!* scenarios, or skits based on other unit-related content.

You can learn more about podcasting on this useful website:

http://www.how-to-podcast-tutorial.com/what-is-a-podcast.htm

Project Guidelines:

Podcast Length: Minimum 30 minutes Maximum 40 minutes

Requirements:

- A working group of 2–4 students. All group members are expected to participate.
- Student names, podcast title and subject should be included within the video

Steps to create your video podcast project:

- Choose a scene/s to portray that is derived from the content of *Uprising in Tahrir Square*
- Plan a draft outline or storyboard of the podcast
- Assign roles to each group member
- Draft a script
- As needed, create props and costumes
- Rehearse
- Videotape

Production stage:

Here are some useful links that show you how to easily create a video podcast:

With iMovie:

http://www.dailymotion.com/video/xd3e04_imovie-how-to-make-a-vlog-or-video_school#.Ua5oHZyGTBc

http://www.youtube.com/watch?v=7mFPxhJXYok&list=SPC1AB916AC8354119

http://www.streamingmedia.com/Articles/Editorial/Featured-Articles/How-to-Build-a-

Video-Podcast-in-3-Steps-64813.aspx

http://www.ehow.com/how_5250022_do-video-podcasting.html

Sample Grading Rubric for Arabic Podcast Project

Content and Creativity:

Podcast:

____ 3 reflects a high level of comprehension, creativity and thoughtful interpretation of content

____ 2 demonstrates limited understanding and creative interpretation of the content

____ 1 doesn't successfully address the content; limited creative interpretation

Coherency and organization:

____ 3 Coherent and well-organized

____ 2 Somewhat difficult to follow

____ 1 Not well-organized

Pronunciation and fluency:

____ 3 Few errors in pronunciation; conversation flows well

____ 2 A fair amount of pronunciation errors, but still comprehensible; many starts and stops in conversation

____ 1 Meaning unclear due to pronunciation errors

Accuracy:

____ 3 Few errors in spelling and grammar

____ 2 Many spelling or grammar errors, but still comprehensible

____ 1 Meaning unclear due to spelling or grammar errors

Creativity:

____ 3 Creative presentation of topic including music, pictures, background, special effects, and/or energetic presentation

____ 2 Semi-creative presentation without additional effects

____ 1 Completely uncreative presentation

Appendix B

Radio Show Production

Broadcasting a real-life or simulated radio show can be a powerful tool for language learning. You have the opportunity to work as part of a group and consolidate your skills in reading, research, speaking, grammar, and vocabulary usage.

A simulated radio show offers a creative vehicle for interpreting the events of *Uprising in Tahrir Square.* Work with your classmates to present a show or series of shows, following the guidelines below.

Planning Steps:

- Choose a segment of the uprising's historical timeline as a focus for your show
- Select a format (investigative report, interview, musical selections, news, etc.)
- Choose speaking roles or characters for each member of your working group
- Establish a plan to evenly divide tasks among members of the group. Each student should take part in planning, writing, researching/ selecting content and music, narration, etc.
- Use the planning sheets provided to outline your show
- Research, gather and plan any special effects, transitions, etc. that will make your presentation engaging and enjoyable for your audience.
- Create a written draft of your text. Check for correct grammar, vocabulary usage and continuity of ideas.
- Practice reading your narration
- Present your show and follow up with peer assessment

Assessment criteria:

Individual:

- Content research
- Demonstrated knowledge of subject matter
- Preparation for individual speaking parts
- Pronunciation and fluency
- Correct use of grammar and vocabulary

Group:

- Evidence of teamwork
- Demonstrated knowledge of subject matter
- Coherency and organization of the show
- Engaging content
- Creativity

Planning Template for Language Class Radio Show

Date _______ Names of Participants _________________________________

Target Language ___________ Name of Show ___________________________

Show Theme/s _____________________________________

Content	Announcer/s	Duration	Notes

Appendix C

Digital Storytelling Project

Digital storytelling is a format that incorporates diverse computer-based visual and audio sources to present and enhance a story. Your digital storytelling project can combine original stories with computer-based images, text, recorded audio narration, video clips and music.

The outline below describes the project goals, important information, steps, and assessment criteria.

Things to know:

- You may choose to work by yourself or with a partner
- Your completed digital story should be between 2 and 3 minutes in length
- Completed projects can be presented in class and posted on your classroom management system (Blackboard, Moodle, etc.)

Project Goals:

- *Effectively communicate a message or story on a topic that is important to you.* In this project you will be an author in Arabic, and will have the opportunity to use your writing skills to convey your own point of view as well as deliver information.
- *Use acquired vocabulary and grammar in a new context.* You are encouraged to be creative in applying your knowledge of Arabic to a personal story/context.
- *Use multi-media sources effectively to convey your story.* As possible, incorporate sources and effects including photo images, video clips, music, written words (subtitles), transitions, and sound effects. **All projects should incorporate a recorded audio narration.**

Steps:

- Decide whether you want to work independently or with a partner.
- If working with a partner, establish a plan to evenly divide tasks. Both people will be responsible for an equal share of planning, writing, narrating, and assembling the elements of the presentation.
- Use the planning sheets provided to outline your main ideas and develop them into scenes.

- Research, gather and assemble audio and visual materials to illustrate your story. Plan any special effects, sounds, transitions, etc. that will make your presentation engaging and enjoyable for your audience.
- Create a written draft of your text. Check for correct grammar, vocabulary usage and continuity of ideas.
- Practice reading your narration.
- Using Photo Story 3, iMovie, or other software recommended by your professor, record and assemble your Digital Story presentation.
- Present your Digital Story in class, and post your presentation on your classroom management system (Blackboard, Moodle, etc.)

Assessment criteria:

- Cohesive writing and development of ideas into a script
- Accurate use of Arabic grammar and vocabulary
- Correct pronunciation
- Successful delivery of a message or story derived from the material in *Uprising in Tahrir Square*
- Effective use of audiovisual sources, narration and special effects to creatively convey the story

View You tutorial on Photo Story 3

http://www.youtube.com/watch?v=s0oH9qE9qEY

Digital Storytelling Project

Planning Sheet

Student name/s _______________________________________

Topic of presentation: _________________________________

Message to communicate on this topic:

____

____

Main ideas about your topic:

- ____
- ____
- ____
- ____

Digital Storytelling Project

Planning Sheet (continued)

Story and Audiovisual Outline (repeat this structure for as many scenes as needed):

Scene	Describe photo images, sounds, video clips or other audiovisual material used for this scene	Voice narration for this scene (Write in Arabic)	Describe visual effects, captions, transitions, subtitles, sound effects, etc.
1			
2			

Credits

Cartoons are credited to

Khalil Bendib at http://www.bendib.com/ and

Carlos Latuff at https://latuffcartoons.wordpress.com/

Photo credits:

All photos are credited under CC BY 4.0

https://creativecommons.org/licenses/by/4.0/

Page	Photographer/Artist	Page	Photographer/Artist
xxii	©Amnesty International	188	©Floris Van Cauwelaert
1	©Ramy Raoof	191	©Khalil Bendib
2	©Ramy Raoof	207	©Alisdare Hickson
5	©Ramy Raoof	218	©Mona Sosh
41	©Alisdare Hickson	237	©Floris Van Cauwelaert
42	©Essaf Sharaf	238	©Darla Hueske
46	©Ramy Raoof	245	©Latuff
67	©Mona Sosh	263	©Essam Sharaf
71	©Ramy Raoof	264	©Floris Van Cauwelaert
72	©Ramy Raoof	268	©Floris Van Cauwelaert
77	©Khalil Bendib	271	©Latuff
80	©Ramy Raoof	289	©Mona Sosh
99	©Ellen Berrahmoun	290	©Ramy Raoof
127/8	©Ramy Raoof	300	©Khalil Bendib
133	©Latuff	322	©Khalil Bendib
136	©Ramy Raoof	323	©Khalil Bendib
155	©Floris Van Cauwelaert	323	©Khalil Bendib
156	©Ramy Raoof	324	©Khalil Bendib
165	©Khalil Bendib	324	©Khalil Bendib
178	©Mona Sosh	325	©Khalil Bendib
181	©Floris Van Cauwelaert		
182	©Floris Van Cauwelaert		
187	©Floris Van Cauwelaert		

Text Credits

Page	Source
xxv	© Amnesty International
2	© Amnesty International
4	© https://www.facebook.com/ElShaheeed/
8	Article by Joel Beinin is the Donald J. McLachlan Professor of History and a professor of Middle East history at Stanford University. © The Nation February 17, 2011
12	© Amnesty International
14	© سايمون برادلي-جنيف-swissinfo.ch SWI "بتصرف" (ترجمته من الإنجليزية وعالجته إصلاح بخات)
37	© https://www.facebook.com/ElShaheeed/
37	© Mona Sosh at http://ma3t.blogspot.com/ under CC BY 4.0 https://creativecommons.org/licenses/by/4.0/
42	© Amnesty International
45	© Amnesty International
48	© Amnesty International
49–50	by Mohamed Salah Al-Azab Interview conducted by Professor Christopher Stone, Hunter College, NY. © http://www.jadaliyya.com/pages/index/1948/%D8%B9%D9%86-%D8%A7%D9%84%D8%AA%D8%A7%D8%A8%D8%A9-%D9%88%D8%A7%D9%84%D8%AB%D9%88%D8%B1%D8%A9_-%D8%AD%D9%88%D8%A7%D8%B1-%D9%85%D8%B9-%D9%85%D8%AD%D9%85%D8%AF-%D8%B5%D9%84%D8%A7%D8%AD-%D8%A7%D9%84%D8%B9%D8%B2%D8%A8
51	بقلم مارك صلاح مورغان وصحر عزيز ©http://www.jadaliyya.com/pages/index/5687/%D8%A7%D9%84%D9%82%D8%B6%D8%A7%D8%A1-%D8%B9%D9%84%D9%89-%D8%A7%D9%84%D9%81%D8%B3%D8%A7%D8%AF%D8%8C%C2%A0%D9%85%D8%B5%D8%B1-%D8%AA%D8%AD%D8%AA%D8%A7%D8%AC-%D8%A5%D9%84%D9%89-%D9%82%D8%A7%D9%86%D9%88%D9%86-%D8%AD%D8%B1%D9%8A%D8%A9-%D8%AA%D9%86%D8%A7%D9%82%D9%84
72	© Amnesty International
75	© Amnesty International
78	© Amnesty International

96	© https://www.facebook.com/ElShaheeed/
100	© Amnesty International
106–107	© http://fahmyhoweidy.blogspot.com/2012/01/blog-post_16.html
128	© Amnesty International
134–135	© Dr. Mohamed Emara
156	© Amnesty International
159	© Amnesty International
163–164	© Amnesty International
189–190	© كريستن واغ
208	© Amnesty International
213	© Amnesty International
214	Authored by Hani Sayed, Assistant Professor at the Department of Law at the American University in Cairo (AUC). © http://www.jadaliyya.com/pages/index/7975/-%D9%85%D8%AD%D9%83%D9%85%D8%A9-%D8%AC%D9%86%D8%A7%D9%8A%D8%A7%D8%AA-%D8%A7%D9%84%D9%82%D8%A7%D9%87%D8%B1%D8%A9-%D9%88%D9%82%D8%B6%D9%8A%D8%A9-%D9%85%D9%88%D9%82%D8%B9%D8%A9-%D8%A7%D9%84%D8%AC%D9%85%D9%84
215–216	شباب معتصم بالتحرير February 3, 2011 © http://www.jadaliyya.com/pages/index/528/-updated-w_translation_%D8%A8%D9%8A%D8%A7%D9%86-%D8%B4%D8%A8%D8%A7%D8%A8-%D9%85%D8%B9%D8%AA%D8%B5%D9%85-%D8%A8%D8%A7%D9%84%D8%AA%D8%AD%D8%B1%D9%8A%D8%B1_de
241	© Amnesty International
246–247	© Nawal Sibai
259	© Amnesty International
264	© Amnesty International
269–270	© Dr. Mohamed Emara
285	© http://ma3t.blogspot.com/ under CC BY 4.0 - https://creativecommons.org/licenses/by/4.0/
297–298	© الكواكبي، عبد الرحمن، الأعمال الكاملة، تحقيق محمد عمارة (القاهرة ، الهيئة المصرية العامة للتأليف والنشر، 1970)